바로 그 교회

| 김성진 지음 |

쿰란출판사

| 추천의 글 |

본서의 저자인 김성진 목사님은 2001년 목회전략컨설팅연구소(현, 목회컨설팅연구소)를 설립하여 오늘에 이르기까지 성경적 교회의 본질을 바탕으로 건강한 하나님의 교회 세우기와 행복한 목회자로 재무장시키는 사역을 감당해 왔습니다. 한국 교회와 목회자를 섬기며 동역하기 위해 어려운 여건 속에서도 개척정신으로 온 정성을 쏟아 왔습니다.

저자는 준비된 목회자를 통해 건강한 교회가 세워짐을 강조하여 가르치며 쉼 없이 성경적이고 본질적인 기초를 쌓는 일에 매진해 왔습니다. 성급한 세태를 따라 인스턴트 성향의 상품들을 공급하는 것이 아니라 성경이 보여주는 통전적인 교회와 목회자의 모습을 제시하며 끊임없는 훈련으로 목회자와 성도들을 초청하고, 앞장서 달려가며 씨를 뿌려 왔습니다.

특별히 이전에 시도되지 않았던 교회와 목회자에 대한 계량적 진단과 분석 그리고 대안을 제시하는 컨설팅 사역을 실시하여 건강한 교회, 좋은 교회 그리고 영향력을 끼치는 교회를 이루는 구체적인 방안을 공급하여, 아름다운 변화와 열매를 일구어내는 컨설턴트의 모습을 보여주었습니다.

많은 교회가 저자가 제안한 한국 교회 상황에 적합한 '건강한 교회의 12가지 특성'을 담은 《Church Mapping》을 통해 성경적인 건강한 교회를 세우는 데 도움을 받았습니다.

　금번 김성진 목사님의 저서 《바로 그 교회》(Just The Church)는 한국 교회의 대부분을 차지하는 중소형 교회의 강점을 소개하고, 성도를 훈련하여 건강한 교회를 이루며 교회가 확실하게 성장하는 대안을 밝히고 있습니다.

　본서는 책을 읽고 적용하는 목회자에게 목회의 행복을 맛보게 하며, 또한 성장하는 건강한 교회로 안내해 줄 것입니다. 급변하는 사회, 불확실한 미래와 함께 살아야 할 목회자들에게 성경이 말씀하는 교회, 우리 주님 예수 그리스도께서 말씀하시는 목회자의 'being'에 대한 해답을 줄 것입니다. 수많은 장애와 맞서야 하는 현실 속에서 건강한 교회가 세워지는 블루오션(blue ocean)으로 목회자와 교회를 안내하는 소중한 내비게이션이 될 것입니다.

　리더(leader)는 리더(reader)여야 한다고 우리는 듣습니다. 아름다운 변화, 영적 부흥과 건강한 교회의 성장을 소원하는 동역자들에게 함께 읽고, 익히고, 적용해 볼 것을 부족한 사람이 감히 제안하고 추천합니다.

2015년 3월 5일

논산성결교회 **김영호** 목사

| 추천의 글 |

    시대적 소명을 잃은 채 비틀거리는 한국 교회에 한 권의 책이 선물로 주어졌다. 저자는 '교회가 성장하려면 이러해야 한다'를 말하기보다 오히려 인간적 방법이 소용없음을 강조하고 있다.

    목회 컨설팅 전문가의 그러한 외침에 어찌 놀라지 않을 수 있겠는가? 저자는 주님이 원하시는 교회가 되기 위해 본질로 돌아가야 함을 이야기한다. 그리고 그 본질 안에서 오늘날의 교회가 무엇을 꿈꾸고 무엇을 바라보아야 하는지, 목회자들이 무엇을 목말라해야 하는지를 깊이 생각하게 하는 것이다.

    오로지 한국 교회의 새로운 회복을 위해 자신의 모든 것을 쏟아 헌신하고 있는 저자의 열정이 이 책 한 권에 담겨 있음을 확인하면서, 한국 교회와 동역자들에게 망설임 없이 추천한다.

2015년 3월 5일

빛나교회 **유재명** 목사

| 추천의 글 |

    많은 목회자들이 그렇듯이 나 또한 어떻게 하는 것이 잘하는 목회일까를 놓고 많이 고민하고 기도하며 책을 통해, 선배 혹은 동료 또는 전문가의 조언을 들으며 목회를 수정하고 또 수정하며 지금까지 달려왔습니다. 나의 주된 관심은 언제나 '교회의 본질'을 회복하는 것이었습니다. 교회가 교회 되지 못하게 하는 요소는 무엇인가? 교회가 교회 되기 위하여 본질적으로 회복되어야 할 요소는 무엇인가? 교회가 주님의 주(主) 되심을 인정한다면 교회는 어떠한 모습이어야 하는가? 이런 본질적인 질문들을 끌어안고 많은 씨름을 하지 않을 수 없었습니다.

    주님이 기뻐하시는 교회! 지금도 주님이 보고 싶어 하시고 찾으시는 교회! 건강한 교회! 그리고 온 성도들이 행복하게 신앙생활을 할 수 있는 교회! 더 나아가 지역사회로부터 인정받고 칭찬받는 그런 교회! 초대 교회의 영성을 회복하면서 동시에 21세기에 걸맞은 교회! 너무 거창한가요? 내가 생각하며 꿈꾸는 교회입니다. 이것이 진정 교회의 본질적 참모습이라는 확신을 가지고 목회해 오고 있습니다.

    그러나 교회의 현실은 내가 꿈꾸는 교회의 본질적 모습과 많이 다르다는 사실을 발견합니다. 이 교회는 건강한 교회인가? 이런 교회를 주님이 기뻐하실까? 이 교인들은 지금 교회 생활을 행복하게 하고 있는 것일까? 내가 지금처럼 목회한다면 주님이 과연 기뻐하실까? 더 나아가 주님 앞에 설 때에 "잘하였도다. 착하고 충성된 종아!"라고 칭찬 들을 수 있을까? 오히려 그 반대는 아닐까? 이러한 질문들 앞에 한 교회를 책임지는 담임목사로서 신실하게 반응하지 않을 수 없었습니다.

교회가 교회 되지 못한 부분들은 과감하게 수술해서라도 교회의 본질을 회복하고 교회로 하여금 교회 되게 해야 하지 않을까? 그렇다면 어디서부터 어떻게 해야 하는 것일까? 구체적으로 교회를 개혁하려 할 때에 절대적으로 필요하지만 내가 갖고 있지 않은 한 가지를 발견하게 되었습니다. 그것이 바로 교회의 청사진이요 로드맵(road map)이었습니다. 숲을 보듯이 전체를 보면서 한 걸음씩 인도해 나간다면 많은 시간과 에너지와 물질을 절약할 수 있을 것이라 생각했던 것입니다.

이러한 고민 가운데 있을 때에 10여 년 전 목회전략컨설팅연구소의 김성진 목사님을 만났습니다. 건강한 한국 교회를 꿈꾸며 교회를 종합적으로 진단하고, 그 진단 결과를 바탕으로 정확하게 교회의 나아갈 방향을 제시해 주는 교회 '컨설팅'을 알게 되었습니다. 그리고 김성진 소장님은 그가 만난 목회자들에게 구체적으로 건강한 교회를 위한 '로드맵'을 손에 쥐어 주었습니다.

내가 목회했던 인천중앙교회에서 교회의 종합 건강검진을 받기 위해 컨설팅을 했습니다. 교회의 건강 상태를 객관적으로 보기 위함이었습니다. 당회의 결의를 거쳐 기대감을 가지고 컨설팅에 임했습니다. 그런데 막상 컨설팅을 하는 중에 담임목사로서 당황하지 않을 수 없는 사건(?)이 벌어졌습니다. 다름 아닌 컨설팅의 중심에 담임목사 평가가 너무나 구체적이고 리얼하다는 것이었습니다. 많이 당황했지만 당연하다는 생각이 들었습니다. 교회는 담임목사의 목회의 반영이니까요. 그 결과에 교회는 순응하지 않을 수 없었습니다. 그리고 교회의 건강검진 결과에 따라 하나씩 순차적으로 변화를 도모했습니다. 당회와 함께 교인들이 잘 따라와 주었고, 내가 꿈꾸는 건강한 교회로 지속적으로 변화되었습니다. 얼마나 감사한지요.

인천중앙교회에서 10년간 목회를 한 후, 서울 서대문구에 위치한 증가성결교회로 부임했습니다. 부임한 교회는 은퇴하시는 목사님의 후임자 문제로 많은 갈등을 겪고 있었습니다. 부임한 지 1년이 지난 후 역시 교회의 건강 상태를 객관적으로 보기 위해 김성진 소장님에게 컨설팅을 의뢰했습니다. 얼마나 정확하게 분석 평가되었는지 모두가 다 수긍하지 않을 수 없었습니다. 목회전략컨설팅연구소와 김성진 소장님에게 지면을 통해 감사를 드립니다.

이번에 발간되는 《바로 그 교회》는 담임목사로서 내가 찾던 '바로 그 책'입니다. 왜냐하면 이 책은 교회의 본질을 다루고 있기 때문입니다. 목회자의 자기 관리, 자기 계발을 중요하게 다루면서 동시에 특성화된 중소형 교회의 모습과 특성을 다루고 있습니다. 한국 교회의 희망은 건강한 중소형 교회에 있습니다. 김성진 목사님의 책 《바로 그 교회》가 한국 교회의 많은 목회자들과 평신도 지도자들에게 읽히고 바르게 적용되기를 간절히 희망합니다.

2015년 3월 5일

증가성결교회 **백운주** 목사

| 추천의 글 |

    어느 지역 교회 모임에서 한 목사가 한국 교회 목회자의 상당수가 세미나 병에 걸려 있다고 얘기하자 함께 있던 목회자들도 공감을 표시하였습니다. 그러나 정말 갈급하여 배우고자 해서 광고를 보고 세미나에 참석해 보면 장광설의 이론에 치우치거나 신학적 근거가 불분명한 무조건 성장식의 세미나 내용에 실망한 적이 한두 번이 아니어서 세미나에 갈 수도, 안 갈 수도 없다고들 하였습니다.

    이런 경험을 가진 목회자들이 김성진 박사의 강의를 듣거나 그의 책을 읽으면 거의 열광하는 수준에 이릅니다. 왜냐하면 내용이 대부분 목회 실전용이기 때문입니다. 이론과 신학이 있되 거기에 치우치지 않고 목회자들의 가려운 부분을 정확히 집어내어 지극히 실제적으로 풀어 나가지만 동시에 이론과 근거가 명쾌합니다. 건강한 교회를 꿈꾸며 지향하는 목회자는 그래서 김 박사를 매우 좋아할 수밖에 없습니다.

    김 박사는 교회 컨설팅 분야가 한국 교회에서 생소하던 시절 이를 소개하고 실시한 교회와 목회 컨설팅의 개척자이며, 일찍이 건강한 한국 교회를 주창한 선각자이기도 합니다.

    이런 김 박사가 역저 우리 지역에 맞는 《바로 그 교회》를 펴내는 것은 건강한 교회를 지향하는 목회자들과 교회에 단비 같은 소식입니다. 이 책은 5장으로 되어 있는데 하나같이 매우 실제적인 내용들로 가득합니다. 한국 교회의 현실을 정확히 진단하는 예리함과 다가

오는 시대를 내다보는 혜안으로 지금 조국(한국) 교회가 무엇을 어떻게 해야 할지를 정확하게 제시하였습니다.

성장이 정체되었다, 아니다, 마이너스 성장이다 이런 말들이 난무하며, 사회가 교회를 염려하고 교회가 오히려 사회의 걱정거리가 되었으며, 전도를 할 엄두가 나지 않는다고 아우성을 치는 바로 이 시점에 정확하게 대안을 제시한 그의 통찰력은 소름이 돋도록 예리합니다.

나는 벌써부터 기대가 되고 흥분이 됩니다. 왜냐하면 목회자들이 이 책을 읽고 받을 감동과, 목회의 변화와, 교회의 건강과 교회를 보는 사회의 시각이 바뀔 것이 눈에 선하기 때문입니다.

이런 옥동자를 낳은 김성진 박사께 진심으로 감사하면서 축하와 아낌없는 박수를 보냅니다. 또한 한국 교회의 건강을 위하여 말석에서나마 미력한 힘이라도 보태고 있는 이 미천한 사람이 감히 한국 교회 앞에 자신 있게 추천하며 필독을 권합니다.

2015년 3월 5일

완도성광교회 **정우겸** 목사

| 추천의 글 |

　나는 농촌 교회 목회와 개척 교회 목회를 하면서 많은 고민을 하였다. 아무것도 모른 채 뜨거운 마음 하나 믿고 주님을 향한 열정으로 신학교를 다니면서 이런 저런 많은 책들을 섭렵하며 나름대로 목회자가 되면 어떠한 목회를 할 것인가에 대하여 고심하고 준비했다.

　그런데 아무것도 손에 잡히는 것이 없었고 그런 마음을 지닌 채 신학교 3학년 말에 목회지에 부름을 받아 시작한 목회가 어언 만 31년이 되었다. 이제 돌이켜 생각하니 정말 하나님의 은혜라고밖에는 다른 표현이 없다. 그저 나는 하나님의 은혜로 목회를 하였던 것이다. 그래서 나는 부족하기에 더 열심히 했다는 바울의 말을 정말 좋아한다. 고린도전서 15장 10절의 말씀이다. "내가 나 된 것은 하나님의 은혜로 된 것이니 내게 주신 그의 은혜가 헛되지 아니하여 내가 모든 사도보다 더 많이 수고하였으나 내가 한 것이 아니요 오직 나와 함께하신 하나님의 은혜로라"고 한 고백이다.

　개척 목회라고 시작하여 2년 만에 땅을 사고 80명의 성도들과 함께 6년 만에 교회를 건축하고 봉헌예배를 드리는 날, 너무나 감격하여 나도 모르게 눈물이 흘렀다. 그러나 건축비의 문제가 여전히 남아 있었다. 감격은 잠시, 다시 목회에 대한 무거운 짐을 지게 되었다. 그래서 건축을 마치고 나름대로 열심히 기도하고, 전도하고, 정말 몸부림치는 목회의 열정으로 교회는 나름대로 부흥하여 500여 명의 성도와 300여 명의 집회 인원으로 성장하였다. 그래서 건축비 문제도 5년 만에 정리가 되었다.

그런데 목회한 시간이 가면 갈수록 정말 목회가 무엇일까 고심하게 되었고, 정말 어느 세미나에도 잘 가지 않던 내가 소그룹 세미나에 참여하게 되었다. 거기서 소그룹에 눈을 뜨게 되었다. G12의 세미나는 내가 하고 싶었던 목회상과 나의 목회철학과 잘 어울리는 것 같았다. 그래서 모델 소그룹을 만들어서 시작하였다. 만남에서부터 모임, 나눔, 전도, 부흥, 재생산 등 소그룹 내용들을 가지고 열심히 하였다.

그렇게 시작하다가 다른 목회지로 옮기게 되었다. 그 교회가 바로 지금 시무하는 '하늘꿈교회'이다. 목회가 어떤 방향으로 이루어졌는지 장로님들에게 물으니 소그룹을 한 지 10년이 되었다는 것이다. 정말 안심이 되었다. 그러나 무겁기도 하였다. 왜냐하면 작은 교회가 아닌 2,000명이나 되는 교인들을 맞이하여 목회를 다시 시작한다는 것의 중압감이 매우 컸기 때문이다. 그래서 2006년 10월에 부임하여 기도하면서 소그룹 전체를 돌아보게 되었다. 그런데 진정한 소그룹이라 할 수 없는 부분이 많았다. 그중에서도 소그룹을 어떻게 조직하였는지 이해되지 않았다. 일꾼을 길러내고, 전도의 역동성이 나타나고, 충분한 나눔이 이루어지고, 재생산이 이루어져야 하는데 그렇게 하는 것 같지가 않았다.

  10년을 해왔다고 하니 소그룹 문제를 나로서는 어떻게 할 수가 없어서 걱정하다가 김성진 소장을 소개받았다. 나는 무작정 사무실로 찾아가서 나의 문제를 이야기하고 상담을 하였다. 그런데 나의 이야기를 소상하게 듣더니 컨설팅 제의를 해 왔다. 두려웠지만 용기를 내어서 컨설팅을 받기로 하였다. 김성진 소장님과의 만남이 이루어진 것이다. 그 후 지속적인 컨설팅과 코칭을 통해 지금의 하늘꿈교회로 더 굳게 성장하고 서가게 되었다. 소그룹의 역동성, 교회 시스템은 하늘꿈교회를 더 전진하게 하는 가장 큰 원동력이 되었다. 앞으로도 더 나의 목회가 성장과 부흥을 이루는 데 큰 힘이 되리라고 믿는다.

  나는 김성진 소장을 만난 것이 하나님의 축복이라고 믿는다. 사람은 누구를 만나느냐에 따라 그 인생의 길이 그리고 방향이 새롭게 되기도 한다. 나의 목회 방향성과 목회철학을 정리하는 데에도 김성진 소장의 도움이 매우 컸다. 끊임없이 만나고 싶어서 조그마한 모임도 만들어서 그의 이야기를 계속해서 전해 듣고 같이 연구하며 모임에 속한 목회자들과도 수많은 이야기들을 나누었다. 만나서 이야기할 때마다 가슴 뜨겁게 와닿는 말이 있다. 그것은 김성진 소장이 가지고 있는 조국 교회를 향한 열정이다. 자신의 몸을 바쳐서라도 조국 교회의 방향성을 새롭게 하고 다시 부흥의 불길이 타오르게 하겠다는 사명에 불타는 목회자이다. 그 방향성을 제시하고 많은 세미나와 연구소를 중심으로 함께 연구하고 나누는 목회자들을 통해서 많은 것을 제시해 주었다. 그래서 많은 교회들이 김성진 소장을 통해 도움을 받고 새롭게 부흥의 길로 그리고 목회의 방향성을 찾고 목회 철학에 맞추어서 변화하고 있다.

이번에 안식년을 맞아서 2년 동안 미국에서 공부하고 다시 지금까지 조국 교회에 대해 함께 나누었던 고민과 목회자들과의 만남을 통해 목회자들에게 들었던 목회의 고민과 부담감들을 다시 집대성하여 《바로 그 교회》라는 책을, 아니 '연구서'를 조국에 내놓게 되었다. 이 책은 작은 교회나 중대형 교회나 그 어떤 교회에도 적용할 수 있는 책이다. 목회자라면 반드시 읽고 목회의 고민과 함께 목회의 방향성을 찾아내고 내가 목회를 어떻게 할 것인가를 찾아서 자신에게 주신 달란트대로 목회를 특성화시키면서 교회를 성장시켜 가야 할 것이다.

정말 이 책을 통해서 조국의 교회가 다시 부흥과 성장의 두 방향을 잘 잡고 다시 목회가 재미있어지며, 교회가 교회다워지고 교역자가 교역자다워지고 성도가 성도다워지는 변화의 시간이 되기를 바란다. 책의 내용 중에 '목회의 ABCDE'는 목회하는 목회자로서 정말 귀담아들어야 할 목회자의 자세라고 본다. 실천하면 교회마다 성도들이 변화되고 목회자 자신이 변화되어야 한다는 것을 확신하게 될 것이고 반드시 그렇게 될 것이다.

《바로 그 교회》를 기쁘게 추천하고 수고한 김성진 소장에게 진심으로 감사를 드린다. 그와 같이 우리도 조국 교회를 향하여 눈물을 흘리면서 무릎을 꿇어야 함을 바로 알고, 이 책을 읽는 모든 사람들에게 교회의 희망과 목회가 정말 기쁨으로 이루어지고 감사가 넘치는 진정한 목회가 되기를 바란다.

2015년 3월 5일

하늘꿈교회 **신용대** 목사

| 추천의 글 |

    오늘날 한국 교회의 미래를 걱정하는 많은 소리들이 들려오고 있습니다. 교회의 앞날을 이끌고 갈 인재교육의 책임을 담당하는 한 사람으로서 자라나는 교회 학생들을 바라보며 깊은 고민과 대안의 모색을 위해 밤잠을 못 이룬 적이 한두 번이 아닙니다. 신학교육의 현장에 있으면서 무엇보다 아쉬운 점은 이론도 넘쳐나고 나름대로의 경험을 가진 사람들도 적지 않지만 이론과 실천을 아우르는 포괄적 대안책 제시에 항상 목마를 수밖에 없다는 점입니다.

    이러한 가운데 김성진 목사님의 책은 가물어 마른 밭에 해갈을 주는 것 같은 느낌으로 다가왔습니다. 저자는 목사로서 탁월한 영성을 갖추고 있을 뿐 아니라 어디에 내놓아도 손색없는 경영학적 지식을 축적해온 전문가로서의 면모를 유감없이 보여주고 있습니다. 교회의 미래에 대해 분석하고 대안을 제시해온 많은 책들이 있지만 대부분 피상적인 대안 제시에 머무르는 경향이 있습니다. 그에 비해 저자의 책은 현장에 있는 목회자들이 당장 적용하려고 해도 조금도 부족하지 않은 현실적 경영학적 대안을 담고 있습니다.

    무엇보다도 저자의 글이 공감을 일으키는 내용은 중소형 교회와 지역 공동체에 파고드는 현실적 교회에 대한 애정을 담고 있다는 점입니다. "중소형 교회가 살아야 한국 교회가 살아난다"는 저자의 외침은 신학교육의 현장에 있는 분들이라면 누구나 주의 깊게 보고 공감해야 할 내용이라고 보입니다. 저자의 이러한 외침은 이 시대에 교회를 걱정하는 참된 선지자의 마음입니다.

사랑하는 동역자 김성진 목사님의 이 책을 많은 교회 관계자 분들에게 적극적으로 권해 드립니다.

2015년 4월 8일
한국 교회의 미래를 위해 함께 기도하는
서울장신대학교 **안주훈** 총장

| 서문 |

　교회는 영성이 있는 공동체입니다. 사람됨으로의 성숙과 하나님의 영광이 맞닿는 곳이며 그곳에서 주님의 인격을 배웁니다.

　교회는 거룩한 동산입니다. 거룩한 동산이 되게 하여야 합니다. 거룩한 동산은 하나님이 머무시는 공간입니다. 우리의 생각과 축적된 노하우를 가지고 여기저기 시대적 유행을 따라 섬기는 공간이 아닙니다. 하나님께서 머무시는 공간이 되어야 하며, 사람들이 주님과 깊은 교제를 하는 공간이 되어야 합니다.
　그리고 각기 주어진 은사와 재능을 따라 사역을 통하여 지체의식을 가지고, 이 땅에 하나님의 나라가 임하도록 해야 합니다. 이러한 영성 훈련을 통해 하나님께서 역사하시고 활동하실 수 있도록 하는 것이 필요합니다. 우리는 그저 그분의 역사를 이루도록 내어드림으로 기꺼이 하나님 교회의 통로가 되어야 합니다.

　저는 교회의 본질과 교회의 본 모습을 회복하게 하는 사역을 통해 한국 교회를 섬겨 왔습니다. 그리고 정체하고 침체하는 한국 교회의 모습 속에서 하나님의 가능성을 찾았습니다. 하나님이 희망을 주시며 새로운 도전의 기회를 열어 주셨습니다.

한국 교회의 변화는 '바로 그 교회'에 있음을 발견하게 되었습니다. 그 지역에 반드시 있어야 하는 그 교회를 통하여 이 땅에 거룩한 복음이 뿌리내리게 된다는 것입니다. 어떤 돌파구가 아닙니다. 어떤 도구(Tool)도 아닙니다. 방법을 드리고자 하는 것도 아닙니다.

교회를 교회 되게, 교회의 존재적 사명을 일깨우고, 그 지역에 그 교회가 되게 하여 지역의 복음화를 이루는 것에 있습니다. 함몰되어 가는 이 시대를 향한 간절한 음성입니다. 표류하고 있는 이 시대 교회의 정체성을 회복하는 열쇠입니다. 무엇을 어떻게 해야 할지 몰라 동분서주하기만 하는 목자들을 향한 안타까운 나눔입니다.

우리에게 필요한 것은 믿음입니다. 이상하지 않습니까? 목회자들에게 필요한 것이 믿음이라니 말입니다.

주님이 홀로 걸으신 그 십자가의 길로 걸어가는 용기는 믿음입니다. 더욱이 그 길로 걸으며 한 걸음 더 나아가 십자가를 지는 것은 헌신입니다. 십자가를 지는 순간 비로소 우리는 주님의 제자가 됩니다. 제자가 되는 것보다 더 귀한 삶은 없습니다. 교회가 이루어야 하는 최상의 행적은 주님의 제자들을 재생산하는 사역입니다. 이것이 교회입니다. 회중이 모여 앞만 바라보다가 각기 제 길로 걸어가는 길 잃은 양과 같은 자들이 운집하는 곳이 아니라, 주님처럼 생각하고 삶을 사는 자들로 세워져 가는 그곳이 교회입니다. 교회는 유기체입니다. 살아 있는 성전이며 하나님이 거하실 처소입니다.

그러기 위하여 모든 역량을 모았습니다. 한 페이지 페이지, 하나님의 교회가 온전히 회복되며, 교회가 교회 되는 모습을 꿈꾸며 써내려 갔습니다. 구체화될수록 확신이 듭니다. 하나님이 원하시는 바로 그 교회를 향한 비전이 말입니다.

책을 집필하기 위해 쓰지 않았습니다. 저는 글을 쓰는 것이 매우 부족한 사람입니다. 그런데 하나님께서 부족한 저를 통하여 한국 교회의 안타까움을 보게 하셨습니다. 그러한 과정 속에서 쓰여진 졸저입니다. 저의 희망은 단 하나입니다.

세워진 교회들, 그 교회가 그 지역에 없어서는 안 되는 그런 '바로 그 교회'가 되게 하는 것입니다. 이 책은 '바로 그 교회'가 되게 하는 단 한 가지에 초점을 두고 있습니다. 여러 교회 중 하나가 아니라 단 하나뿐인 바로 그 교회로의 탈바꿈을 기대합니다. 그러한 교회들을 보고 싶습니다. 그날을 위하여 함께 동역할 것입니다.

　이 책이 나오기까지 음양으로 함께한 기도의 동역자들에게 깊은 감사를 드립니다. 더욱이 기꺼이 출판을 할 수 있도록 협력하여 주신 쿰란출판사 이형규 장로님과 부족한 원고를 정리하고 오랜 기간 수고한 김현주 실장, 쿰란출판사의 오완 과장님께 깊은 감사를 드립니다. 연구에 몰입할 수 있도록 연구소 운영을 도맡아 섬기는 김태윤 운영위원장, 연구소의 경영지원팀장인 강성중 집사에게 깊은 감사를 드립니다. 무엇보다 한국 교회에 필요한 사역이 이루어지도록 동역하고 계시는 이사님들과 후원 교회들에게 감사를 드립니다.
　연구소 사역을 지원하고 후원을 아끼지 않으면서도 드러나는 것을 꺼려하는 저의 동역자들에게도 큰 감사를 드립니다.

　무엇보다 놀라운 일을 하게 하신 하나님께 감격과 깊은 감사를 드립니다. 감사합니다.
　하나님!

차례

추천의 글 _ 논산성결교회 김영호 목사 _ 2
　　　　　 빛나교회 유재명 목사 _ 4
　　　　　 증가성결교회 백운주 목사 _ 5
　　　　　 완도성광교회 정우겸 목사 _ 9
　　　　　 하늘꿈교회 신용대 목사 _ 11
　　　　　 서울장신대학교 안주훈 총장 _ 16
서문 _ 18

|들어가면서|_ 28

|제1장| **Just The Church, 바로 그 교회**

- 전략적 발상이란 무엇인가? _ 46
- 교회도 마케팅이 필요하다 _ 51
- 마케팅이란 무엇인가? _ 56
- 지금의 교인들은 '가치'를 찾고 '가치' 있는 공동체를 찾는다 _ 60
- 목적이 분명한 교회가 성장한다. _ 62
- '바로 그 교회'만이 갖는 가치를 발견하라 _ 65
- 교회의 가치는 무엇인가? _ 72
- 이제 교회를 재정의해야 한다. _ 78
- 본질적 전도는 교회를 홍보하는 것이 아니다 _ 82

- 컨설팅과 마케팅의 포인트는 사람이다 _ 83
- 교회 마케팅과 경영 마케팅의 차이는 무엇인가? _ 95
- 중소형 교회가 살아야 한국 교회가 살아난다 _ 99
- 영혼의 성숙 _ 103
- 교회도 마케팅을 한다구요? _ 107

|제2장| 중소형 교회가 오히려 더 좋은 교회가 될 수 있다

- 교회와 목회에 실패가 있는가? _ 112
- 성공적인 목회를 위한 새로운 출발의 결단을 하자 _ 113
- 자신만의 특색을 강점으로 바꾸는 '바로 그 교회' _ 122
- 중소형 교회의 매력과 강점은 무엇일까? _ 124
- 중소형 교회에 주어지는 하나님의 축복 _ 129
- 미래 교회의 경향 _ 131
    - 경향 1. 광역 교회에서 지역 교회로 _ 131
    - 경향 2. 종합에서 전문성으로 _ 133
    - 경향 3. 획일화에서 개성으로 _ 136
    - 경향 4. 성장에서 성숙으로 _ 138
    - 경향 5. 무난함에서 독창성으로 _ 143
    - 경향 6. 효율성에서 감성으로 _ 144

| 제3장 | 목회의 Targeting을 명확하게 하라

- 우리가 타깃(Target)으로 삼는 대상자들은 과연 얼마나 될까? _ 155
- 교인들이 선호하는 작지만 좋은 교회의 5가지 특성 _ 157
- 중소형 교회가 좋은 교회 되기 위한 5가지 힘 _ 168
- 시장조사의 필요성 _ 177

| 제4장 | 목회의 ABCDE를 강화하라

1. Authenticity(진실성)/Identity, 정체성의 힘으로 승부하라 _ 187
- 중소형 교회는 대형 교회가 미치지 못하는 전문성을 확보해야 한다 _ 190
- 교회의 정체성은 진실성이다 _ 199
- 좋은 정체성의 3요소 _ 201
- 멀라이언 효과가 나타난다 _ 204
- 종합화의 덫 _ 212
- 중소형 교회는 한국 교회의 비전이다 _ 215
- 비전은 시행착오를 통해 자라고 성장한다 _ 218
- 중소형 교회가 할 일은 무엇인가? _ 222
- 뺄셈의 마케팅(단순화 전략) _ 225
- 형태화의 효과(시각화의 효과) _ 233
- 기억하자, 프로그램으로는 좋은 교회를 세울 수 없다 _ 241

2. Bond/지역의 사람들과 유대를 강화하라

- 지금의 교인과 성도들이 높은 만족도를 갖게 해야 한다 _ 245
- 개인적인 유대 강화는 교회의 본질적인 모습이다 _ 249
- 지속적인 변화를 추구하라 _ 251
- 끊임없이 지역민들과 접촉을 시도하라 _ 258

3. Communication/의사소통하라

- 의사소통은 교회가 교회 되게 하는 통로이다 _ 264
- 중소형 교회의 소통은 대형 교회와 차별화된다 _ 267
- 대인적 커뮤니케이션과 비대인적 커뮤니케이션 _ 270
- 교인들은 교회를 조용히 떠난다 _ 274
- 입소문의 힘 _ 278

4. Development/자기를 계발하라

- 자기 계발은 목회자의 생명력이다 _ 283
- 자기 계발의 체계화를 도모하라 _ 287
- 자기 계발에도 원리가 있다 _ 288
- 자기 계발의 영역은 무엇인가? _ 290
- 사모, 조용하면서도 깊은 영성의 여성 리더 _ 297

5. Empowerment/위임하고 또 위임하라 _ 302
- 당신은 누구이며, 어떤 사람이 되고 싶은가? _ 305
- 부교역자(목회 동역자)에게 위임하라 _ 309
- 평신도 동역자에게 위임하라 _ 317
- 팀 사역이란? _ 320
- 팀 사역의 핵심은 팀워크이다 _ 322
- 은사 네트워크 _ 327
- 팀을 그룹화하기 _ 338
- 팀 사역의 확대 _ 345
- 위임의 원리 _ 349

|제5장| 중요한 것은 전략적 사고이다

- 교회가 생존경쟁(?)에서 살아남기 위해서는 '교회와 목회의 특성화'의 길뿐이다 _ 360
- 교회 홍수 시대에는 3가지 대응력을 갖추어야 한다 _ 362
- 사람에 중점을 두고 세우는 교회가 성장한다 _ 368
- 교회 건물과 잡다한 프로그램으로 승부하던 시대는 지났다 _ 372

|나가면서| _ 386

|부록| _ 399

들어가면서

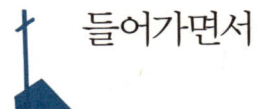 들어가면서

20년 전 아주 작은 피자 가게에서 미국의 3대 피자 회사가 된 '파파존스'의 성공 경영은 잘 알려진 사실이다. 그 회사는 이렇게 진술했다.

'파파존스에서 우리는 성공을 위한 단순한 공식을 가지고 있다. 한 가지에 집중하고 다른 어떤 이보다 그것을 더 잘하도록 최선을 다하라. 파파존스의 메뉴를 단순하게 유지함으로 우리는 탁월하게 좋은 재료만을 사용할 수 있고 우리 제품의 질에 집중할 수 있다.'

이 회사가 성공한 비결은 단순함에 있었다.

교회 역시 단순함이 교회 성장의 열쇠가 된다는 것을 알아야 한다. 14년 전 애틀랜타 정북쪽에 있는 조지아 주 알파레타에 교회를 개척한 앤디 스탠리^Andy Stanley가 시무하는 노스포인트 교회^Northpoint Community Church는 단순함으로 교회 성장을 이끌었다. 지금 그 교회의 출석은 16,000명을 넘고 있다. 하나님께서는 그 교회를 사용하셔서 많은 사람들을 믿게 하셨고 영적인 성숙의 모델로 삼으셨다. 그 교회의 단순함은 매우 간단하다. '부엌에 이르는 로비'^Foyer to the kitchen이다. 예배를 중심으로 하여 새 가족을 인도하는 '로비 환경'과 유대 강화를 위한 소그룹으로 인도하는 '거실 환경' 그리고 깊은 교제와 성경 공부를 위한 소그룹으로 함께 섬기고 세워 가는 '부엌 환경'이다. 이러한 제자도를 완성함으로 교회를 단순화하였고 오늘에 이르고 있다. 이렇듯 단순화된 교회 사역으로 제자도를 완성하고 지역에 반드시 필요한 그 교회가 되는 것, 더 나아가 기존 교회와 차별화를 이루는 것이 지금의 한국 교회에 절실하게 필요하다.

-Northpoint Community Church-

나는 조국 교회가 새로운 제자도의 완성으로 목회의 본질을 갖고, 그뿐 아니라 거시적인 영적 시야를 갖고 기독교의 위기 앞에 새롭게 서길 바란다. 한국 교회의 궁극적인 대안은 그 지역에 맞는 '바로 그 교회'이다.

중소형 교회가 절대적으로 많은 조국 교회의 현실을 목도하면서 그 지역에 맞는 바로 그 교회를 세워 가는 것을 목적으로 중소형 교회도 성장할 수 있는 최상의 가이드북을 쓰고자 하였다. 그러나 한 가지, 지속적으로 마음에 무거움으로 자리하는 것은 '거룩한 하나님의 교회'에 사회적인 언어를 가지고 와서 책을 써야 하는 부담감이다. 그러나 2가지의 이유로 기꺼이 사회적 용어를 통하여 소통하기로 하였다. 그 하나는 주님의 말씀이다. "너희는 세상의 소금이요 빛이라." 세상의 빛이 되기 위해서는 세상의 언어로 다가서야 하기 때문이다. 또 다른 하나는 교회 성장학의 대부인 도널드 맥가브란$^{Donald\ McGavran}$의 언급이다. "신도들에게 다가갈 적절한 어휘가 없다면 그들에게 익숙한 상업적인 어휘를 사용하라."

이러한 점을 사전에 염두에 두고 이 책을 대하기를 바란다.

오늘날 교회들은, 개척 교회에서 초대형 교회까지 하나님께 예배드리는 부분, 성도를 훈련시키는 영역, 지역을 섬기는 방법과 교회 성장과 교인 성숙을 위한 부분에서 커다란 차이가 나지 않는다. 실제로 교회의 내면을 분석하여 보면 대부분의 교회가 기능적인 측면을 강조하여 기능화된 교회를 세우고 있는 실정이다. 더욱이 안타까운 것은 하나님의 사람들을 '기능적인 교회'를 세우기 위한 일종의 '기능적 도구'로 세워 가고 있다는 점이다. 조국 교회의 어려운 현실이 바로 여기에 있다.

하나님의 처소인 교회는 하나님과 하나님의 사람이 중심이 되어야 하는데 도리어 목회자와 건물인 교회가 중심이 되어 모든 교회적 자산이 목회자와 건물에 집중되어 있다. 더욱이 기능적인 측면으로는 중소형 교회와 대형 교회의 차이를 발견할 수 없기 때문에 중소형 교회는 그냥 그 상태로 현상 유지에 급급해하고, 그 정도가 오랜 세월 지속되면 만성화되어 성장의 필요마저 느끼지 못하게 된다. 만약 지금도 중소형 교회들이 기능적으로 대형 교회와 경쟁한다면 그것은 실패하는 사역이 될 것이다. 중소형 교회는 '어떤 경우'라도 기능적으로 교회를 세워서는 안 된다. 사회가 성숙될수록 고갈되어 가는 감성과 정서적 가치를 강조하며 그것을 성숙시켜야만 한다.

지금은 감성의 시대이다. 감성 마케팅을 요하는 시대이다. 하나님의 교회는 기능이 아니라 가치로 세워져야 한다. 양의 마케팅이 이루어지고 있는 대형 교회가 주력하는 모든 기능적인 면을 중소형 교회는 따라갈 수 없으며, 결코 그들과의 경쟁에서 이길 수 없다. 양의 마케팅으로는 중소형 교회와 대형 교회의 차별화를 이룰 수 없다. 이는 대형 교회와의 동질성을 초래할 뿐이다. 모든 면에서 부족한 중소형 교회는 이미 대형 교회와 견주어 사역하기 어렵다.

여기서 기억할 것은, 교회 사역을 질량적 수치로 측정하여 평가하고 기술하고 관리하는 사고의 전환점이 필요하다는 것이다. 숫자 개념을 갖는 사역의 변화가 필요하다.

필자가 성균관대학교 경영대학원의 '경영 컨설턴트 양성 과정'에서 배웠던 가장 중요한 요소 중 하나가 수치 관리였다. 이 책에서 수치적 도표를 제시하게 된 것 역시 이러한 관점에서 이루어진 것이다. 한국 교회, 특히 중소형 교회일수록 수치 개념을 이해하는 것이 필요함을 인식해야 한다. 이것은 자신의 사역을 돌아보는 좋은 계기가 될 수 있으며, 한 걸음 더 나아가 분석적 사고력을 강화할 동기가 될 것이다.

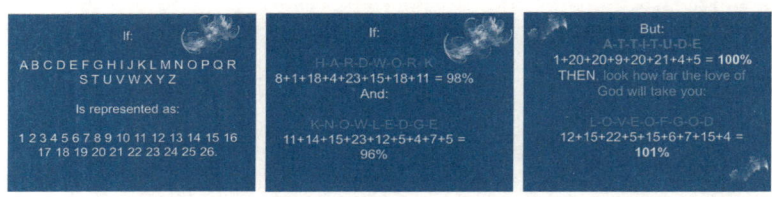

- 수의 미학 -

양의 마케팅으로 성장한 대형 교회들이 존재하는 현실에서 중소형 교회가 성장과 성숙을 도모하기 위해서는 중소형 교회만이 가지는 특성화를 이루는 것이 바람직하다.

오랫동안 조국 교회를 섬겨 오면서 가진 큰 과제는 '75%에 달하는 중소형 교회(여기는 작은 교회와 개척 교회의 수도 포함되어 있다)들이 어떻게 하면 대형 교회의 숲 사이에서 생존을 넘어 성숙과 성장을 통한 하나님 나라의 확장을 도모할 수 있는가'였다. 이전과 같은 교회 세우기와는 전혀 다른 방법으로 교회를 세워 가야 하는 필연성을 인식하면서, 이론을 넘어 중소형 교회들을 실제적으로 도울 방안을 강구하며 그동안 수많은 교회 컨설팅과 연구를 토대로 한 권의 책을 쓸 마음을 갖게 되었다. 더욱이 용기를 갖게 되는 것은, 앞으로는 '중소형 교회'를 중심으로 조국 교회가 변화될 것이라는 점이다. 중소형 교회 시대가 오고 있는 것이다. 이것이 우리에게 희망이며 비전이다. 이에 대하여 의구심을 품을 것이라고 생각한다.

"부익부 빈익빈의 현상이 교회에도 일어나고 있지 않으냐?"
"대형 교회로의 수평이동 현상을 어떻게 이해할 수 있느냐?"
"작은 개척 교회와 중소형 교회는 교인들이 찾지도 않고 설령 왔다 할지라도 이내 대형 교회로 이동하는 것을 어떻게 설명할 것인가?"
"이론과 현실은 다르다."

이러한 이유로 반박하고 싶은 목회자들과 교인들이 많을 것이다. 물론 중소형 교회들이 부진한 것은 사실이다. 더욱이 개척 교회는 이루 말할 수 없는 어려운 환경에 처하여 있다. 교회의 통계조사를 분석하면 출석교인 수로 나눈 교회의 분포 정도를 대략 다음과 같은 백분율로 나눌 수 있다.

50% 80명 이하
25% 80명 이상
15% 500명 이상
10% 1000명 이상

이 분석을 보더라도 한국 교회의 75%가 중소형 교회이다. 중소형 교회는 왜 항상 중소형 교회여야만 하는가? 중소형 교회는 왜 성장하지 못하는 것일까? 또한 개척 교회가 자립하지 못하는 이유는 무엇인가? 언제까지 교인들의 출석 규모에 따라 좋은 교회와 그렇지 못한 교회로 구분할 것인가? 그 상태로 머물게 되는 이유는 무엇인가?

그 이유 중 하나는 교회 역시 비영리 단체임을 인식하지 못하기 때문이라고 생각한다. 따라서 비영리 단체라는 공동체임을 명확하게 인식하고 공동체로서 존재를 위한 전략이 필요하다. 영리 단체인 중소기업 역시 대기업화되어 가는 이 시대를 이겨내기 위한 숭고한 노력을 기울이고 있다. 그렇다면 비영리 단체인 교회 역시 이 시대에 맞는 전략(지혜의 또 다른 말)이 필요하지 않겠는가.

이 책의 목적은 중소형 교회들이 실제적인 강점을 찾게 하고, 그것을 특성화하여 대형 교회로의 쏠림 현상 속에서도 성숙과 성장을 이루어 하나님 나라를 확장하는 사역을 이루게 하는 데 있다.

조국 교회는 70년대의 부흥과 80년대의 괄목할 만한 성장을 이루어 왔다. 하지만 지금 한국 교회는 수적인 면과 더불어 질적인 몰락 현상까지도 일어나고 있는 것이 현실이다. 이러한 가운데 교회가 교회다워야 하며 목회자가 목회자다워야 한다는 목소리는 이미 오래전의 관용구가 되어버렸고, 무엇이 본질인지도 가늠하기 어려운 지경에까지 이르렀다.

이 책에서 나는 실제적인 방안 4가지를 제시하고자 한다.

첫째, 중소형 교회의 강점을 발견하는 방법을 제시할 것이다.

앞으로의 목회는 강점을 중심으로 이루어져야 한다. 강점은 교회의 생명과 같아질 것이다. 강점이 있는 교회가 성장하고 생명력 있는 성숙한 교회로 나아가게 될 것이다.

둘째, 도형화로 쉽게 이해하고 적용하도록 할 것이다.

서술형의 문장 나열이 쉽지 않은 유형에 대해 고심하여 내놓은 것이 도형화와 도표, 수치이다. 이것을 활용하여 독자로 하여금 이해와 적용을 최대한 쉽게 하고자 한다.

셋째, 목회자의 입장이 아니라 교인들의 입장에서 중소형 교회를 바라보며 목회 전략을 제시하고자 한다.

넷째, 단순화된 사역에 집중하는 방법을 제시할 것이다.

더 이상 한국 교회는 프로그램과 프로젝트를 수행하는 데 많은 에너지를 소모하지 않아야 한다. 프로그램은 일시적인 착시현상을 주기는 하지만 결코 성장과 성숙을 가져다 주지는 못한다. 우리가 할 일은 사역을 단순화하고 집중하여 그다음의 순차적인 사역을 이루어 나가는 것이다. 단순성은 심플^{simple}한 것을 의미한다. 믿음도 단순$^{simple\ faith}$할 때 말씀에 순종할 수 있고, 삶도 단순$^{simple\ life}$하여야 건강한 삶이 된다. 아울러 사고의 단순성$^{simple\ think}$으로 순수함을 유지할 수 있다. 이러하듯이 목회 사역 역시 단순화해야 한다. 그래야 집중화가 이루어지고, 그것을 강화함으로 강점이 되고 전문화와 차별화를 도모할 수 있다. 이것이 단순화된 사역$^{simple\ ministry}$이다. 사역의 단순화를 이루기 위해서는 목회자 스스로가 자신의 삶을 단순화할 뿐 아니라 자신이 맡고 있는 다양한 직임^{職任}들에 대하여도 가지치기를 해야만 한다. 이러한 '가지치기' 없이는 건강한 교회, 성숙한 교회, 영향력을 끼치는 교회가 되기 어려움을 기억하기 바란다.

'바로 그 교회', 'Just The Church'는

'단순화된 교회', 'Simple Church'이다.

이 책에서 제시하는 목회(교회) 전략은 중소형 교회를 중심으로 하는 것이지만, 대형 교회 역시 간과해서는 안 되는 영역을 동시에 제안하므로 적용점은 동일할 수 있다.

과거는 목회자 중심형 교회 공동체였다면 지금은 교인 중심적 교회 공동체여야 한다. 물론 교회는 하나님이 중심 되는 하나님의 성전이다. 그러나 그 구성원은 하나님의 사람들이므로 교인들의 필요와 그들의 욕구를 충족하는 것은 지극히 당연한 섬김이며 헌신이다.

우리 조국 교회가 변화의 전환점을 맞이하고 있다. 전환점이란 '지금 이대로'가 아닌 '앞으로 어떻게'라는 시선으로 우리를 돌려 세우는 것이다. 지금이 변화의 기회이다.

전환은 어떤 특별한 계기가 있어야만 하는 것이므로, 나는 이 책을 통해 조국 교회가 새로운 성장의 동력을 갖는 계기가 되었으면 하는 마음과 교회가 경쟁을 넘어 그 지역에 '바로 그 교회'[Just The Church]로서의 역할을 감당할 수 있도록 교회의 모든 사역에 큰 전환점을 갖는 계기로 삼고자 한다.

전환점이란 단지 순간적인 변화만 주는 그런 차원이 아니다. 지금까지 달려오던 것과는 전혀 다른 방향으로의 완전한 방향 전환을 의미한다. 그리고 그 시점에서 우리의 숨은 잠재력과 은사와 재능을 하나님의 능력으로 이끌어내어 하나님의 역사하심을 이루는 계기로 삼는 시점이란 뜻이다. 지금 우리가 서 있는 이 자리가 다시 새롭게 일어나야 하는 사역의 전환점이다. 지금을 전환점으로 여기는 목회자는 잠시 현재의 사역 방식을 멈추고 자신을 되돌아보며 스스로에게 '지금 내가 하고 있는 이 사역대로 갈 것인가? 아니면 방향을 바꿔야 할 것인가?'를 묻자. 기억할 것이 하나 있다. 전환점에서 주어지는 기회는 그리 오래 머물지 않는다는 것이다.

전환점은 크게 3가지로 나뉜다. 우호적 전환점, 적대적 전환점, 중립적 전환점이다. 우호적 전환점은 새로운 가능성을 깨닫게 해주는 전환점이다. 나는 이 책을 읽는 독자가 그러한 우호적 전환점을 맞길 소원한다. 적대적 전환점은 어떤 기회가 주어졌을 때 적극적이고 긍정적인 자세보다는 두려움과 좌절, 혼란에 빠지게 되는 시점을 의미하며, 중립적 전환점은 우리의 내면에서 시작되기 때문에 감지하기가 어려운 경우가 많다. 이 전환점의 가장 적절한 시기는 진행하고 있는 사역이 지루하거나 변화가 일어나지 않을 때 혹은 현재의 사역이 불안하게 느껴질 때이며 이때가 바로 터닝 포인트$^{turning\ point}$이다. 《하워드의 선물》, 위즈덤하우스 참조).

세상은 지속적인 변화의 가치 속에서 변화 없이는 생존할 수 없다는 인식이 팽배하다. 반면 교회는 변화에 순응하기보다는 도태되고 있다. 본질은 변할 수 없다. 그러나 그것을 추구하는 방안들은 바뀌어야 한다. 전략적으로 접근해야 한다. 다시 말해, 지혜로워야 하는 것이다. 이것을 위하여 나는 전략적 목회 수립을 위한 컨설팅을 하게 되었다.

그러므로 교회 변화는 아래의 도형처럼 6가지의 영역에서 동시에 이루어져야만 가능하다.

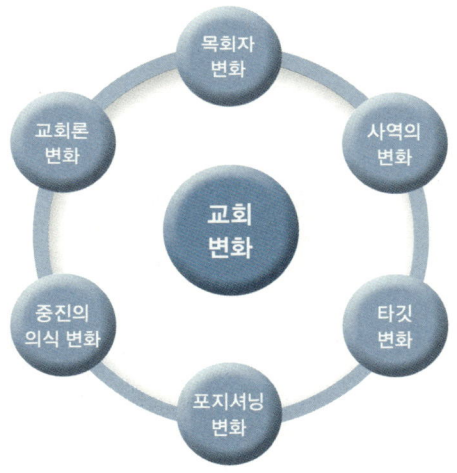

건강한 교회는 어느 특정 부분의 사역 변화가 아니라 전인적이며 통전적인 사역으로 이루어져 있다. 교회 변화에 대한 '기대'만으로는 실제적인 변화를 도모할 수 없다. 위의 도형처럼 목회자로부터 시작된 변화 의지가 총체적인 사역의 변화로 영향을 미쳐야 하고, 그 교회가 세워진 그 지역에서 주안점으로 두는 타게팅, 지체의식이 강화된 지역 교회관 그리고 무엇보다 중직자들의 변화 의지가 필요하다. 교회는 종합예술이다. 어느 한 사람의 모노드라마일 수 없다. 통전적인 사역 변화가 이루어져야만 한다.

   이러한 변화를 전제로 이 책은 서술되어 있다. 한 페이지 한 페이지 읽고 적용해 가다보면 어느덧 그 지역의 바로 그 교회가 되어가고 있을 것이다. 지금 당신의 교회는 변질이 아닌 변화가 되어야 한다. 그래서 '바로 그 교회'가 되어야 한다. 그리고 '바로 그 교회'가 될 것이다.

"자신의 가능성을 세상에 펼치기 위해서는 성장이 필요하다. 성장은 그냥 시간이 지나면 되는 것이 아니다. 삶의 목적을 발견해야 하고 자기 인식을 높여야 하며, 더 좋은 사람들을 만나기 위해 몸을 움직여야 한다……영혼도 살찌우기 위해 고심해야 한다."

"성장은 가능성과 잠재력이 들어 있는 비밀 상자를 여는 열쇠다. 그 열쇠는 당연히 거저 얻을 수 없다. 돈이 많이 있다고 살 수 있는 것도 아니다. 그것은 일상적 습성을 바꾸고 자기 변화를 통해서만 얻을 수 있다."

_존 맥스웰, 《사람은 무엇으로 성장하는가》에서.

제 **1** 장

Just The Church,
바로 그 교회

이 그림을 그린 아이는 정신병원에 보내졌다.

초등학교 미술 시간, 선생님은 아이들에게 그리고 싶은 동물을 자유롭게 그리라고 했다. 여유롭게 책상을 돌며 지도하던 선생님은 유난히 몰입하여 그리는 한 아이를 발견했다. 흥미가 생겨 아이에게 다가가 그림을 살펴보니, 놀랍게도 아이의 스케치북에는 차마 그림이라고 할 수 없는 것이 그려져 있었다. 하얀 도화지가 온통 까만색 크레파스로 뒤범벅된 게 아닌가?

아이는 대체 무엇을 그린 것일까? 깜깜한 바다 속을 그린 것일까? 아이는 이 그림 같지도 않은 까만 종이를 계속 만들어냈다. 한 장, 또 한 장 그리고 또 한 장……아이는 수십 장을 쉬지 않고 그려댔다. 이쯤 되자 선생님도 아이의 크레파스를 빼앗지 않을 수 없었다. 선생님은 아이의 부모님을 만나고 의사들을 찾아가 상담했다. 그리고 아이는 정신병원에 보내졌다. 정신병원에서도 아이는 계속해서 새까만 그림을 그렸고, 그 모습을 지켜본 어른들의 걱정은 깊어만 갔다.

그런데 우연히 아이의 책상 서랍에서 퍼즐 조각이 발견되었다. 불현듯 무엇인가를 깨달은 어른들은 아이의 그림들을 잇대어 맞춰 보았다.

놀랍게도 그림들은 서로 연결되어 있었다. 이내 다 같이 달려들어 아이의 그림을 체육관 바닥에 한 가득 펼쳐 놓고 그림 조각을 맞춰 나가자 검은색 도화지가 제자리를 찾아 거대한 퍼즐이 완성되었다. 어른들은 깜짝 놀랐다. 아이가 그린 그림은 새까맣고 거대한 고래였다. 검은색으로 가득 칠해진 그림은 그냥 먹지가 아니라 고래의 등이고 꼬리였다. 아이는 도화지 한 장에는 도저히 담을 수 없는 거대한 고래를 그렸던 것이다.

이 이야기는 오래전 유투브에 올라온 이야기를 전옥표가 쓴 《빅픽처를 그려라》에서 옮겨온 것이다.

이 그림은 중소형 교회를 섬기는 우리에게 매우 중요한 도전과 희망을 안겨 준다. 지금은 다소 어렵고 깜깜하여 앞이 보이지 않는 것 같은 어둠이 깔려 있는 사역일지라도 이 어두운 시간은 큰 그림과 앞으로 그려질 영향력 있는 교회를 세워 가는 것에 견주어 볼 수 있으며, 앞으로 제시할 내용을 숙지하고 자신이 섬기는 교회에 적용한

다면 언젠가는 반드시 거대한 고래를 완성할 수 있기 때문이다.

우리 안에 하나님의 위대한 교회를 세운다는 것에 대한 위대한 비전만 잊지 않고 가지고 있다면 반드시 '작지만 큰 교회'로 자리매김 하게 될 것이다.

전략적 발상이란 무엇인가?
(Marketing Mind)

'전략'을 의미하는 영어 단어 'Strategy'는 1799년 프랑스의 군사사상가 기베르Guibert 백작이 사용하기 시작했다고 한다.La Strategique 이 군사적 용어가 현대 경영학에 도입된 것은 불과 50년이 채 안 된다. 전략경영의 선구자로 알려진 H. 이고르 엔소프H. Igor Ansoff의 저서 《기업전략》Corporatr Strategy에서 사용한 것이 효시가 되어 경영학에서 사용되었고 전략적 경영학 이론이 연구되어 왔다. 우리나라 교회에서 '전략'이라는 용어는 교회성장연구소가 최초로 한국 교회에 소개한 것으로 교회와 목회사역에서 사용하기 시작하였다. 이러한 전략적 측면에서 한국 교회가 새롭게 세워져야 한다는 일념으로 본 연구소를 목회전략컨설팅연구소로 명하게 되었다. 이제야말로 진정 전략적인 목회 사역이 이루어져야만 한다.

목회와 교회 사역에 전략적 요소를 더하여 보다 효율적인 사역이 되게 하는 데 그 목적을 두고 통전적인 컨설팅을 통하여 지역에 맞는 바로 그 교회만의 이미지(정체성 혹은 방향성)를 발견하고 제안하며, 그 이미지에 걸맞은 사역들이 이루어지도록 돕는 연구소로 나아가게 된 것이다. '전략적'이라는 것은 이미 세상의 많은 영역에서 사용되고 있는 용어이므로 다소의 거부감을 잠시 뒤로하고 이 책의 본질인 '바로 그 교회'라는 제언에 집중하여 주길 바란다.

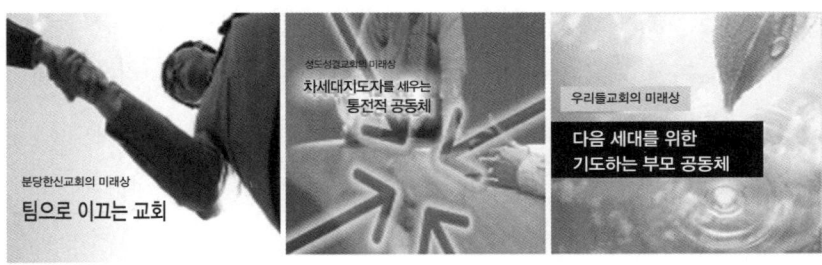

전략이란 말은 지혜의 또 다른 말이다. 오늘날 교회를 포함하여 가정과 사회 전반적으로 지식의 고갈이 아니라 지혜의 부족이 낳는 아픔을 겪고 있는 것이 사실이다. 지혜는 알고 있는 지식을 삶 속에 실천하는 역량이기 때문이다. "너희에게 지혜가 부족하거든 하나님께 구하라" 하셨으니 모든 면에 있어서 우리 삶 속에 하나님의 지혜가 필요한 시대에 살고 있다. 교회 역시 과거와 달리 지혜롭게 세워가야 한다. 복음의 시초가 되었던 1900년대의 조국 땅에는 지역마다 교회가 없었던 시기였기에 동네에 교회를 세운다는 것이 그리 어려운 것이 아니었다. 그러나 지금은 지역마다가 아니라 동네마다, 아니 건물마다 교회가 세워지고 있다. 세인들로부터 빈축을 살 정도로 교회들이 참으로 많다.

여기서 우리는 다음의 의문을 가질 수밖에 없다. '진정한 하나님의 교회란 무엇인가?'에 대한 의문을 가질 만큼 우후죽순으로 교회들이 세워지고 있다. 과연 바람직한 현상인가? 교회는 지속적으로 세워져야만 한다. 그러나 지금과 같이 아무런 전략이나 지역의 문화, 환경, 인구밀도, 인구분포도, 기존의 교회들이 자리하고 있는 지역교회의 영향력 등의 분석과 그에 대한 대안 제시와 실행 지침을 연구하고 구비하는 전략적 마케팅 없이 교회를 세운다는 것은 지혜롭지 못하다. 물론 믿음으로 교회를 세우는 것이 옳다. 그러나 하나님께서는 우리에게 이성과 지성 그리고 분별력을 주셨다. 그러한 하나님의 은사를 잘 활용하여 하나님의 교회를 교회답게 세워야 하지 않겠는가? 우리의 지혜를 총망라하여 보다 효율적으로, 그러면서도 성령의 능력으로 세워져야 한다. 이렇듯 폭넓은 영역에 필요한 지혜를 한곳으로 모아 진행하는 것을 교회 마케팅 혹은 교회 컨설팅이라고 한다.

일반 기업은 이미 마케팅 전략을 통하여 기업을 창대하게 하고 있다. 그러한 마케팅을 위하여 많은 자원을 아낌없이 지원한다. 성장하는 많은 기업들이 전략적 마케팅을 통하여 기업을 육성하고 있다면 우리 비영리 단체인 교회 역시 전략적 접근이 필요하지 않겠는가?

하지만 중요한 것을 인식할 필요가 있다. 여기서 제시하는 전략은 전략 그 자체가 목적이 아니다. 전략은 문제 해결을 위한 대안이 아니라 교회의 목적으로 가기 위한 하나의 여정이다. 전략이 진정한 전략이 되기 위해서는 지속적인 리더십을 갖춘 전략가가 필요하다. 전략가는 바로 리더이다. 그동안 수많은 교회들을 컨설팅하면서 절실하게 깨달은 것 중 하나는, 아무리 좋은 대안과 그 교회만의 특수성을 찾아 분석하고 대안을 제시하여도 그것을 수행하고 전략적 사고를 갖고 실행하는 리더십을 갖춘 목회자가 되지 않으면 소용이 없다는 것이다. 목회자 스스로가 그 대안을 갖고 다시 연구하고 그것을 토대로 다듬고 적용하여야 한다.

목회자와 모든 교우들이 아무리 열심히 사역하고 교회의 가치와 이미지가 아무리 좋아도, 그리고 목회 동기의 순수성이 거룩하다 할지라도, 교회가 그 지역에서 하나님의 지혜로 갖는 전략을 온전하게 세우지 못하면 아무런 전투 준비 없이 전쟁터로 나가는 모습과 유사할 수밖에 없다.

나는 이 책을 통하여 전략가인 목회자에게 요구되는 목회와 목양적 역할 수행의 역량과 분석력을 키워 주고 전략적 목회 경영 능력과 스스로 자신이 섬기는 교회를 컨설팅할 수 있도록 돕고자 한다. 영적 리더인 목회자 자신이 스스로에게 질문하고 문제를 찾고 그것에 대답할 수 있도록 하는 데 궁극적 목적이 있다.

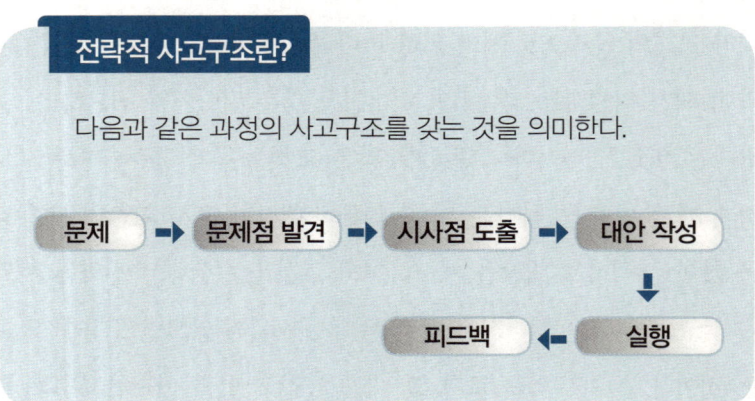

교회도 마케팅이 필요하다

　　교회와 목회 그리고 목회자들을 컨설팅한 결과 전략적 목회의 필요성을 더욱 절실하게 느끼게 되었다. 교회 컨설팅은 교회 사역 전반에 대한 교회의 방향성을 결정하는 컨설팅이며, 목회 컨설팅은 목회 사역이 지금의 그 교회와 일체감을 갖고 지속화되어야 하는지에 대한 여부를 결정하는 컨설팅이다. 목회자 컨설팅은 목회자가 갖고 있는 역량과 향후 사역의 방향 그리고 지금의 사역과 자신의 역량을 심층 분석하여 대안을 제시하고 구체적인 실행 방향을 제시하는 컨설팅이다. 이러한 컨설팅에서 이루어지는 조사, 분석, 대안 제시, 실행 피드백의 일련의 컨설팅 과정을 교회가 수행하고 바로 그 교회만이 갖는 특수한 영적 사역이 함께 병행될 수만 있다면, 존귀하고 건강한 교회 공동체를 세워 갈 수 있으리라고 확신한다.

　　교회는 세상의 빛이 되어야 한다. 빛은 어둠을 밝힌다. 어둠 속으로 들어갈 때 빛은 빛이 된다. 세상의 빛이 되기 위해서는 세상 속으로 들어가야만 한다. 그러기 위해서는 교회 공동체를 사회적 개념으로 이해해야 하며, 소통을 위해 세상의 언어로 다가서는 결단도 필요하다. 세상 속에서 교회를 이해하고 교회의 역할과 사회적 책임을 다하기 위해서는 통섭적인 교회 진단과 분석을 토대로 하는 대안을 갖고 교회 사역에 임해야 그 지역사회에 영향력을 끼치는 '바로 그 교회'가 되지 않겠는가?

많은 목회자들과 교회 중진들이 컨설팅에 대하여 부정적 견해를 갖기도 하는데, 이는 인간 사회의 근본 구조에 대한 이해를 달리하기 때문이라고 생각한다. 우리가 어떤 물건 하나를 구입하더라도 여기저기 시장조사를 한 후 그것의 적합 여부를 따지고 구입한다. 자신이 갖는 나름의 객관적인 진단 후 삶의 방향을 결정하는 것처럼 우리의 삶 전체가 일상의 컨설팅으로 이루어져 있는 것이다. 지금 다니는 교회와 부임한 교회 역시 내외적 자기 진단을 한 후 결정하고 그 곳에서 사역하고 있지 않은가? 그렇다면 하나님의 교회 역시 다양한 방향으로의 접근을 유도하는 컨설팅을 통해 최상의 공동체가 되도록 하는 것이 너무나 당연하지 않겠는가?

마음을 열자! 그리고 사회생활을 하는 교우들에게 익숙한 사회적 용어와 사회적 마케팅의 개념을 갖고 그들과 소통하고 교회를 새롭게 하는 지혜로운 사역을 하자! 개인만 지혜로워야 하는 것이 아니다. 영적 유기체인 주님의 몸인 교회도 지혜롭게 사역하여 그 지역에 반드시 필요한 영적 공동체로 나아가야만 한다.

그동안 본 연구소에서 진행하여 온 교회 컨설팅 내역만 보아도 점점 교회는 객관화된 분석을 요청하고 있음을 알 수 있다. 다음은 그동안 교회 컨설팅을 한 교회 규모와 수를 도표화한 것이다.

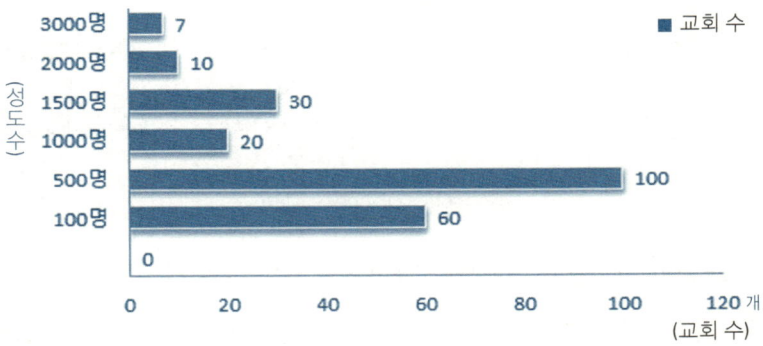

이렇게 많은 교회가 본 연구소를 통하여 컨설팅을 수행하였는데 그 결과는 어떻게 되었는가? 그 결과의 분석은 정확할 수 없지만, 본 연구소에서 제시한 대안적 제시들을 상당 부분 적용하여 실행하고 있다는 사실만큼은 확신한다.

목회 컨설팅은 교회의 모든 사역과 활동 그리고 현 상황을 체계적으로 분석 진단하여 비합리적인 요소를 발견한 후 그 대안을 제시한다. 동시에 교육 및 훈련을 진행하기도 하는 프로그램으로서 복잡하고 다양한 사역의 상황 속에서 필요성이 부각되는 사역이다.

이러한 교회 컨설팅은 어떻게 이루어지는가? 컨설팅 과정을 다음의 도표에서 살펴본다.

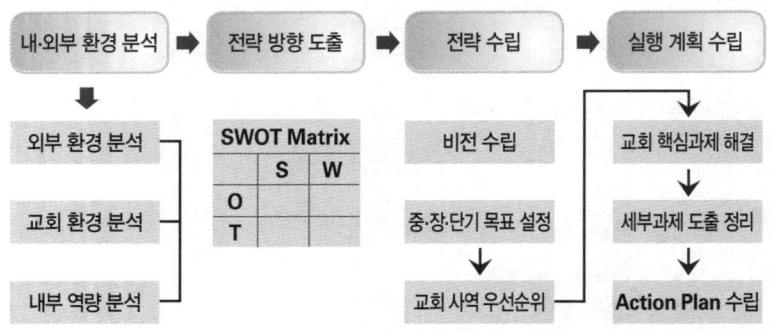

-Consulting Process Matrix-

교회의 컨설팅을 진행하는 과정에서 보는 바와 같이 세부적인 전략을 도출하기 위해서는 많은 노력을 기울인다. 그러나 교회 컨설팅에 대해 여전히 갖고 있는 우려는 첫째, '영적인 공동체인 교회가 무슨 사회에서 하는 것을 할 수 있느냐?'이다. 교회 역시 사회생활을 하는 사람들이 모인 공동체이다. 그러므로 공동체의 경영원리들이 도입되고 관리되어야 한다. 도리어 좋은 공동체를 형성하기 위하여 이러한 것을 정돈하는 것이 절실하게 필요하다.

둘째, '영적인 집단이 과연 되겠는가?'이다. 교회 컨설팅과 전략적 마케팅은 영적인 부분을 진단하는 것이 아니다. 교회 운영과 교회 방향성 그리고 지역과의 연대, 타 교회와의 차별성, 교회만이 갖는 강점을 파악하고 현재 교회를 섬기는 성도들의 욕구와 지역의 필요들을 찾고 분석하여 그 교회만의 방향성(비전)을 찾아가는 과정이다.

셋째, 컨설팅 용어에 대한 거부감이다. 그런데 컨설팅 외의 단어를 사용하기가 어려운 것은 다음의 도표를 살펴보면 이해할 수 있다.

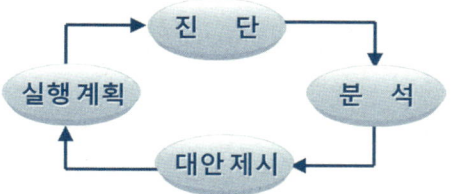

위에서 볼 수 있는 것처럼 컨설팅을 단순히 진단이라고 표현할 수 없는 것은, '진단'은 컨설팅 과정의 처음 사역에 불과하기 때문이다. 컨설팅은 전반적인 사역의 진단과 분석 그리고 대안, 실행 지침을 제시하는 일련의 과정이다. 그러기에 위의 도표에 나타난 전 과정을 우리는 컨설팅이라고 한다. 이 컨설팅을 사회에서는 또 다른 말로 마케팅이라고 한다.

교회 컨설팅은 아래의 도표와 같은 과정을 따라 방안을 찾는다.

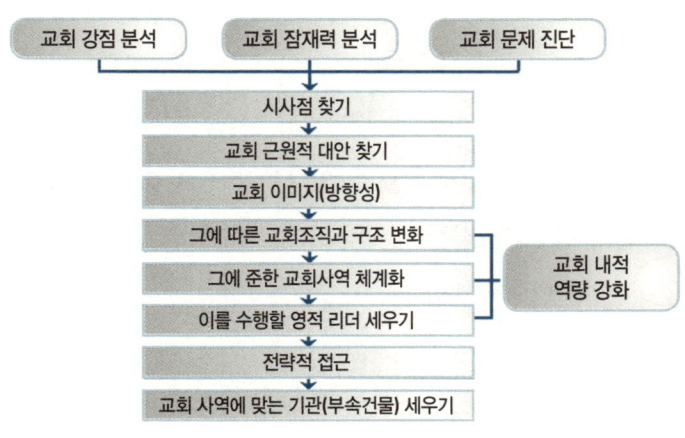

-컨설팅 방안 도출 Matrix-

마케팅이란 무엇인가?

그렇다면 마케팅이란 어떤 활동을 말하는가? 마케팅의 의미를 이해하려면 그 단어의 구성을 살펴보아야 한다. 마케팅, 'Marketing'은 'Market'와 '~ing'로 이루어져 있다. Market을 사전에서 찾아보면 제일 먼저 나오는 의미가 '시장'이지만 더 정확하게 그 의미를 찾는다면 시장이 아니라 '고객'이다. 그러므로 마케팅이란 '고객을 위한 일련의 진행 행위'라고 정의할 수 있다. 이것은 고객을 창출하는 행위이며, 고객을 지속화하는 과정을 포함하고 있다. 교회로 적용한다면 지속적인 전도 사역과 성도들을 잘 관리하고 성숙하게 하여 하나님의 사람으로 세워 가는 과정이라 할 수 있다. 그러므로 교회 컨설팅과 마케팅은 절대 필수불가결한 시대의 요청이며, 교회 공동체가 추진해야 하는 사역의 도구가 된다.

교회도 생존 시대로 접어들었다. 교회 생존이라는 용어를 쓰고 싶지 않지만 실제로 지역마다 교회는 경쟁 상태가 되었고 전도와 성장을 위한 노력이 강화되었다. '새로운 교인을 확보하기 위한 노력'뿐만 아니라 '기존 성도들을 관리하는 사역' 역시 너무도 중요한 시대이다. 전입 성장(이동 성장)을 주도하는 대형 교회들은 그 지역의 블랙홀(black hole: 빛조차 빠져나오지 못할 정도의 엄청난 힘과 밀도로 모든 것을 끌어당기는 우주에서 가장 미스테리한 물리적 현상의 하나)처럼 되었다. 이러한 현상 속에서 중소형 교회는 교회를 유지하는 것조차 어려워하고 있다. 현상을 유지하고 관리하는 것 역시 마케팅의 요소이기도 하지만 교회 공동체는 유지로 만족할 수 없다. 더욱이 중소형 교회는 지속적인 성장을 위한 인고의 노력이 있어야 한다.

> 컨설팅(마케팅) = 교인을 위한 일련의 사역을 진행하는 과정
> = 교인을 창출하기 위한 사역
> = 교인들을 성숙, 정착시키기 위한 사역

우리가 간과하고 있는 점이 있다. 현대를 살아가는 사람들은 저마다의 가치를 위하여 가치 있는 인생을 살고자 한다는 것이다. 이 땅에 존재하는 모든 단체들조차 나름의 가치체계가 있고 가치 실현을 추구한다. 더욱이 교회의 사명은 하나님 나라의 가치에 있지 않은가! 이러한 가치를 위한 존재적 사명을 다하는 교회는 일반 사회 기업들과는 전적으로 달라야 한다. 교회는 하나님을 지향하고 사람을 지향해야 한다. 그래서 더욱 교회 공동체는 특별히 '가치 지향적'이어야 한다. 이것이 다른 공동체와 교회 공동체의 다른 점이다.

우리에게 잘 알려진 다이소의 기업 가치를 주목해 볼 필요가 있다. 한국 다이소의 박정부 대표는 "다이소는 이익을 좇는 순간 망한다. 모든 것이 소비자를 위한 활동이라 생각해야 한다"고 강조한다. 이것이 바로 가치 지향적 기업을 말한다. 나아가 다이소는 자신들이 작은 이익을 추구하는 것은 곧 사회적 책임이라고도 생각한다. 이와 같은 내용은 바로 다이소의 생존 부등식을 보면 알 수 있다.

"우리는 행복을 배달합니다." – 따뜻한 기업, 자포스의 행복 배달!
"고객이 지루하지 않게 하라." – 블랙삭스닷컴
"단 한 사람을 위한 제품" – 에르메스
"안전과 성능" – 벤츠

우리는 자동차에서 사람의 생명을 지키는 가장 중요한 일을 한다.
고객님은 우리의 에너지이다.

세상이 가치 지향을 위하여 동분서주하는 동안 교회는 과연 무엇을 하고 있는가? 교회마다 나름의 목적이 있다고 하지만 실상 세상을 변화시키고 지역의 복음화와 이 땅에 하나님의 나라를 구현하는 데는 미진하였다. 교회가 본질적 존재 목적보다는 교회의 수적 성장에 많은 비중을 두고 사역해 왔기 때문이다.

교회의 목적은 성장이 아니다. 성장 자체가 가치가 아니다. 교회가 가장 우선에 두어야 하는 목적은 하나님 나라의 가치 실현이며, 그러한 가치를 실현하기 위하여 온 힘을 다하는 것이다. 그런 교회로 하나님께서는 자신의 자녀들을 보내실 것으로 확신한다. 가치 있는 교회 공동체가 되게 하는 헌신이 있기를 기대한다. 바로 그 교회로 사람들은 자연스럽게 모이게 된다.

지금의 교인들은 '가치'를 찾고 '가치' 있는 공동체를 찾는다

베네피트의 창업주 진 포드와 제인 포드, 그들은 '웃음이 최고의 화장품'이라고 말한다. 이처럼 화장품 회사가 화장품만을 파는 것이 아니라 그 화장품이 주는 가치인 웃음을 파는 것이다.

사람은 누구나 자신이 생각하는 가치에 따라 살아간다. 그가 가진 가치가 그의 존재이기 때문이다. 교회 역시 그러한 가치를 통해 세워져야 한다. 교회가 교회다워진다는 것은 하나님 나라 가치를 위하여 교회가 얼마나 헌신하고 있으며 그 가치에 함께하는 교인들이 얼마나 되는가이다. 그러므로 교회의 존재와 사명은 '가치'에 있다.

예를 들어 화장품을 구입하는 고객을 살펴보자. 화장품의 용기와 향료, 유분 등으로 구성된 물질을 구입하는 것이 아니라 그들은 화장품이 가져다주는 아름다움의 가치를 사는 것이다. 교회가 갖는 최고의 가치는 하나님을 만나고 경험하고 섬기는 기쁨이다. 그 가치를 위하여 교회에 가는 것이다. 교회 건물과 외관이 화려해서, 또는 시스템이 좋아서 교회를 찾는 것이 아니라 영적 가치인 하나님을 체험하고 경험하기 위해서이다. 성령의 이끄심을 통한 살아 있는 신앙과 하나님의 영광을 위한 가치, 이 세상에 하나님 나라를 실현하고자 하는 절대적 가치, 공동체와 함께 더불어 이루는 영적 가치를 위하여 교회에 간다. 물론 처음부터 이러한 이유로 교회에 출석하는 이는 소수일 것이다. 이 세상과는 무언가 다른 삶을 살고자 하여 또는 신(神)에게 의지하고픈 마음 등등 여러 가지 이유로 찾을 게다. 그러나 이렇게 시작된 신앙생활이 자라나고 성숙하여 좀 더 나은 절대 가치 실현을 위해 헌신하도록 하는 것이 교회의 생명력이다. 이렇게 성숙되어 가는 영적 가치의 여정을 경험하고 체험하게 해야 하지 않겠는가?

'그 교회가 얼마나 좋은가?'는 '그 교회가 추구하는 가치가 무엇인가?'에 따라 결정된다. 성도들이 인식하는 가치가 숭고하면 좋은 교회이며, 반대로 별다른 가치를 발견하기 어려운 교회는 아무리 홍보를 많이 해도 함께하지 않을 것이다.

컨설팅은 교회 경쟁 우위를 제안하는 것이 아니라
'바로 그 교회만이 갖는 가치'를 찾는 것이다.

그 가치 구현을 위하여 구체적인 방안을 제시하는 것이 컨설팅이다.

목적이 분명한 교회가 성장한다

성공하는 기업과 교회 그리고 단체는 그들이 갖고 있는 공동체의 목적이 분명하다. 그 목적은 아래의 도표와 같이 3가지 가치로 연결되어야 한다.

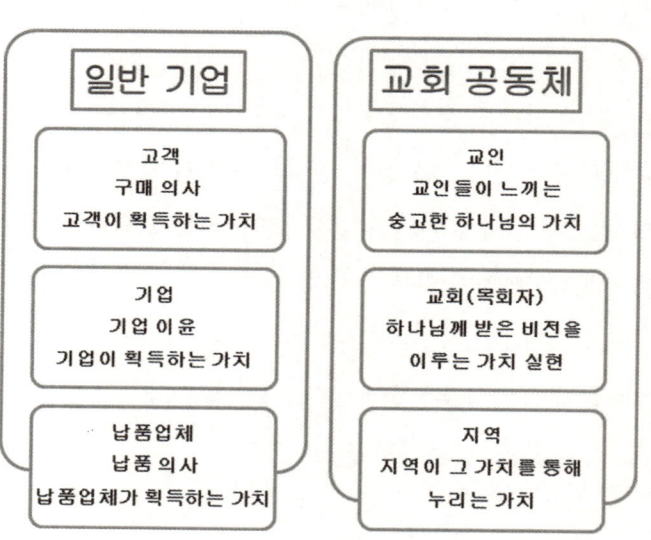

교회의 목적은 그 교회만의 것으로, 그 교회가 그 지역에 그 장소에 세워져야만 하는 이유를 설명하는 가장 기본적인 방식이다. 교회의 존재 이유, 교회가 그 지역에 제공할 수 있는 독특한 가치, 그 교회가 타 교회와 다른 점, 그것이 왜 이 지역에 중요하며 그 지역에 반드시 있어야만 하는지를 정확하게 설명할 수 있어야 한다.

중소형 교회가 지역에서의 존재적 사명과 명확한 목적이 없다면 지역 속에서의 성장은 어려울 것이다. 중소형 교회는 지금 이 교회가 여기 있어야 하는 선명한 이유를 제시할 수 있어야 한다. 가까운 대형 교회를 두고 굳이 중소형 교회를 찾아 출석하고자 하는 마음, 사역에 참여하고 싶은 마음, 그곳에 자신의 삶을 드리고자 하는 신념을 확고하게 심어 줄 수 있어야 한다. 그러기에 선명한 가치와 비전 그리고 그 지역에 반드시 존재해야 하는 명확한 이유를 제시할 수 있어야 하는 것이다.

여기서 한 가지 기억할 것이 있다. 목적이 단지 하나의 슬로건이나 문구가 아니어야 한다는 것이다. 교회 벽면과 게시판을 장식하는 미사여구가 아니어야 한다. 목적이 온전하게 이루어지기 위해서는 모든 사역에 대한 진행 과정을 수치 데이터로 명시해야 한다. 믿음이라는 언어로 모든 것을 덮지 말라. 자신이 가진 직감과 믿음의 막연한 기대가 아니라 실제 경험에서 체득된 문제 해결 능력을 갖고 있어야 한다. 가치와 비전을 이끌 수 있는 인간의 본성과 감동적이며 사실적인 진리의 말씀이 담긴 메시지가 있어야 한다.

이러한 요소를 담고 교회의 본질적 목적과 하나님 나라의 가치를 실현하기 위한 노력을 기울이고 있다면, 그리고 이에 더해 지역의 필요를 공급하기 위한 사역들이 이루어진다면 비로소 교회는 교회로서의 신뢰성을 회복할 수 있다. 목적과 가치 그리고 행동의 상호연관성을 잊지 않고 다음의 설명들에 주목하면 한다.

교회는 인류 최상의 가치를 위하여 존재하는 하나님의 영적 공동체이면서 동시에 사람들이 모이는 살아 있는 유기적인 비영리 공동체이다. 우리는 영적인 사역과 교회 공동체, 즉 사회적 비영리 집단이라는 두 영역을 통섭화하고 하나 되게 하여 그 교회만이 추구해야 하는 하나님의 비전을 발견하고 성취해야 한다.

'바로 그 교회'만이 갖는 가치를 발견하라

교인들은 그저 교회에 다니는 것이 아니라 진정한 가치를 위한 공동체를 다니고 싶어 한다. 자신의 존재가치를 인식하고 더 강화하고자 하는 사람이라면 당연히 더 나은 가치 실현과 구현을 이루어 줄 교회에 다니고 싶어 할 것이다. 이것은 인간의 가장 기본적인 욕구의 상승 작용이다. 자신이 다니는 교회가 자신의 가치를 대변한다고 생각한다.

그래서 그들은 자신이 다닐 교회를 나름대로 컨설팅한다. 그리고 여러 교회를 다녀 보며 자신의 가치에 부응하는 교회를 선택하고 출석한다. 이것이 지금을 사는 교인들이 갖는 교회 선택 과정이다. 그러한 측면에서 중소형 교회는 더욱더 사람들이 찾는 가치를 발견하고 그 가치를 실현할 수 있는 그런 공동체가 되어야 한다. 그렇지 않으면 교회는 표류하는 바다 한가운데의 돛단배와 같은 모양이 될 것이다. 교회는 그 교회만이 갖는 독특한 가치를 발견하고 그것이 사역에 심도 있게 묻어나야 한다. 중요한 것은 교회의 가치가 교인들의 가치여야 한다는 사실이다. 이것이 최상의 교회이며 우리가 꿈꾸는 교회가 된다. 가치의 일체감, 가치로 하나 되는 교회를 꿈꾸어 본다. 이러한 가치의 공유 없이는 성장뿐 아니라 존재 자체가 어려워지는 것이다.

우리가 기억할 것이 있다. 교회의 궁극적 가치이다. 모든 하나님의 교회가 갖는 궁극적인 가치는 제자도이다. 제자도의 실현 과정은 다를 수 있지만 제자도는 일치한다. 교회는 하나님의 사람들을 온전하게 하여 주님의 제자가 되게 하는 사역에 집중해야 하고, 제자들에 의하여 또 다른 사람들을 제자 삼는 사역으로 교회가 완성된다. 이것이 주님의 교회이다. 주님께서 공생애 동안 완성하신 교회는 제자였다. 건물(회당)이 아니라 사람이었다. 하나님 나라를 향한 가치를 가진 제자들이었다. 제자는 교회의 존재이며 교회는 제자이다. 이것을 이루어 가는 일련의 시스템을 우리는 '제자도'라고 한다. 교회는 유형적 가치를 추구하는 것이 아니라 무형적 가치인 주님의 제자들을 세워야 한다. 중소형 교회가 지향해야 하는 가장 중요한 것은 교회의 외적인 건물도 아니고 내적인 기능 강화나 프로그램도 아니다. 교회가 추구해야 하는 유일한 한 가지는 바로 주님의 제자가 되게 하는 것이다.

다시 강조하지만, 제자도는 교회의 존재 이유이며 근본적인 목적이다. 그 교회만의 제자도 완성은 그 교회의 가치가 된다. 교회는 제자도의 가치를 우선으로 하여 제자도의 완성을 위한 사역을 진행해야 하며, 그 사역에 맞는 프로그램들로 구성되어야 한다. 제자도의 완성이 결코 교회 내적인 사역으로 국한되지는 않는다. 제자란 그가 배운 바를 자신의 삶에 실현하는 자이므로 지역사회에 영향력을 끼칠 수밖에 없기 때문이다.

중소형 교회는 '그 가치를 어디에 두느냐?'에 따라 교회 성장과 가능성을 개진할 수 있다. 중소형 교회는 위대한 하나님 나라의 가치인 제자도의 완성에 가치를 두고 묵묵히 자신의 길을 그 지역과 함께 숨쉬며 걸어가야만 한다.

교회 마케팅과 컨설팅의 핵심은 바로 교회만이 갖는 가치, 소위 그 교회만이 그 지역에 존재해야 하는 이유를 찾는 것이다. 사랑의교회라고 하면 떠오르는 이미지는 무엇인가? 아마도 제자훈련이라고 할 것이다. 그것이 그 교회만이 갖는 가치인 것이다. 그 가치가 이미지가 되고 그 이미지를 실현하기 위한 구체적인 프로그램이 갖추어지면 교회는 가치 있는 교회 공동체가 되는 것이다. 사랑의교회가 지금까지 우리 한국 교회에 영향력을 끼치는 이유를 여러 가지로 나열할 수 있겠지만, 나는 그 교회가 하나님의 사람들을 주님의 제자가 되게 하는 사역에 가치를 두고 묵묵히 외길을 걸어온 사역자의 태도와 그의 가치가 뿌리내린 결과라고 확신한다.

교회가 가치체계와 그 가치를 실현하고자 하는 강력한 영적 리더십 그리고 그 가치에 자신을 헌신하고자 하는 교인들로 구성되어 제자도의 완성을 이룰 때에 주님의 몸으로서 성숙할 뿐 아니라 지속적인 성장을 이룰 수 있을 것으로 확신한다. 그러므로 교회는 교회의 가치 발견이 최우선이 되어야 한다.

당신은 무엇을 최고 가치로 두고 있는가? 그것을 실현하기 위해 어떤 준비를 해왔는가? 자신이 준비한 것과 지역의 정서, 그러한 것을 받아들이는 기존 성도들의 영적 갈망이 결합될 때 그 교회만이 갖는 가치를 형성하게 되는 것이다.

지금 섬기는 교회는 어떤 이미지인가?
지금 섬기는 교회 하면 떠오르는 이미지는 무엇인가?
그것이 가치이다.

이러한 이미지와 가치를 형성하는 방법은 무엇일까?
다음의 5가지 요소들을 고려하여 교회의 이미지를 결정한다.

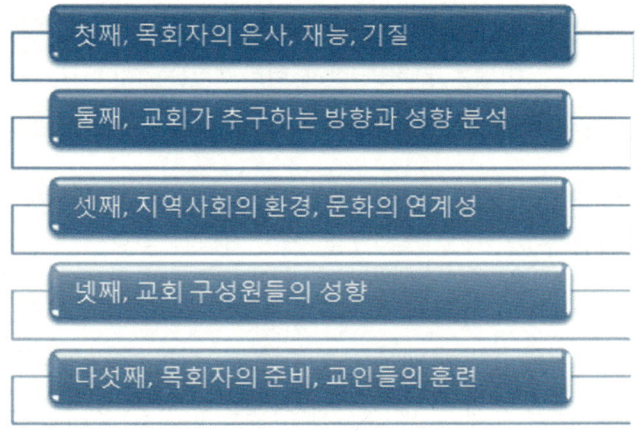

- 교회 이미지 세우기 과정 -

위의 도표에 상응하는 교회의 이미지를 정하고 그 가치를 실현할 수 있는 사역을 결정하는 것이 바로 가치 중심의 교회이며, 그러한 교회에 하나님의 사람들이 모이게 된다. 중소형 교회가 성장할 수 있는 핵심은 바로 그 교회만이 갖는 가치이다. 성도는 교회가 갖는 가치를 보고 그 가치에 따라 교회에 다니게 된다. 물론 가치는 목회자 개인의 가치일 수도 있다(설교를 잘하는 목회자, 인격이 훌륭한 목회자 등등). 그러나 대부분의 교회는 그 교회의 특징이 되는 이미지에 따라 소문이 나고 영향력을 끼치는 결과로 드러난다.

어느 도시든지 그 지역에는 이미 대형 교회들이 존재하고 있다. 그 교회들은 나름의 가치 구현을 통해 대형화를 이루었다고 보는 것이 옳다. 물론 가치체계 없이 급성장한 교회 역시 있을 수 있다. 그렇지만 그러한 교회는 머지않아 교회 성장이 둔화되고 어려움에 봉착할 수밖에 없다. 어쨌든 가치를 잘 구현하고 있는 대형 교회가 있는 지역에 교회를 세우는 목회자가 가져야 하는 최우선의 과제는 무엇이겠는가? 당연히 대형 교회가 갖고 있는 그 이상의 가치를 추구하고 지역 사람들을 그 가치로 이끄는 것이 아니겠는가?

중소형 교회의 희망적 메시지는, 숭고한 가치를 갖고 독특한 가치 구현 프로그램을 갖게 될 때 성장과 성숙을 이룰 수 있다는 것이다. 성남의 '선한목자교회'는 지금의 담임목사가 부임할 당시에도 어려움을 겪고 있었다. 그러나 어려움을 겪는 다른 교회와는 달리 부임한 목회자의 가치는 선명하였다. '나는 죽고 예수로 사는 사람'이라는 가치를 몸소 자신에게 적용하였고 메시지를 통해 그 가치를 드러내었다. 그의 인격과 사역에 임하는 태도에서 그 가치가 묻어나온 결과 영향력 있는 한국 교회의 한 교회로 자리매김한 것이다. 이것을 가치 중심의 사역이라고 한다. 교회는 그러한 가치에 따라 성장하고 성숙하는 것이다.

중소형 교회는 이러한 가치체계를 갖는 목회자로 인해 새롭게 일어날 수 있다. 목회자가 갖는 가치, 이것이 교회의 생명이 된다. 목회 가치의 정립은 어떤 목회의 기술이나 프로그램을 찾아 나서는 노력보다 최우선되어야 한다. 또한 그것을 체계화할 수 있는 역량을 가지고 있어야 한다. 그럴 때 비로소 진정한 영적인 목회자가 되는 것이다. 나는 조국 교회의 희망을 보고 싶다. 그 희망은 목회자가 갖는 성경적 가치에 있다. 교회 시스템은 목회자가 갖는 가치의 체계화를 의미한다. 그것이 희망이 되면 성장 가능성을 갖는다. 당신의 가치는 무엇이며 어떤 가치체계를 갖고 있는가?

다음의 표를 통해 한국 교회에 나타난 여러 가치체계를 살펴보고자 한다. 조국 교회에 가장 두드러진 가치와 이미지, 교회 공동체가 갖고 있는 가치를 구분한다면 다음과 같다.

한국 교회의 두드러진 교회 이미지와 가치
(소문난 교회를 중심으로)

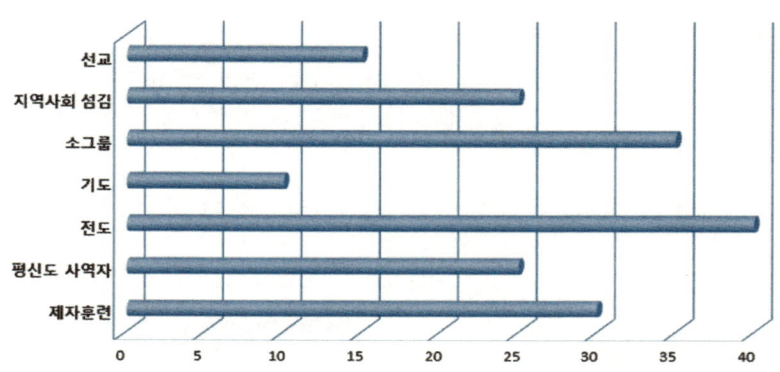

가치는 성장을 위한 첫걸음이라기보다는 교회가 갖는 가장 근원적인 사역의 본질이라고 하는 것이 옳을 것이다. 당신이 가지고 있는 가치는 무엇인가? 당신이 섬기는 교회의 가치는 무엇인가?

교회의 가치는 무엇인가?

사람은 무엇을 구입하거나 먹거나 행하는 모든 것에서 그 나름의 가치를 보고 그 가치에 값을 지불하고 구입한다. 분당의 한 백화점을 지나다 작은 루이비통 가방이 아름답게 진열되어 있기에 그 가격이 얼마나 될까 하여 가까이 가서 확인했다. 작은 가방 하나가 4,000,000원이었다. 놀라웠다. 분당의 거리를 다니다 보면 그에 준하는 가방들을 메고 다니는 것을 어렵지 않게 볼 수 있다. 그것의 소재 값이 얼마나 들겠냐마는 아마도 그 가방의 가치를 보고 그 금액을 지불하고 산 것일 것이다.

제시된 사진의 좌측이 짝퉁이며 우측이 브랜드 매장에서 판매되는 정품 브랜드 지갑이다. 맨해튼에서는 이러한 짝퉁을 구매하려는 사람도 경범죄로 처벌된다고 언론은 덧붙였다.
사진=뉴욕데일리뉴스 캡처

지금은 가치의 시대이다. 그것이 무엇이든지 가치가 있다고 생각되면 얼마의 값을 지불하더라도 그것을 구입한다. 가치를 돈으로 사는 시대인 것이다. 지식이 돈이 되는 것은 지식의 가치를 인정하기 때문이다. 가치는 그것의 존재 이유이며 존재 목적이 된다는 것을 인식하는 것이 필요하다.

"누군가의 마음을 움직일 수 있다면 그 가치는 영원하다."

_스티브 잡스

가치는 크게 3영역으로 나뉜다.

첫째, 절대 가치이다.

절대 가치는 하나님이시며 하나님 나라이다. 교회는 이 절대 가치 앞에 어떤 정황이 주어져도 흔들려서는 안 된다. 교회는 하나님 나라를 위하여 존재해야 한다. 그것이 바로 교회의 존재 목적이자 존재 이유다. 절대 가치인 하나님 나라를 위하여 교회가 세워져야 한다. 중소형 교회의 자부심과 긍지는 하나님 나라를 이곳에 세우고 있다는 절대 가치 앞에서 흔들림이 없어야 한다.

둘째, 최고의 가치이다.

최고의 가치는 여러 가지로 나뉜다. 그 여러 개의 가치 중 우리 교회가 추구하는 가치가 무엇인가에 따라 교회의 방향성이 달라진다. 예를 들면, 사람을 세우는 것을 최고의 가치로 여긴다면 그 교회는 사람 세우기 위한 훈련과 시스템을 잘 구축하게 될 것이고, 지역사회를 섬기는 것을 최고 가치로 여긴다면 지역사회를 위한 사역과 프로그램에 많은 자원을 투입하며 섬기게 될 것이다. 교회는 그 가치에 생명을 불어넣고 실현하기 위한 구체적인 사역 준비를 하여야 한다. 중소형 교회는 바로 이러한 가치체계를 확립하여 지역 교회와 차별화를 도모해야 한다.

셋째, 핵심 가치이다.

모든 사람의 행위는 그가 가지고 있는 핵심 가치에 따라 움직이게 된다. 이를 행동 가치라고도 한다. 사람은 누구나 아무 생각 없이 행동하지 않는다. 그가 가지고 있는 가치에 따라 행동하는 것이다. '그가 갖는 행동 가치가 무엇인가?'가 그의 삶이 되는 것처럼 교회 역시 유기체이므로 교회가 움직이는 사역의 방향이 어떤 기준과 가치에 따라 이루어지고 있는지를 명확하게 하여야 한다.

그러면 여기서 비기독교인과 기독교인들이 생각하는 교회에 대해 나타낸 도표를 살펴보도록 하자.

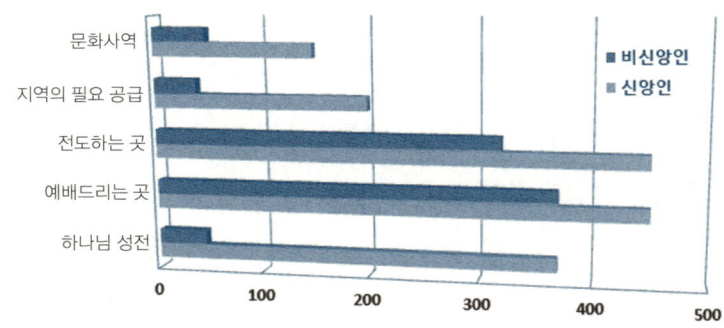

위의 표에서 볼 수 있는 것과 같이 비신앙인과 신앙인이 생각하는 것에는 차이가 있다. 하지만 그중 '예배를 드리는 곳'이라는 생각에는 차이가 없다. 이는 교회가 가지고 있는 가치가 예배에 있다는 의미일 것이다.

이것은 무엇을 의미하는가? 교회가 크든지 작든지 교회의 가장 최우선 가치는 예배여야 한다는 것이다. 생애 처음으로 교회에 방문한 사람이든, 아주 오랫동안 몸담고 있는 성도이든, 그 누가 참여해도 예배가 은혜롭고 좋아야 한다는 것이다. 따라서 예배에 승부를 걸어야 한다. 예배가 예배답지 못하면 교회의 기본적인 가치를 상실하는 것이다. 예배를 통하여 많은 사람들은 교회를 결정한다. 예배가 좋으면 중소형 교회든 큰 교회든 그 교회를 선호하게 된다.

대형 교회로 쏠림 현상이 생기는 것도 우연이며 어쩔 수 없는 현상이라고 치부하기에는 너무나도 중요한 영역을 놓치고 있는 것 같다. 대형 교회는 기본적으로 예배가 좋다. 아니, 좋을 수밖에 없다. 그렇다고 중소형 교회는 어쩔 수 없는 현상이라고 묵과할 것인가. 아니다. 중소형 교회는 교인들과의 친밀함 속에 나타나는 목회자의 진실성 있는 리더십과 삶이 녹아든 메시지를 들을 수 있는 최적의 공간이다. 말씀으로 소통할 수 있는 위대한 공간이 바로 중소형의 공간이다. 대형 교회의 예배는 대부분 일방적인 전달 형식의 예배이지만 중소형 교회의 예배는 교인들의 삶과 밀착되어 성도들의 영적인 상태와 소통되어 드려질 수 있다. 이것이 오히려 강점이 된다는 것을 잊지 말고 진정한 예배, 살아 있는 예배, 소통이 있는 예배를 드릴 수 있도록 해야 한다.

중소형 교회는 이러한 측면에서 예배에 승부를 걸라. 무엇보다 체득화된 의미 중심의 메시지를 통해 삶으로 소통하는 설교를 해야 하며 설교 그대로 살아가는 설교자가 되어야 한다. 예배가 성공적이며 은혜롭고 좋으면 교인들의 삶에 영적인 영향력을 끼치고, 그 영향력이 또 다른 사람들에게 전달되어 자연스러운 전도가 이루어진다. 이것이 중소형 교회의 전도 전략이다. 사람이 사람을 이끄는 전도 전략을 세워 가는 계기가 되었으면 한다. 예배는 예배자들의 성숙만큼 예배다워지고, 그것을 위해 헌신을 다하는 예배 인도자의 삶과 사역, 자세와 준비 그리고 예배의 몰입으로 살아 있는 예배와 그렇지 못한 예배로 나뉜다.

　예배의 생명력 중 하나는 설교이다. 설교의 탁월성이 있어야 한다. 공동체 예배 속에 중심이 되는 설교가 생명력과 희망을 주는 메시지가 되어야 한다. 그래야 사람들이 찾는 교회가 된다. 많은 프로그램은 일시적인 동기부여가 될 수 있지만, 그것으로는 사람들에게 소속감을 갖게 하지는 못한다. 설교가 좋아야 하고 탁월해야 한다. 한번 듣고 또 듣고 싶어야 한다. 많은 목회자들이 교회성장의 요인을 다른 곳에서 찾는 편인데 나는 교회성장의 열쇠 중 가장 강력한 것 중 하나가 설교에 있다고 확신한다.

　설교를 통해 소속감을 갖고 살아갈 희망을 발견하고 설교가 하나님의 음성으로 이해되어 믿음이 자라게 되기 때문이다. 공동체 예배를 통하여 희망의 메시지를 듣고 주중의 예배를 통해 삶의 예배자로 하나님 앞에 살게 하는 전인적인 예배를 경험하도록 하는 것이 중소형 교회 최상의 전략이다. 설교자가 되라. 탁월한 설교자가 되라. 세상에 희망을 주고 교인들에게 세상을 어떻게 살아야 하는지를 말씀을 통해 그 해답을 제시하라.

　중소형 교회의 희망은 살아 있는 가치와 영적 소통이 있는 예배에 있다.

이제 교회를 재정의해야 한다

교회는 하나님께서 세우신 두 기관 중 하나이며(다른 하나는 가정이다), 불러낸 자들이 모인 곳이다(에클레시아). 그렇다면 그들이 모여 무엇을 하였을까? 가장 우선적 가치로 예배를 드렸다. 그러므로 교회는 예배드리는 공동체이다. 예배는 신앙의 근본이며 교회의 근원이다. 당신의 교회는 진정한 예배가 드려지고 있는가? 유감스럽게도, 예배를 준비하는 과정을 보면 과연 교회의 절대 가치, 하나님을 향한 최고의 가치를 실현하기 위해 사역하고 있는지 의문이 든다.

예배는 예배 준비에서 모든 것이 결정된다. 얼마만큼 사모하는 마음으로, 어떤 자세로 준비를 하느냐가 예배의 질을 결정한다. 하나님의 교회를 교회답게 하려면 무엇보다 예배에 승부를 걸어야 한다. 누구든지 교회를 찾았을 때 예배를 통하여 감격을 경험하도록 하는 것이 중소형 교회의 핵심적인 성장 열쇠임을 잊지 않아야 한다.

그 다음의 가치는 전도다. 모든 교회는 전도에 가장 큰 관심을 가지고 있다. 교회는 전도하는 기관이다. 이것은 교회의 존재 이유이며 주님의 명령이다. 교회의 가치는 그 교회 목회자의 목회철학과 하나님께로 향하는 역동적인 예배와 지역사람들을 향한 전도에 있다. 교회는 하나님의 전이며 거하실 처소다(엡 2:21-22). 그러면서도 교회는 사람들이 모이는 곳이다. 사람들이 모여 하나님의 성전이 되게 해야 한다. 교회는 사회의 또 다른 공동체라는 사실을 기억했으면 한다. 교회는 영적인 공동체. 이 말 속에는 여러 가지 목적이 내재되어 있다. 교회는 우선 영적이어야 한다는 것이며 또 다른 하나는 공동체라는 사실이다.

그러므로 사역은 영적으로! 교회 운영은 공동체를 경영하는 마인드로! 되어야 한다. 교회는 이제 지역이 필요로 하는 기관이 되어야 한다. 지역민들과 소통하기 위해 그들을 위한 사역들이 많아야 한다. 사회와 지역에 동화되어 물들어야 한다는 것이 아니다. 지역의 빛과 소금의 역할을 하고자 한다면 지역과 세상을 알아야 빛과 소금의 역할을 할 수 있기 때문이다. 교회는 다음과 같은 초점으로 재정의 되었으면 한다.

첫째, 변화 중심의 교회여야 한다.

교회는 날로 날마다 새로워져야 한다. 주님이 원하시는 모습으로 끊임없는 탈바꿈을 해야 한다. 변화하고 또 변화하여 주님이 보고 싶은 바로 그 교회가 되어야 한다.

둘째, 전도 중심의 교회여야 한다.

교회의 생명력은 전도에 있다. 전도는 교회의 존재 이유며 그 지역에 그 교회가 있는 이유는 그 지역의 복음화다. 만약 이러한 존재 목적이 배제된다면 그 지역에 그 교회가 있을 필요는 없다.

셋째, 새 가족 중심의 교회여야 한다.

교회는 기존 신자들의 전유물이 아니다. 먼저 믿는 자들이 모여 기득권을 행사하기 위해 공간이 필요한 것이 아니라, 처음 나온 새가족들을 위해 존재한다. 기존 성도들이 새가족을 섬겨 그들이 잘 정착하도록 돕기 위한 교회여야 한다.
교회다운 교회로서의 면모를 갖추고 교회의 모든 사역이 교회의 본질적 기능을 감당하도록 이루어져야 한다. 교회는 단순히 교인들만의 소유가 아니라 그 지역민들을 위한 것임을 잊지 않아야 한다.

교회는 영적인 공동체다

우리는 전도를 어떻게 해야 하는가에 대한 궁금증이 크다. 전도로 성공한 교회를 답습하기 위해 노력들을 기울이고 너도 나도 전도에 온 정성을 다하고 있다. 그러나 과연 전도의 결과는 어떠한가. 중소형 교회의 전도는 연간 10% 이하이나 대형 교회는 월간 10% 성장을 도모하고 있다. 그 차이는 어디에서 나오는 것일까? 무엇이 전도의 열쇠인가?

본질적 전도는 교회를 홍보하는 것이 아니다

교회가 동네마다 지역마다 없을 때에는 교회 전단지와 홍보물이 많은 도움을 주었다. 그러나 지금은 거리마다 동네마다 교회가 넘쳐난다. 교회의 전도지가 과연 얼마나 효과가 있는가?

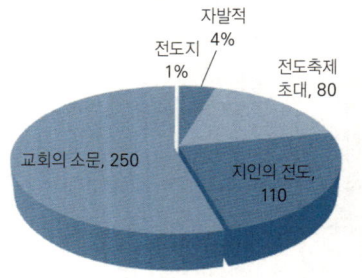

전도의 가장 효율적인 방법(500명 설문조사)

당신의 교회는 이제 어떤 전도를 할 것인가를 결정해야 한다. 옆의 도표에서 볼 수 있듯이 이제 교회는 과거의 전도 방식으로 전도하는 것을 지양하고 교회의 이미지를 견고하게 해야 한다. 지난 과거 방식의 개념이 '어떻게 홍보할 것인가?'였다고 한다면, 이제는 '어떻게 저들이 와 보고 싶은 교회가 되게 할 것인가?'이다. 이것이 바로 마케팅이다. 컨설팅의 가장 중요한 포인트가 바로 여기에 있다.

컨설팅과 마케팅의 포인트는 사람이다

백화점의 따뜻한 미래, 다이신 백화점은 고객이 원하는 제품을 팔기로 했다. 다이신 백화점에 가 본 사람들은 두 번 놀란다고 하는데, 일단 상품의 종류에 놀라고 그다음엔 포장 단위에 놀란다는 것이다.

다이신 백화점은 모두 18만 종에 달하는 상품을 진열해 놓는다. 유독 소포장 제품이 많이 진열되어 있다. 특히 식품 매장에 가보면 소포장의 진수를 느낄 수 있는데, 삼겹살 세 점짜리, 생선회 세 점짜리, 심지어 김밥 한 알짜리 상품도 있다. 아무리 박리다매라지만 그렇게 팔아서 뭐가 남을까 싶을 정도이다. 하지만 이는 이윤을 따지기 전에 먼저 소식小食하는 노인의 취향을 철저히 배려한 결정이었다. 이것이 바로 사람 중심의 마케팅과 컨설팅이다.

"고객이 행복해야 기업도 행복할 수 있다. 고객을 행복하게 만드는 것이 곧 성공의 지름길이다"라는 단순한 진리를 다이신 백화점은 몸소 실천했고, 또 성공을 거두었다.

월마트 창업자인 샘 월튼Sam Walton은 "항상 고객의 기대를 넘어서기 위해 노력한다"라고 했다.

그러므로 그 지역 사람들에게 무엇을 제공하여 그들로 하여금 교회를 찾도록 할 것인가를 찾아야 한다. 그것이 없이는 교회 성장은 기대하기 어렵다.

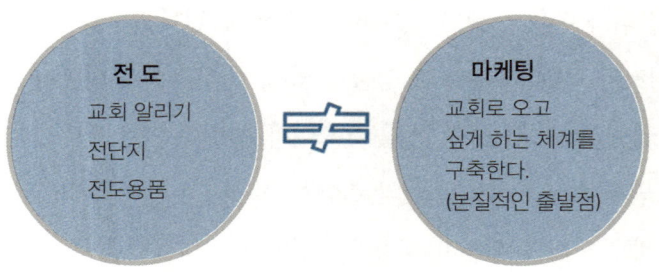

전도 활동과 **마케팅** 활동은 다르다.

중소형 교회는 '무엇을 줄 것인가?'에 대한 고민이 아니라 '왜 이 교회를 와야 하는가?'라는 질문에 답을 주어야 한다.

골든 서클golden circle이라는 것이 있다. 골든 서클은 3가지의 원형으로 구성되어 있는데 제일 밖의 원형은 '무엇'(what)이다. 어떤 공동체든지 그 공동체가 '이것이 무엇인가?'에 대한 질문만 찾는다면 대부분 겉도는 일이 되어 '다름'을 형성할 수 없다. 스마트폰을 생각해 보자. '이것이 무엇인가?'(what)라는 질문에 답을 주기 위해 폰을 생산한다면 폰 자체로는 폰 시장에서 아무런 영향력을 끼치지 못한다. 교회 역시 '우리 교회는 무엇을 줄 수 있는가?'라고 한다면 중소형 교회는 무엇도 줄 수 없다.

그 안의 서클은 '어떻게'(how)이다. 이것은 무엇(what)보다 더 나은 방향으로 성숙하는 것인데, 어떻게 더 나은 삶이 되게 하는가를 찾는 것과 같다. 스마트폰의 경우 우리 회사의 스마트폰이 타사의 것과 어떻게 다른가를 제공하는 것과 같다. 교회에 적용하면, 제자훈련을 할 때 '어떻게 할 것인가?'를 찾는 것이다. 전도하고자 한다면 '어떻게' 하는 것이 가장 효과적인가를 묻는 것이다. 그런데 냉정하게 우리를 살펴보자. 얼마나 많은 세미나가 우리로 하여금 '어떻게'(how)를 찾아 방황하게 하였는가? 우리로 하여금 '세미나병'에 걸릴 정도로 '분주병'에 노출될 만큼 바쁜 목회자로 만들었는가? 그럼 그 바쁜 만큼, 방황하고 돈을 투자한 만큼 교회 성장을 이루지 못한 이유가 무엇인가를 묻고 싶은 것이다. '어떻게'(How)로는 진정한 교회 성장을 이루지 못한다.

제일 안쪽에 있는 서클, 즉 핵심^{core}은 '왜'(Why)이다. '왜 이 교회에 출석하는가?' '나는 왜 이 교회를 다녀야 하는가?' '왜'는 본질적인 질문이다. 그 질문에 답을 줄 수 있다면 정말 좋은 교회이다. '바로 그 교회 Just The Church'가 될 수 있다. '왜'를 끊임없이 묻고 답할 수 있어야 한다.

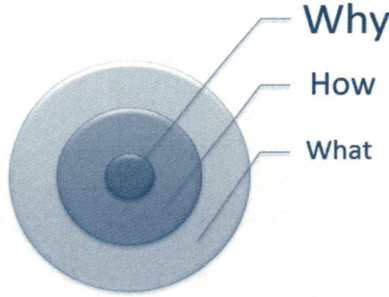

사람들로 하여금 이 교회를 다니고 싶은 마음을 갖게 하려면 '어떻게'(how) 해야 하는가?', '무엇이'(what) 있는가?'를 생각하는 것이 아니라 그들이 '왜(why) 이 교회를 와야 하는가?'에 주목해야 한다. 무엇을 주려고 하지 말고 와야만 하는 이유를 주는 것이 중요한 포인트이다. 중소형 교회라도 사람들이 그 교회를 찾는 이유는 그 교회에 가야만 하는 이유(why)가 있기 때문이며, 그 교회가 추구하는 가치가 자신들이 추구하는 가치와 일치하기 때문이다.

왜(Why) 사람들이 수많은 교회를 뒤로 한 채 지금 당신이 섬기는 교회로 와야 하는가? 그곳에 와야 하는 이유, 이것이 그 교회가 그 땅에 존재하는 존재 이유인 것이다. 존재 이유가 성도의 가치가 되고, 가치와 일치하여 그 교회까지 출석하게 만드는 것이다. 사람들이 그곳까지 발길을 옮길 수 있는 강력한 동인(動因)을 제시해야 한다. 그래야 어디에 세워져 있든지 거리와 관계없이 성장하고 성숙하는 교회, 건강한 교회를 세울 수 있게 된다.

한국 교회를 크게 4가지 형태로 분류한다(목회컨설팅연구소 정책 세우기 강의안 참조).

항 목	개인 교회	동네 교회	지역 교회	광역 교회
초 점	담임목사 / 설립자	동네 사람 대상	지역사회 (구/동/시)	광역시/도/ 전국
성 장	없음	안주	중형	대형
특 징	독립적	좋은 이미지	역동성	다양성

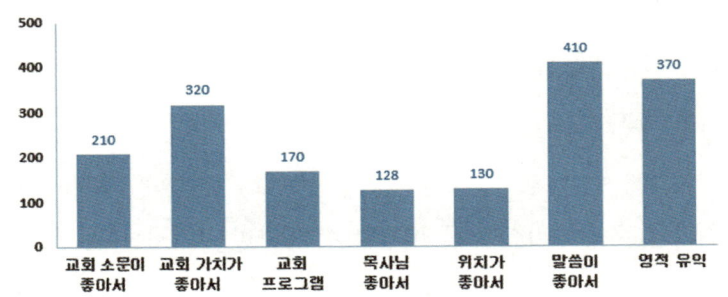

교회를 찾는 이유

이러한 이유들을 주목하여 사람들에게 교회를 찾게 하는 동인을 찾아야만 한다. 사람들의 심리를 정확하게 읽고 그에 대응하는 사역이 이루어져야 한다. '왜 대형 교회는 자꾸 커질 수밖에 없는가?'를 물어야 한다. '왜 그들은 거리를 마다하지 않고 그 교회로 가는가?'를 찾아 그 이유와 자신이 목회하는 교회와의 차이를 연구하고 분석하여 대안을 찾고 그에 근거하여 사역을 해야 한다.

다음의 질문을 스스로에게 해 보라.

왜 우리 교회는 성장이 멈추었는가?
왜 다른 교회는 성장하는가?
왜 사람들은 중소형 교회(성장하는 교회)로 오지 않는 것인가?
왜 열심히 목회하는데 잘 안 되는가, 그 이유는 무엇인가?

진정한 리더는 자신의 모든 삶과 일 그리고 사역에 임하는 자세로 '왜'(why)를 묻는 자이다.

나는 이 사역을 왜 해야만 하는가?
나는 이러한 결정을 왜 해야 하는가?

위의 질문에 명확한 답을 제시할 수 있다면 그 공동체는 그 교회만의 목적과 독특한 가치를 가진 공동체인 것이다.

이러한 목적과 가치체계를 확립하였는가? 그렇다면 영향력 있는 교회로 나아가기 위한 실행 영역은 무엇일까? 중소형 교회가 구체적으로 '왜'(why)에 대한 답을 명확하게 가지게 되었다면 그에 준하여 구축해야 하는 것은 무엇일까?

우리의 과제는 성도들이 교회를 찾아 나설 때 '왜 이 교회로 와야 하는지?'에 대한 선명한 답을 주는 것이다. 그러한 답을 주는 교회가 '바로 그 교회'이다.

그것은 다음과 같은 것들이 있다.

1) 첫 번째 실행 영역, 말씀은 교회의 생명력이다

앞에서도 잠시 언급했지만 하나님의 말씀(설교를 포함하여)이 좋아야 한다. 교인들은 결코 건물만 보고 교회를 결정하지 않는다. 물론 외적인 영역도 매우 중요하다. 첫 이미지가 외적인 건물에 있기 때문이며, 자신이 다니는 교회가 주는 외적인 이미지가 자신이라고 생각하기 때문이다. 그러나 만약 타 교회와 외적인 이미지가 비슷하거나 다소 부족함이 있더라도 영적으로 충분 요건을 갖거나 혹은 새 가족, 새 신자가 듣더라도 그들에게 좋은 말씀, 생명력 있는 말씀, 역동성 있는 말씀, 자신의 삶의 문제를 해결하는 데 적절한 말씀, 설교자 자신이 체득화된 말씀을 들을 수 있다면 사람들은 그곳을 선택할 것이다. 이것이 첫 번째 실행 영역이다.

2) 두 번째 실행 영역은 교회 이미지이다

지역의 누구에게나 '좋은 교회' 이미지로 소문이 나야 한다. 이것이 교회 브랜드 전략이다. 브랜드화하는 전략이 필요한 이유이다. 그 지역으로 이사 왔을 때 지나가다가도 누구에게나 소개받을 수 있는 교회로 교회적 브랜드 가치를 높여야 한다. 이를 교회 이미지 메이킹이라고 하는데, 그 교회만의 이미지를 형상화하여 지역민들에게 인식하게 하는 것을 의미한다.

지금은 브랜드 시대이다. 어떤 브랜드로 사람들에게 다가설 것인가가 너무도 중요한 시대에 살고 있다. 브랜드화하는 한 문장으로 교회 이미지를 형상화하는 것이다. 아울러 그 지역 속에 그 교회가 갖고 있는 소문들이 교회 브랜드이다. 입소문만이 아닌 소문 그대로의 사역과 삶과 교회 분위기가 이루어지고 있는 교회, 그런 교회가 좋은 이미지를 갖고 소문난 교회가 되는 것이다. 그리고 중요한 것, 교회의 사역들이 교회의 브랜드, 즉 교회의 이미지와 부합되어야 한다는 것이다. 우리는 이러한 교회를 세워야 하고, 교인들이 이러한 교회를 우선적으로 알아보고 찾는다.

3) 세 번째 실행 영역, 교회 마케팅이다

교회는 전달되어야 한다. 아무리 좋은 교회라 할지라도 사람들이 모른다면 아무 소용이 없다. 좋은 교회는 좋은 소문이 나도록 마케팅이 돋보여야 한다. 온갖 방법을 동원하라는 것이 아니다. 이미지와 브랜드에 맞는 사역들을 통하여 얼마든지 그 교회의 이미지를 전달할 수 있다. 막연하게 시도되고 있는 방법이나 성공적인 교회들의 방법을 무조건 모방하지 말고 그 지역에서 바로 그 교회만의 이미지를 부각할 수 있는 마케팅 전략을 찾고 도움을 받아 자기만의 마케팅을 구현해야 한다. 마케팅은 소비자와 판매자 간의 소통을 위한 조사와 분석을 의미하는 것이므로, 교회는 지역민들과 함께 실현하고자 하는 사역을 개발하여 바로 그 교회만이 갖는 그러한 브랜드를 구축하는 것이 필요하다.

이것을 교회 마케팅이라고 하는데 교회 '포지셔닝'이라고도 한다. 교회가 그 지역 속에서 어떤 역할을 해야 하는지에 대한 물음에 답을 찾는 것을 의미한다. 이것을 찾으라. 그리고 그것을 강화하여 이미지화하라. 그 이미지가 자연스럽게 전달되도록 하라.

4) 팀워크가 되어야 한다

아무리 좋은 이미지와 마케팅이 되었다 할지라도 교회를 찾는 사람들에게는 잘 조직되고 잘 짜인 시스템에 의한 섬김이 반드시 필요하다. 이것은 모든 사역자들의 팀워크뿐 아니라 하나 된 가치로 연합됨을 보여주는 매우 중요한 영역이다. 사역을 위임하고 위임된 사역들을 감당하는 사역자들의 팀워크를 통하여 가치 실현이 이루어지도록 해야 한다. 가치와 목적은 담임목사만으로는 결코 불가능하다. 온 교인이 하나 되어 가치와 목적 성취를 위하여 팀워크로 하나 되어야만 한다. 팀워크를 이루기 위해 목회자는 평신도들이 가지고 있는 은사와 재능을 공유하고 동역할 수 있도록 기회를 부여하고 나누어 사역을 하는 자세가 수반되어야만 한다. 좋은 교회는 교회가 하나 되어 있다. 하나 되는 것은 팀워크로 나타나고, 그 팀워크는 하나의 교회 이미지를 형상화할 뿐 아니라 더 나아가 하나님 나라의 가치를 지역 속에 이루어 간다.

5) 마지막으로, 위대한 비전을 공유해야 한다

교회는 공동체이므로 공동적 비전으로 하나 되는 것이 얼마나 중요한지 모른다. 좋은 목적과 이미지를 결정하여 교회를 세워 가는데, 그 목적과 이미지가 위대한 비전이 아니라 개인적인 야망과 야심으로 비친다면 결코 그 목적에 헌신하고자 하는 이들이 존재할 수 없다. 어느 누가 목회자 한 개인의 야심에 자신을 헌신하고자 하겠는가? 더욱이 하나님의 교회는 하나님의 위대함이 드러나야 하는 공동체임을 잊지 않아야 한다. 단순한 열망이 아니라 하나님의 비전임을 모두가 인식하고 공감하는 자세가 중요한 것이다. 사람은 비전에 헌신한다. 자신이 공감하고 헌신할 만한 비전을 위하여 기꺼이 헌신하게 된다. 리더는 이러한 비전에 하나 되게 하는 비저니어링이 되어야만 한다. 또한 자신에게 하나님께서 비전을 주셨다면 교인들과 지속적으로 나누고 공유하도록 해야 한다.

비전에 헌신하고 비전을 공유하고 비전으로 교회를 세우라. 비전이 비전 되게 하라. 막연한 비전으로는 하나 되기 어렵다. 그러므로 중소형 교회는 막연해 보이는 거창한 비전이 아니라 실현가능한 비전으로 단계적 비전을 제시하고 공유하여 하나 되게 하는 것이 매우 중요하다. 중소형 교회는 작은 비전으로부터 시작하여 점진적으로 나아가야 한다. 현실에서 벗어나 거창하기만 한 비전은 그만큼 거리감을 갖게 되어 비전으로 하나 되기 어렵다.

예를 들면, 개척하는 교회의 동네 사람이 3,000명 정도인데 '1,000명 전도' 비전을 제시한다면 누가 그 비전이 실현가능하다고 생각하고 그 비전에 자신을 헌신하고자 하겠는가? 비전은 커야 하지만 기억할 것은 그 비전을 단계적으로 이루기 위한 '체계적인 단계별 비전' 제시가 반드시 있어야 한다는 것이다. 그럴 때 비로소 비전이 비전으로서 가치를 갖게 된다. 아울러 비전은 공유되어야만 한다. 공유되지 않는 비전은 비전이 아니다.

중소형 교회가 성공적인 사역으로 전환되기 위하여 앞에서 언급한 골든 서클과 그것을 구체화하는 실행 지침을 구비하였다면, 이제는 현실적으로 그러한 교회로 변화시켜 가야 한다. 그러기 위하여 필요로 하는 것이 교회 마케팅이다. 교회 마케팅이 일반 경영 마케팅과 다른 점은 무엇인지 알아보자.

교회 마케팅과
경영 마케팅의 차이는 무엇인가?

교회와 경영은 다르다. 그러나 일치하는 영역이 많다. 교회 안에서 경영적 측면이 많이 작용하고 있기 때문이다. 인사 경영, 조직 경영, 재무 경영, 시스템 경영, 전도 전략, 직분자 교육과 훈련, 연장 교육, 인적·물적 자원 경영 등을 들 수 있다. 그러므로 당부하고 싶은 것은, 영적 사역이라 하여 마케팅, 컨설팅 등을 세상적인 수단으로 치부하지 말아 달라는 것이다. 우리의 삶 자체가 경영으로 이루어지고 있는 것임을 잊지 말자. 살림을 사는 것도 작은 경영이다.

그러나 교회는 명백하게 다른 것이 있다. 교회는 하나님의 전이며, 성령님의 역사가 일어나는 곳이라는 것이다. 영적 역사가 일어나는 곳이라는 것이다. 그러므로 영적 사역은 교회의 마땅한 본분이며 핵심 사역임을 잊지 않아야 한다. 더불어 기억할 것은 영적이라 하여 인간적인 이성과 감성을 무시해서는 안 된다는 사실이다.

"하나님이여 주의 인자를 따라 내게 은혜를 베푸시며 주의 많은 긍휼을 따라 내 죄악을 지워 주소서

나의 죄악을 말갛게 씻으시며 나의 죄를 깨끗이 제하소서

무릇 나는 내 죄과를 아오니 내 죄가 항상 내 앞에 있나이다

내가 주께만 범죄하여 주의 목전에 악을 행하였사오니 주께서 말씀하실 때에 의로우시다 하고 주께서 심판하실 때에 순전하시다 하리이다

내가 죄악 중에서 출생하였음이여 어머니가 죄 중에서 나를 잉태하였나이다

보소서 주께서는 중심이 진실함을 원하시오니 내게 지혜를 은밀히 가르치시리이다

우슬초로 나를 정결하게 하소서 내가 정하리이다 나의 죄를 씻어 주소서 내가 눈보다 희리이다

내게 즐겁고 기쁜 소리를 들려 주시사 주께서 꺾으신 뼈들도 즐거워하게 하소서

주의 얼굴을 내 죄에서 돌이키시고 내 모든 죄악을 지워 주소서

하나님이여 내 속에 정한 마음을 창조하시고 내 안에 정직한 영을 새롭게 하소서

나를 주 앞에서 쫓아내지 마시며 주의 성령을 내게서 거두지 마소서

주의 구원의 즐거움을 내게 회복시켜 주시고 자원하는 심령을 주사 나를 붙드소서

그리하면 내가 범죄자에게 주의 도를 가르치리니 죄인들이 주께 돌아오리이다

하나님이여 나의 구원의 하나님이여 피 흘린 죄에서 나를 건지소서 내 혀가 주의 의를 높이 노래하리이다

주여 내 입술을 열어 주소서 내 입이 주를 찬송하여 전파하리이다

주께서는 제사를 기뻐하지 아니하시나니 그렇지 아니하면 내가 드렸을 것이라 주는 번제를 기뻐하지 아니하시나이다

하나님께서 구하시는 제사는 상한 심령이라 하나님이여 상하고 통회하는 마음을 주께서 멸시하지 아니하시리이다"

_시편 51편 1-17절

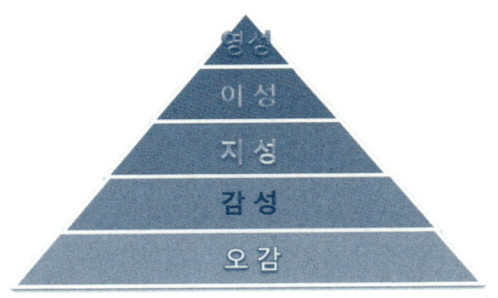

- 사람이 지닌 속성 피라미드 -

사람이 갖는 모든 속성들을 총망라하여 섬기고 세우는 교회 목회는 일련의 종합 예술이다. 교회를 새롭게 디자인하여야 한다. 전인적이고 통섭적인 가치로 사람들의 마음을 움직이고 지금의 교회로 왜 와야 하는지 선명한 이유를 제시한다. 영적인 관계, 인간적인 관계를 통하여도 가족과 같은 경험을 할 수 있어야 하며, 만족을 느끼고 이 땅에서 하나님의 나라를 체득하게 하는 아름다운 섬김이

되어야 한다.

이것을 가장 면밀하게 보여줄 수 있는 교회가 바로 중소형 교회이다. 중소형 교회는 친밀함과 선명함 그리고 한 사람 한 사람을 소중히 여기시는 주님의 마음을 그대로 전할 수 있는 공동체이기 때문이다.

중소형 교회가 살아야
한국 교회가 살아난다

　한국 교회의 희망은 중소형 교회에 있다. 중소형 교회가 성장하고 성숙해야 한국 교회가 건강해진다. 그 이유는 중소형 교회야말로 각 사람을 온전하게 하는 사역에 집중할 수 있기 때문이다. 주님이 집중하셨던 제자 삼는 사역에 집중할 수 있을 뿐 아니라 멘토링의 보살핌의 목양이 원활하게 이루어질 수 있기 때문이다. 대형교회는 기능적이 될 수밖에 없다. 기능적이 되어야 큰 공동체를 경영할 수 있기 때문이다.

　중소형 교회가 살아나기 위해서는 중소형 교회의 목회자가 살아나야 한다. 하나님의 숨결을 경험하는 깊은 영성을 갖고 있으며 감성과 지성을 채우는 목회자, 자신의 학습과 사고를 심화시켜 세계관을 넓히고 아름다운 성경적 조화를 만들어내어 '자신이 배워야 산다'는 확실한 마음을 갖고 배움의 자리에 앉는 겸허함을 겸비한 목회자, 남들이 갖지 못하는 영적인 습관으로 내 속사람이 강건해지는 목회자, 이러한 살아 있는 목회자들이 하나님이 주신 비전을 이루기 위하여 공유된 헌신을 하는 그런 교회가 '좋은 교회'이다.

그리고 살아 있는 목회자의 좋은 교회는 하나님의 사람을 세우는 로드맵을 가지고 있고 그들을 체계적으로 양육할 수 있는 준비가 되어 있어야 한다. 각 사람을 세워가는 것은 그 사람만의 시간선을 갖게 하고 그 비전과 사명에 따라 사람을 세워야 한다. 그러기 위해서는 목회자 자신부터 확고한 시간선을 갖고 세워져야 하는 것이다. 한국 교회의 위기론의 출발은 아마도 중소형 교회 목회자들의 자기 구비 부족에 기인한다고 하겠다. 자신의 인생 로드맵을 가지고 묵묵히 걸어가는 사명자여야 한다.

영적 지도자를 세워 가는 하나님의 프로젝트^{Project}는 다음과 같은 시간선$^{Time-Line}$을 갖는다.

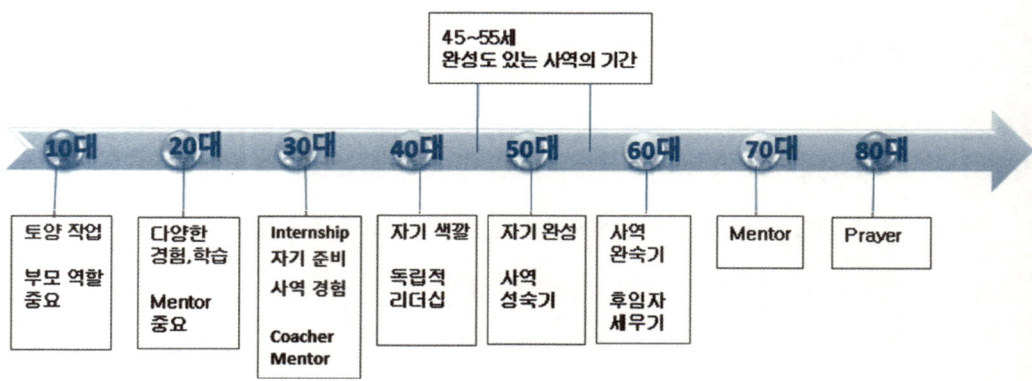

이러한 시간선$^{Time-Line}$을 따라 자기를 만들며, 또 다른 이들을 세워

간다. 목회자는 이런 과정 속에서 자기 존재와 위치를 파악하며 자신의 나이에 준하는 사역과 삶을 살아가야 한다. 주도형 교회의 목회자들의 나이가 보편적으로 40~50대인 것을 보면, 이 시기는 자기 사역을 완성하고 그 사역의 꽃과 열매를 맺어 가는 힘든 시기인데, 지금의 한국 교회는 그렇지 못하다. 너무나도 중요한 이 시기에 교회 건축과 부채 상환으로 동분서주하고 있다.

교회의 본질은 영적 지도자를 세우는 것이다. 그러나 본인도 세워지지 못하고 하나님의 사람들을 세워 나갈 여력도 없이 부채 상환에 목숨 걸며 살아가는 실정이다. 안타깝다. '교회와 목회의 본질이 어디에 있는지'를 깊이 고뇌해야 한다. 좋은 교회는 좋은 하나님의 사람들을 세우고자 하는 영적 지도자들에 의해 세워지는 것이다.

마지막으로 중소형 교회가 한국 교회의 희망이 되기 위해서는 교회가 교회다워야 한다. 교회다운 면모를 잃는 만큼 우리의 희망은 사라지게 된다. 고귀한 영적 가치와 세상과는 다른 영성 그리고 주님의 제자로서의 역량을 갖는 체계적인 제자도가 있는 교회가 되는 것 그것이 바로 교회의 본질이며 우리 중소형 교회가 나아갈 방향이다.

본 연구소는 중소형 교회를 살리기 위한 사명을 갖고 이 땅에 세워졌다. 중소형 교회가 건강하고 생명력 있는 교회로 서가고 중소형 교회 목회자들이 그 지역에서 그 교회만의 특성화를 찾게 하여 자신만의 사역의 색깔을 만들어 사명을 감당하도록 돕는 것을 주사역으로 하고 있다. 컨설팅은 막연히 사역 프로그램이 아니라 교회가 교회 되게 하는 본질적 사역에 초점을 두고 섬기는 것이다. 그 지역의 바로 그 교회가 되게 하는 것 이것이 우리 모두가 꿈꿔야 하는 가장 중요한 관심이어야 한다.

고귀한 영적 가치와 세상과 다른 영성 그리고 주님의 제자로서의 역량을 갖는 체계적인 제자도가 있는 교회가 되는 것, 그것이 바로 그 교회의 본질이며 우리 중소형 교회가 나아갈 방향이 된다. 본 연구소에서 진행하고 있는 목회와 교회 그리고 목회자를 위한 컨설팅은 이러한 교회를 위한 도구이며, 함께 구현하기 위한 과정에 존재하는 사역이다. 필자는 이러한 영역으로 조국 교회를 섬기고자 하는 것이다.

영혼의 성숙

영혼은 어떻게 성숙하는가? 성숙과 성장은 다소의 차이가 있다. 성장은 키가 자람에 근거한다면 성숙은 열매로 가늠한다. 물론 성장이 있어야 성숙이 가능한 것도 사실이지만 성장했다고 반드시 성숙한 것은 아니다. 마치 잎만 무성했던 무화과나무의 저주 사건(막 11:13)처럼 성장했지만 열매가 없을 수 있기 때문이다. 열매 맺는 성숙을 향한 영혼의 소유자가 되어야 한다.

영혼의 성숙을 한마디로 정의하기는 어렵다. 영성이라는 의미만으로도 수많은 학설과 의견이 있기 때문이다. 그러나 적어도 영혼이 성숙한다는 것은 자신의 삶에 인격적인 변화가 있다는 것이고 주님 닮고자 하는 몸부림이 있다는 것이다. 성숙의 종국은 그리스도의 장성한 분량이 충만한 데까지 이르는 것이다(엡 4:13).

영혼의 성숙은 주님을 닮은 것이다. 성숙의 가늠자는 얼마나 주님을 닮았는가에 근거한다. 영혼이 성숙하면 순수함이 유지된다. 세속에 때 묻지 않고 계산적이지 않은 순수한 마음을 키우는 것이다. 순수함의 크기가 성숙의 크기가 된다. 자신의 감정을 다스리거나 자기중심사고에서 타인 중심으로의 전이나 사랑을 실천하고 남을 나보다 낫게 여기는 겸손, 그리 아니하실지라도 감사하는 감사의 삶이 드러나는 것들이 성숙의 표징이 될 것이다.

교회는 그리스도인들을 성숙시켜야 한다. 그리스도인들을 성숙시키게 되면 교회 성장이라는 자연스러운 결과를 낳을 것이다(엡 4:16). 교인들은 자신의 영성에 따라 교회를 찾는다. 교회의 드러나는 영성의 방향에 따라 사역뿐 아니라 선호도도 달라진다. 내가 분석한 영성의 흐름은 다음과 같이 6단계다. 한국 교회의 영성은 점점 수도원 영성으로 흘러가고 있음을 알 수 있다.

한국 교회의 영성변화 과정

감각적 영성 (60~70년대)	감성적 영성 (80년대)	지성적 영성 (90년대)	인격적 영성 (21C)	사회적 영성 (향후)	수도원 영성 (향후)
은사 중심	**예배** 통한 감동 **동기** **부여**	**제자** **훈련** **말씀** 사모	**주님** 닮음	**하나님** **나라** 세우기 사회에 **영향력** 행사	**묵상** **경건**

교인들은 이중 어느 한 가지만의 영성을 가지고 있지는 않다. 어떤 성도는 감각적 영성을 요구하고 또 다른 부류는 인격적 영성을 추구한다. 목회자가 이 모든 영성을 충분 요건으로 채울 수는 없지

만 흐름을 파악하고 욕구를 채워 줄 수는 있어야 한다. 이 모든 영성을 통전적으로 받아들일 수 있는 통전성이 필요하다는 것이다. 더 나아가 자신의 영성을 사역화하는 역량도 가져야 한다. 지역적, 환경적, 사회적 변화가 영성의 욕구 변화로 이어지기도 하기 때문에 목회자는 자신이 섬기는 교회의 영성을 결정하고 이끌어야 한다.

영혼을 성숙시켜 나가는 것이 교회 사역의 중요한 역할이다. 사람의 인격을 바꾸어 주님 닮게 하여 이 세상 속에서 빛이 되게 하고 소금이 되게 하는 것이 교회의 본질적인 사역이다. 교회는 영혼들을 성숙시켜 작은 예수를 길러내는 살아 있는 유기체여야 한다.

의사, 저술가로 활동하는 오리슨 스웨트 마든^{Orison Swett Marden}은 성공한 사람을 두고 이런 말을 했다.

> "그는 진흙으로 태어나 대리석으로 죽는다. 이를 통해 우리는 재미있는 비유로 다양한 삶을 들여다볼 수 있다.
> 어떤 사람은 진흙으로 태어나 진흙으로 남는다……
> 어떤 사람은 대리석으로 태어나 안타깝게도 진흙으로 죽는다.
> 진흙으로 태어나 대리석이 되길 꿈꾸지만 진흙으로 남는 사람도 있다.
> 그러나 성품이 고귀한 사람들은 진흙으로 태어나 대리석으로 죽는다."

_존 맥스웰, 《사람은 무엇으로 성장하는가》에서

그렇다. 어떤 상태로 죽어야 할 것인가? 대리석으로 삶을 마감하기 위하여 우리는 성숙해야 한다. 그리스도의 장성한 분량이 충만한 데까지 자라가야 한다. "…범사에 그에게까지 자라가야…"(엡 4:15) 한다. 그렇게 영혼이 성숙하도록 돕는 공동체가 바로 그 교회다.

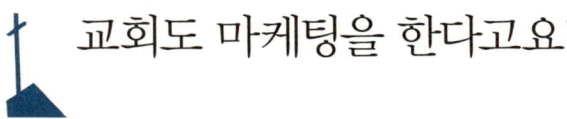
교회도 마케팅을 한다고요?

교회 마케팅과 기업 마케팅의 차이는 공동체의 차이이다. 생산품의 가격을 결정한 후 공급과 홍보 전략에 중점을 두었던 과거의 기업 마케팅은 이제 변화를 맞이하였다. 지금은 사람들이 무엇을 필요로 하는지를 고민하고 그들이 구매하기에 합당한 가격을 정하고, 그들의 필요에 호소하는 홍보 전략에 비중을 두고 있다. 그런데 교회 마케팅에는 가격 결정이나 제품 생산이 없다. 그러나 교회를 알리는 것(교회 홍보)이나 지역 사람들을 교인 되게 하는 과정의 필요는 동일하다. 이러한 측면에서 교회도 적극적인 마케팅이 필요하다.

교회는 마케팅이라는 용어에 거부감을 드러내며 터부시한다. 하지만 교회를 들여다보자. 교회 역시 마케팅에 완전히 노출되어 있다. 교회 부지를 구입할 때부터 지역민들의 필요를 공급하는 모든 소용들이 마케팅을 통하지 않는가? 교인들의 모든 삶의 영역에는 마케팅의 기술이 적용된다. 마케팅은 우리의 삶이며, 생활의 방편이다. 삶은 곧 마케팅의 연속인 셈이다. 그렇다면 살아 있는 유기체인 교회 공동체 역시 마케팅의 관점이 적용되지 않겠는가?

한 성도가 어떤 지역으로 이사를 한 경우, 그가 다닐 교회를 선택하는 과정을 생각해 보자. 아무 생각 없이 그냥 집 앞의 교회를 선택하지 않는다. 우선 인터넷을 통해 사전 조사에 착수한다. 교회 홈페이지를 통해 드러나는 교회의 이미지와 그가 추구하는 이미지를 비교한다. 주변의 입소문도 놓치지 않는다. 지인들로부터 추천 목록을 받아 주변의 교회들을 한 번씩 순회하며 예배를 드려 본다. 그리고 그의 영혼을 의탁할 수 있는 교회를 최종적으로 결정한다. 이것이 바로 마케팅이다.

교회는 세상 사람들(전도 대상자)의 관점으로 교회를 객관화해야 하고 마케팅의 관점에서 이해해야 한다. 혹자는 영적인 거룩한 공동체에 대해 세상의 논리나 방식으로 접근해서는 안 된다고 말할 수도 있을 것이다. 그러나 교회가 세워지는 곳은 세상이다. 빛과 소금, 세상의 빛과 소금이 되기 위해서는 세상을 알아야 한다. 세상의 방식(마케팅)이 무엇인지 알고 그것을 승화시킬 수 있는 능력을 가져야 한다.

인간에게는 오성이 있다. 최고의 성향인 영성, 인간이 가진 능력을 발휘하게 하는 이성, 지속적인 갈구와 탐구하는 지성, 인간의 인격을 형성하고 삶의 행복을 추구하고자 하는 감성 그리고 인간의 기본적 욕구를 이끄는 오감(오성)이다.

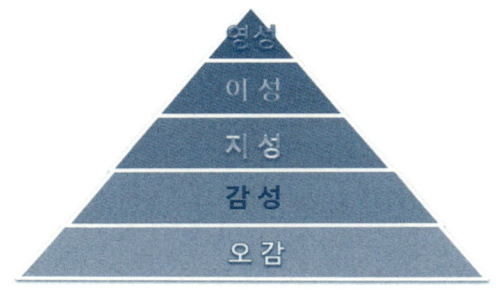

- 사람이 지닌 속성 피라미드 -

속성 피라미드에서도 볼 수 있듯이, 사람의 본질적인 속성을 향상하고 개발하며 하나님이 원하시는 영성의 소유자로 세워 가는 곳이 교회 공동체이다. 그러므로 교회는 이러한 전 속성을 충족할 수 있는 역량을 키워 가야 한다. 이성적 접근이 필요하다는 것이다. 이성적 접근 방식 중 하나가 바로 마케팅이다. 그러나 잊지 말자. 교회 마케팅의 대상은 '소비자'가 아닌 '하나님의 사람'임을. 하나님의 사람을 위한 마케팅이 되어야 한다.

당신의 교회는 '어떻게 사람을 세우며, 어떻게 사역하게 하여 그리스도의 몸을 세우려 하는가?'(엡 4:12) 이것을 지속적으로 연구, 개발하고 그 지역에 접근하는 것이 바로 '교회 마케팅'이다. 교회의 생명력은 하나님의 역사로부터 이루어지며, 그다음은 하나님의 사람들에 의해 자라게 된다. 오직 하나님의 사람에 집중해야 한다. 교회의 건물과 위치가 마케팅의 목적이 아니다. 그 지역의 하나님의 사람들과 하나님을 알지 못하는 사람들을 향해 있어야 한다. 이것이 교회와 기업 마케팅의 근본적인 차이이다. 마케팅의 관점으로 교회를 바라보고 그 지역을 바라보자.

제 2 장

중소형 교회가 오히려 더 좋은 교회가 될 수 있다

교회와 목회에 실패가 있는가?

이 질문으로 2장을 시작한다. 성공적인 목회와 실패한 목회의 차이는 무엇인가? 성공과 실패라는 말은 교회와 목회에는 없다. 그러나 현실적으로 성장에 실패한 교회, 아무리 하여도 더 이상의 진전이 없는 교회, 정체와 침체의 늪에서 헤어나지 못하는 교회는 수없이 많다.

왜 그런 현상이 일어나는가? 하나님의 교회이고 하나님께서 역사하시며 믿음을 갖고 세워진 교회라면 틀림없이 성공적인 목회 활동이 이루어져야 함에도 불구하고 실패감과 좌절감으로 하루하루를 연명하는 목회자들이 무수히 생기는 이유는 무엇인가? 오늘도 하루에 6~10개의 교회들이 문을 닫는 현실을 우리는 어떻게 설명할 수 있겠는가? 그 해답을 찾는 것이 이 책의 목적이다.

성공적인 목회를 위한 새로운 출발의 결단을 하자

실패는 있지만 실패자는 없다. 실패는 하나의 도상에 불과하다. 성공적인 목회를 위한 새로운 출발의 결단을 하면 한다.

이 책을 통해, 중소형 교회들이 생존의 문제를 넘어 존재 자체만으로도 하나님의 교회를 세운다는 자부심과 하나님의 능력을 입증할 수 있기를 원한다. 그것을 더 넘어 그 지역에 없어서는 안 되는 '바로 그 교회'를 세울 수 있도록 돕고자 한다.

그럼 왜 대다수의 교회들이 좌절감을 맛볼 만큼 실패하는 목회를 하고 있는가? 그 이유는 실패할 수밖에 없는 목회 전략을 가졌기 때문이며, 좌절할 수밖에 없도록 자기 준비가 안 되어 있기 때문이다. 누구도 탓할 수 없다. 근본적이고 직접적인 원인은 목회자 자신에게 있다. 아무런 목회 전략이 없을 뿐 아니라 그 지역에서 어떤 목회를 실현하고 어떻게 섬길 것이며, 그것을 위하여 나는 어떤 준비가 되어 있는가에 대한 질문에 아무런 답을 못하고 있는 것이 현실이다. 이러한 현실을 과감하게 이겨 나가는 방안은 전략적 사고와 영적 리더십을 갖는 것이며, 교회 마케팅을 알고 적용하여 연구하는 자세로 나아가는 것이다. 조금 더 구체적으로 목회의 실패 요인들을 나열해 보겠다.

첫째, 자신의 목회 이미지가 구비되어 있지 않다.

자신이 어떤 목회자인가에 대한 답을 스스로 내려야 한다. 자신의 사역 색깔이 무엇인가? 자신이 추구하는 사역의 방향은 무엇인가? 자신의 목회 사역의 이미지가 무엇인가? 이런 질문 앞에 망설임 없이 응답해야 한다. 목회자의 이미지는 그 교회의 브랜드요, 이미지가 되기 때문이다.

전도하는 목사의 이미지는 그 교회를 전도하는 교회의 브랜드로 만든다. 자신이 '큐티'로 이미지가 각인되어 있고 '큐티'로 삶이 변화되고 신앙적 체득화가 되었다면 그런 목회자가 세운 교회는 당연히 '큐티'하는 교회의 브랜드가 될 것이다. 자신의 강점을 파악하고 가장 강력하게 구현할 수 있는 이미지를 만들어야 한다. 그것이 사역의 특성화가 되고 전문화가 되는 것이다. 많은 목회자들에게 이러한 뚜렷한 이미지가 결여되어 있다.

둘째, 이미지를 실현하기 위한 자기 준비가 되어 있지 않다.

나는 대학교 2학년 때 네이게이토 선교회에서의 훈련을 시작으로 20대에 열린 성경 공부를 경험했으며, 신학대학원에서 성경 분해 공부와 제자훈련을 받았다. 그리고 묵상 훈련 학교 등 제자훈련과 성경 공부를 위한 다양한 세미나와 과정을 밟았다. 여러분은 무엇을 준비하였는가? 자신의 목회 이미지를 실현하기 위해 자기 준비를 소홀하게 했거나 아무런 준비 없이 '믿음으로' 교회를 세운 것은 아닌가?

한국에는 교회를 섬기는 연구소가 여럿 있지만, 나는 다른 연구소와의 차별화를 위해 무엇을 준비하고 연구해야 하는지 끊임없이 생각했다. 그러한 끝에 목회전문컨설팅연구소를 결정하였고 이를 위한 하나님의 인도하심을 구하였다. 목회컨설턴트 자격을 취득하였고 '목회컨설팅연구소'를 한국 교회에 내놓게 된 것이다. 여기에 만족하지 않았다. 살아 있는 연구소는 살아 있는 소장으로 말미암는다는 가치관으로 살아 있는 소장이 되기 위해 끊임없이 변화되고 성숙되길 원했다.

경영컨설턴트자격 취득, M&A 거래사 자격증, 카네기 리더십 수료, 존하가이 리더십, 창조융합 CEO과정 등을 거치고 배우며 준비하였다. 지금은 2020년 제 3기 사역을 바라보며 꿈을 그리고 그 시점을 향해 나를 또 다듬고 있고 연구소를 다듬고 있다.

목회자는 교회에 대해, 사회에 대해, 교인들의 삶에 대해 연구하고 준비해야 한다. 자기만의 사역의 이미지 결여, 준비 미흡이 지금 한국 교회의 현실을 만들었다고 생각한다.

셋째, 전략적 사고가 없다.

다시 말해, 자기 자신의 목회 성향, 준비, 세우고자 하는 교회의 이미지, 지역 특성, 지역민의 구성과 성향, 전도 대상자들의 욕구, 지역의 필요 등에 대한 사전 조사, 분석, 대안책을 강구하지 않고 오직 믿음으로만 교회를 세우기 때문이다.

'목양'은 그런 것이 없어도 가능하다. 맡겨 주신 양들을 잘 돌보고 양육하면 되기 때문이다. 그러나 '목회'를 한다면 위의 것들에 대한 전략적 사고를 할 수 있어야 하고, 본인의 역량이 부족하다고 판단되면 전문가들과 목회 컨설턴트들의 도움을 받아 사전 조사 분석을 통한 전략을 구축하고 목회를 시작해야 한다.

일선에 있는 목사라 할지라도 하나님이 맡겨주신 당신의 교회를 분석할 수 있는 컨설턴트가 되어 보는 것은 어떤가? 컨설턴트의 입장이 되어 자기의 사역을 분석해 보고 진단을 내려 보고 대안도 찾아볼 수 있다면 얼마나 좋겠는가! 셀프 코칭을 해보자. 스스로 피드백을 하는 컨설팅의 순환과정을 돌려 보는 것이다. 모든 목회자는 최소한 자신의 교회에 대하여 컨설턴트가 되어야 하지 않을까!

지혜롭게 목회해야 한다. 지혜의 전술적인 용어는 전략이다. 이제 목회현장에 전략적 사고와 접근 방식이 필요함을 인식하자.

넷째, 자기 관리의 실패가 요인이다.

목회자는 자기를 관리하는 기술이 삶 속에 습관화되어 있어야 한다. 자기 관리에 실패한 자가 어떻게 교회 공동체 관리를 성공적으로 할 수 있겠는가? 물론 완벽하게 하고 있어야 하는 것은 아니다. 대다수의 교회가 어려워지는 것은 영적 지도자인 목회자의 리더십과 영성 관리를 포함한 자기 관리의 실패라고 확신한다. 급기야 목회 리더십까지 잃어버린 오늘날의 교회를 직시하고 있다.

목회자를 비롯한 영적 리더들과 모든 리더들의 필수 요소 중 하나가 자기 관리 능력이다. 자기 관리 실패가 곧 목회의 실패로 이어짐을 잊지 않아야 한다. (목회자의 자기 경영 집중 훈련에 대한 안내를 이 책의 부록에 수록하였다.)

다섯째, 사회의 정황과 교회의 흐름을 읽지 못하는 것이 실패의 요인이다.

리더는 선견자여야 한다. 미래지향적 사고와 미래의 흐름을 간파하기 위한 노력을 아끼지 않아야 한다. 사회는 초광속도 변화를 시도하고 있고 생존을 위한 처절한 싸움을 하고 있으며, 자기 헌신을 통한 기업 살리기와 올바른 가치 구현을 위한 최상의 노력을 하고 있고, 어떠하든지 지구촌에서 살아 존재하기 위한 자구책을 강구하며 온 힘을 다 쏟아내고 있는데, 교회만은 그러한 자기 헌신 없이 하나님의 은혜만을 바라고 있는 현실이거니와 세인들이 바라보는 교회에 대한 이미지 실추, 그리고 교회 안팎에서 이는 교회에 대한 비난과 빈축과 현상들이 교회 성장과 성숙 그리고 전도에 악영향을 주고 있음을 인식해야 한다.

그러한 현상에 교회는 어떻게 대처해야 하는지에 대한 자구책을 가지고 목회에 임해야 하는데, 많은 교회들이 그러한 것에 대하여 터부시하는 경향이 농후하다. 교회는 세상 속에서 빛과 소금의 역할을 하는 유기체이다. 세상을 알지 못하고서는 결코 온전한 하나님의 교회를 세울 수 없음을 명확하게 인식하고 있어야 한다.

여섯째, 교회 간의 경쟁을 도외시한 결과이다.

교회 간의 경쟁이 우스운 얘기 같지만 실제로 교회 간의 경쟁이 치열하다. 주변에 대형 교회가 들어오면 중소형 교회들은 초긴장한다. 심지어는 중소형 교회들이 연합하여 대형 교회의 진입을 막기도 한다. 그리고 대치 국면까지 가기도 한다. 이것이 바로 경쟁의 한 징표이다. 과연 교회는 경쟁이라는 용어를 사용하지 않아야만 할 것인가? 이에 대하여 정직하게 '아니다'라고 답할 수 있는가? 누구도 예외일 수 없다. 대형 교회는 대형 교회들 간의 경쟁이 있다. 이것은 이 세상을 살아가는 동안 배제할 수 없는 삶의 현상 중 하나이기 때문이다.

그럼 이것을 그냥 그렇다고 치부하고 갈 것인가? 그럴 수 없다. 주변 교회에 대한 경쟁력을 확보해야 한다. 그 교회와는 비교할 수 없는 전문성과 독특성 그리고 그 지역에서 하나뿐인 교회로 세워져야 한다. 더 나아가 교회는 경쟁이 아니라 지체의식으로 발전할 수 있어야 한다. 경쟁자가 아니라 지체로서 지역 교회들의 연합을 이루는 결단이 있어야 한다.

교회의 실패 요인들을 딛고 중소형 교회들이 생존을 넘어 영향력을 행사하는 교회로 나아가기 위해서는 무엇을 어떻게 해야 할 것인가? 이후에는 이 영역을 살펴보고자 한다. 전략적 목회자가 되었으면 한다. 목회자는 교회의 모든 업무를 지혜롭게 감당해야 한다. 지혜가 부족하거든 하나님께 구하라고 했다. 지혜롭게 교회를 세워 가야 한다. 지혜롭게 교회를 경영해야 한다. 경영은 관리하는 것을 의미한다. 교회 공동체는 비영리법인이다. 법인으로서의 경영 원리가 필요하고 경영 철학에 따라 사역이 이루어져가는 것이다.

목회자에게 요구되는 4가지 필수요건이 있다. 하나님으로부터 받은 비전, 삶을 통해 영향력을 발휘하게 하는 인격적 영성과 리더십이다. 그리고 마지막 한 개는 교회 공동체를 운영하는 경영 능력이다.

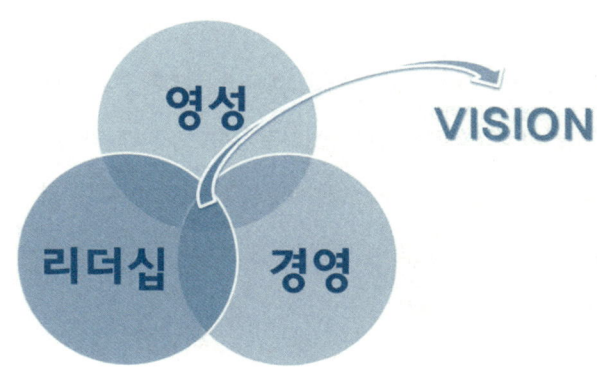

일본항공^{JAL}은 한때 '일본의 날개'임을 자부했지만 방만한 경영으로 점차 파탄 지경에 이르렀다. 그 후 현재까지 뼈를 깎는 노력으로 변신과 부활을 모색하고 있다.

몇 년째 경영 부진의 늪에서 허덕이던 일본항공은 2009년 3/4분기까지 1,208억 엔에 달하는 영업적자를 기록했고, 같은 해 12월에는 미국의 신용평가회사 스탠더드&푸어스에 의해 채권등급 'CC'에서 최하급인 '선택적 디폴트'로 강등되더니, 결국 2010년 1월 2조3,221억 엔이라는 막대한 부채를 떠안고 도산 위기를 맞았다. 하지만 최고경영자가 교체되면서 조직 구성원 전체를 대상으로 한 의식 개혁에 착수했고, 사업 규모를 이전의 3분의 2 수준으로 슬림화하는 등 불확실성 속에서도 확실한 수익이 나오는 구조로 경영 체질을 착실히 강화해 왔다.

그 결과 2010년에는 1,884억 엔의 영업이익을 달성해 전 세계 항공사 중 최대 이익을 기록했고, 2011년 9월 중간결산에 따르면 그 해 영업이익이 501억 엔인 전일본공수^{ANA}의 2배가 넘는 1,601억 엔을 기록했다. 법정관리 1년 만에 'V자 실적 회복'의 가능성을 확보한 것이다. 일본항공이 도산의 위기에서 다시금 부활의 날개를 편 비결은 무엇일까?

'초심으로 돌아가라.'

이나모리 회장은 일본항공이 사업을 시작하던 때의 초심으로 돌아가자고 강조했다. 그간의 '항공=운송업' 마인드에서 탈피해 '항공=서비스업'이라는 마인드를 강조하면서, 경영진을 비롯한 모든 사원이 고객 지향적으로 생각을 바꾸도록 이끌었다.

최근 위기 속에서 자기 역량을 재창조해 다시 도약하는 '복원력'의 중요성이 주목받고 있다. "그간 해왔던 대로 계속 장사한다면 절대 성공하지 못한다. 다음 단계의 표준$^{\text{The Next Normal}}$이 필요하다." 파산보호 신청으로 '망했다'라는 소리를 듣던 GM을 2년 만에 세계 자동차 판매대수 1위 기업으로 부활시킨 댄 애커슨$^{\text{Dan Akerson}}$ 회장의 말이다.

일본항공의 사례 역시 사업의 원점인 초심 회귀, 그리고 정신적 대오각성의 중요성을 보여준다. 요컨대, 그저 부분적 개선이 아닌 체질과 행동의 획기적 재검토가 수반될 때 비로소 혁신이 가능하며 위기의 늪에서도 헤어 나올 수 있음을 말해 주는 것이다.

- 삼성경제연구소 《그들의 성공엔 특별한 스토리가 있다》에서

자신만의 특색을
강점으로 바꾸는 '바로 그 교회'

사람들이 교회를 선택하는 기준을 살펴보자. 그들 앞에 두 교회가 있다. 그들은 어떤 교회를 선택하겠는가?

> **A교회**: 선교 집중
> **B교회**: 선교 집중 & 지역 섬김 & 전도 집중
> **보기**: 1) A교회 2) B교회 3) 아무 데나

A 혹은 B교회가 다 선교에 집중하는 교회이다. 그래서 아마도 A, B 두 교회가 마찬가지라고 생각할 것이다. 그러나 실제로는 그렇지 않다. 위에서 조사한 500명의 교인들의 선택은 놀라울 정도로 의외의 결과를 보여주었다.

A교회 79%
B교회 8%
아무 데나 13%

이미지로 보면 A교회는 분명 중소형 교회이다. 그런데 사람들이 다시 교회를 선택한다면 특색 있는 중소형 교회를 선택하겠다는 것이다. 이러한 결과는 중소형 교회에 희망을 주는 것이며, 중소형 교회도 성장할 수 있다는 고무적인 결과라 할 수 있다.

중소형 교회의 매력과 강점은 무엇일까?

기업만이 아닌 교회 간의 경쟁이 치열한 오늘날, 사람들로부터 선택받는 교회가 되게 하려면 자신의 강점을 정확히 파악하고 그 강점을 연구 개발하여 성숙시켜야 한다. 약점을 개선시키는 것만으로는 보편적인 교회 그 이상을 뛰어넘지 못한다. 아니, 어쩌면 고전을 면하기 어려운 지경이 될 수도 있다.

그러면 사람들은 중소형 교회에 대해 어떻게 인식하는지를 아는 것도 중요하다. 중소형 교회의 강점을 500명에게 물었다. 그 설문의 응답 결과는 다음과 같다.

순위	대답	명
1	특성화	176
2	친밀함	87
3	사람 중심	86
4	전문성	66
5	서비스	33
6	지역 밀착	32
7	거리 가까움	17
8	기타	3

가장 압도적인 대답은 특성화이다. 500명 중 176명이나 된다. 거기에 전문성을 더한다면 242명, 거의 50%에 달한다. 곧 중소형 교회는 특성화되어야 한다는 의식이 지배적임을 알 수 있다. 백화점식 목회는 대형 교회에 맡기고 중소형 교회는 자신의 강점과 준비 그리고 은사, 지역의 필요 등을 고려하여 특성화해야 한다. 응답 결과에 나온 다른 요소들(친밀함, 사람 중심)도 유의 깊게 고려해 봄직하다. 대형 교회를 답습하거나 마냥 열악한 환경만을 탓하지 말자. 우리만의 강점 구축이 절대적으로 필요한 것을 잊어서는 안 된다.

대형 교회는 결코 중소형 교회가 추구하는 사역을 찾아 강점화하지 않는다.

그러나 기억할 것이 있다. 대형 교회가 강점으로 하고 있는 사역을 근처의 중소형 교회가 동일하게 펼친다는 것은 어리석은 일이다. 예를 들면, 서울 강남의 사랑의교회 주변의 중소형 교회에서 제자훈련을 특성화한다고 하면 사랑의교회 이상의 특별한 내용과 가르침 없이는 경쟁력이 없는 것이다. 중소형 교회는 지역적 분석을 통하여 사역의 포지셔닝positioning을 하자. 주변의 대형 교회가 추구하지 않는 또는 집중하지 않는 사역을 개발하고 그 교회만의 강점으로 시스템화하고 그것을 독자적인 프로그램화하여 사역하면 될 것이다.

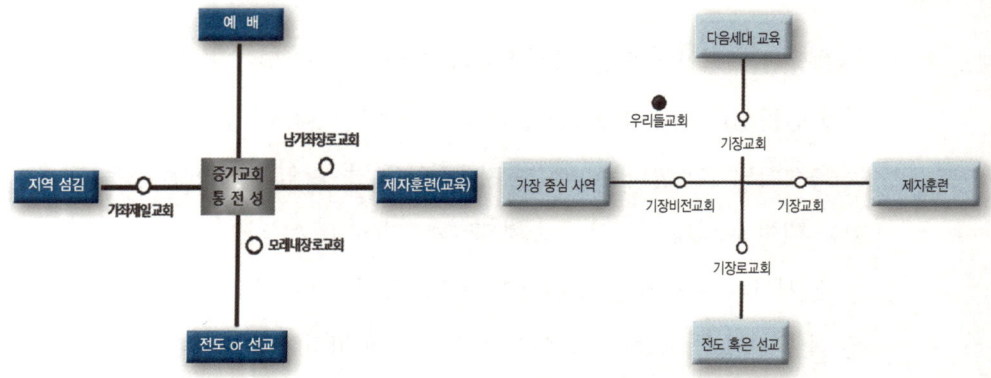

-서울 강북 증가교회 Positioning-   -부산 기장의 작은교회 Positioning-

   큰 교회는 큰 교회만이 갖는 강점이 있고, 중소형 교회는 그들 교회만이 갖는 강점이 있다. 축소판이 되고 싶은가? 중소형 교회는 결단코 대형 교회의 축소판이 되어서는 안 된다. 또한 절대로 대형 교회와 경쟁하려 해서도 안 된다. 정말로 고민해야 하는 것은 사역의 대상자와 사역의 환경을 바꾸는 것이다.

   위의 사진은 분당에 위치한 갈비 전문 식당이다. 그러나 이 건물은 원래 참으로 잘 지어진 교회였다. 입지 조건도 좋았지만, 안타깝게도 주변 교회와의 포지셔닝의 실패 사례가 되었다.

따라서 중소형 교회는 마케팅이 필요하다. 우리 교회의 사역 기반은 무엇인가? 우리 교회의 본질은 무엇인가? 우리 교회의 주요 전도 대상자는 누가 되어야 하며, 우리는 주변의 타 교회와 어떤 차별성을 두어야 하는가? 이것을 찾아 바로 그 교회만의 이미지를 갖게 하는 것을 매트릭스 컨설팅이라고 한다.

매트릭스^{Matrix} : (사회·개인이 성장, 발달하는) 모체[기반]

이 매트릭스는 현재 처해 있는 상황을 파악하여 상황에 알맞은 대처 방안을 내기 위한 분석 도구이다. 즉 그 교회만이 갖는 근원적인 사역은 무엇이 되어야 하는가를 찾는 마케팅 전략이다.

우선 중소형 교회는 주변 교회와 이미지 차별화가 되어야 한다. 그것을 강점으로 개발하고 독자적인 사역 프로그램을 개발하여 지속적으로 발전시켜야 한다.

그다음으로 하나님의 사람에게 집중하자. 대형 교회는 사람에게 집중하지 못한다. 사람 중심으로 교회를 이끌기 어렵다. 집단적 영성 강화와 예배, 교회의 특성을 강화하는 것에 집중하게 된다. 이러한 것이 오히려 중소형 교회에게 기회가 될 수 있다고 확신한다. 중소형 교회는 한 사람 한 사람을 집중하여 섬겨야 한다.

"우리가 그를 전파하여 각 사람을 권하고 모든 지혜로 각 사람을 가르침은 각 사람을 그리스도 안에서 완전한 자로 세우려 함이니"

_골 1:28

그리고 그들을 세워야 한다. 이것이 최대의 서비스이며, 이것을 통해 질적 성숙을 도모할 수 있다.

순위	대 답	명
1	특성	102
2	친절	90
3	사람 중심	89
4	서비스	70
5	전문성	66
6	독자성	63
7	가까움	11
8	섬김	9

위의 도표[500명 조사]에서 볼 수 있는 것과 같이 중소형 교회는 그들 교회만이 줄 수 있는 귀중한 자산이 있다. 결코 대형 교회를 흉내내지 말고 지역적 분석을 통한 포지셔닝을 하여 그것에 집중하고 특성화하고 이미지화하며, 그로 인하여 교회를 찾는 이들을 섬기는 최고의 서비스를 통해 그들 한 사람 한 사람을 귀하게 여기는 사역이 되도록 하여야 한다.

중소형 교회에 주어지는 하나님의 축복

앞으로는 교회에 대한 가치가 수정될 것이다. 결코 대형 교회만 찾게 되지 않을 것이다. 그 이유로는 첫째, 교회 성장이 완만해질 것이며 둘째, 대형 교회에 대한 실망스러움이 더욱 커질 것이며, 셋째, 대형 교회에서는 개인별 영적 성숙을 기대하기 어렵기 때문이며, 넷째, 담임목회자와 친밀한 교제가 없기 때문이며, 다섯째, 대형 교회의 기업화 현상에 대한 부정적 시각이 팽배해질 것이기 때문이다. 곧 대기업화에 대한 역리 현상이 도래한다는 것이다. 그러므로 사람들은 중소형 교회이면서도 이미지와 특성 그리고 예배가 좋은 교회로 이동하게 될 것이다. 그들이 찾는 중소형 교회가 바로 당신의 교회가 되기를 바란다.

사람들이 생각하는 중소형 교회와 대형 교회의 차이점을 일반적으로 분류한다면 다음과 같다.

	중소형 교회		대형 교회
1	그 지역에만 있는 교회	1	유명한 교회
2	특성화	2	다양성
3	전문성	3	프로그램 중심
4	사람 중심	4	시스템 운영
5	각 사람 개발	5	관리 강화
6	교인 중심	6	목회자 중심
7	감성	7	이성
8	개성	8	공동체
9	질적 성숙	9	양적 성장
10	관계 중심	10	조직 관리

위의 도표에서 발견할 수 있는 것처럼 중소형 교회와 대형 교회는 현격한 차이가 있다. 앞으로 살펴볼 일반적인 차이만으로도 중소형 교회는 무엇을 중시해야 하는지 알 수 있다.

사람들은 교회를 선택할 때 무엇을 고려할까? 이 질문은 중소형 교회에 매우 희망적인 가능성을 준다. 앞으로 소개할 경향들을 살펴보면 중소형 교회는 더 큰 희망을 가질 수 있을 것이다. 향후 조국 교회는 위에서도 언급한 것처럼 중소형 교회를 선호하게 될 것이며, 진정한 교회, '바로 그 교회'다운 면모를 가진 교회가 성숙하고 성장할 것이다.

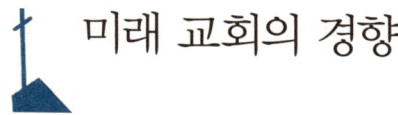# 미래 교회의 경향

경향 1. 광역 교회에서 지역 교회로

과거 조국 교회는 대형 교회 선호도가 높았다. 그래서 각 교회들도 대형 교회가 되기 위해 노력하고 분주하였다. 소위 **Mega-church**로의 성장형 교회를 지향하였다. 그러나 향후 미래 교회는 건강한 **Meta-church**로 나아가게 될 것이다. 좋은 교회를 선호하며 그것을 자랑으로 여기며 장거리의 대형 교회를 향하는 발걸음을 지역 교회로 옮기게 될 것이다.

교회가 대형화되어 가면서 사람 중심이 아닌 기능과 프로그램 중심으로 나아감에 따라 인간과 인간의 연결고리 기능을 하는 교회의 역할이 약화되면서 이 사회를 관계 지향적이지 못하게 하였고 더욱이 교인들도 형식적인 신앙관을 갖게 되어 표면상 그리스도인이 되도록 만들었다.

반면에 중소형 교회는 지역의 이미지화로 인해 지역을 기반으로 하는 지역 섬김의 교회로 나아가게 될 것이다. 지역의 필요를 공급하고, 나아가 지역과 함께하는 교회 공동체를 형성해 가는 것이다. 그러므로 대형화에 대한 환상을 버리고 그 지역에 반드시 있어야 하는 '바로 그 교회'를 세워야 한다. 교회를 다니는 사람들조차 자신의 지역에 좋은 교회가 있다면 반드시 다닐 것이라고 응답한 것이 도표에서 보는 바와 같이 무려 84%에 이르고 있다.

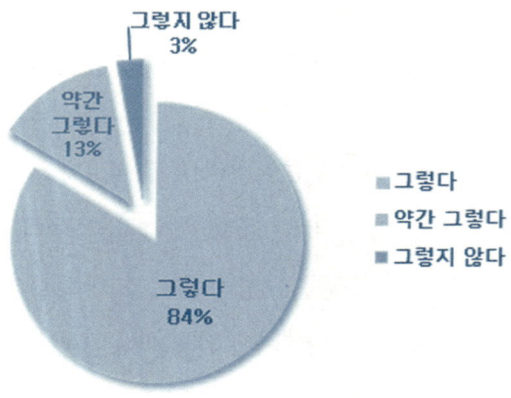

고령화 사회로 접어들면서 지적 수준이 향상되었고 환경 의식도 높아졌다. 사람들은 이제 과거와 같이 자동차에 과도하게 의존하지 않는다. 대형 교회에 대한 지나친 선호도가 낮아지고 있다. 아래처럼 대형 교회 선호도가 불과 28%에 지나지 않는다. 이를 인식하여 중소형 교회가 그 지역에 맞는 그 지역 교회로서 건강하고 유일한 '바로 그 교회'를 세운다면 중소형 교회는 우리에게 새로운 희망을 가져다 줄 것이다.

[500명 조사]

대형 교회에 다닐 것이다.	28%
대형 교회보다 중형 교회가 좋다.	33%
작지만 좋은 교회가 좋다.	39%

 이러한 현상은 앞으로 더욱 선명하게 드러날 것이다. 지역과 함께 하는 교회가 반드시 성장하며 성숙해지고, 지역 속에 하나님 나라를 확장하는 데 영향력을 발휘하게 될 것이다. 대형 교회만이 영향력을 끼치는 것이 결코 아니다.

경향 2. 종합에서 전문성으로

 지금은 전문가 시대이다. 이미 인식하고 있듯이 의식주와 관련된 상품을 폭넓게 취급하는 종합형 소매업의 대다수는 경영 부진을 면하지 못하고 있다. 이처럼 중소형 교회가 폭넓은 교회 기능을 완벽히 갖추고 교회를 세운다는 것은, 만약 그 지역에 동일한 형태의 대형 교회들이 존재하고 있다면 시작부터 문제를 안고 출발하는 것과 같다. 목회는 자신의 의식주 문제를 해결하는 방편이 아니다. 하나님 나라를 구현한다는 영구 목적이 있으므로 교회를 세울 때는 그 지역에 필요한 전문성을 갖추어야 한다. 이것을 특성화라고 한다. 특성화된 교회로 나아가야만 한다.

다음의 도표는 교회의 전문성이 높을수록 교회가 성장하는 것을 보여주는 그래프이다. 그래프의 곡선이 지속 상향하는 것을 볼 수 있다. 즉 전문성이 강할수록, 특성화가 될수록 교인들이 찾는 빈도가 높고, 그러한 교회를 선호한다는 것이다.

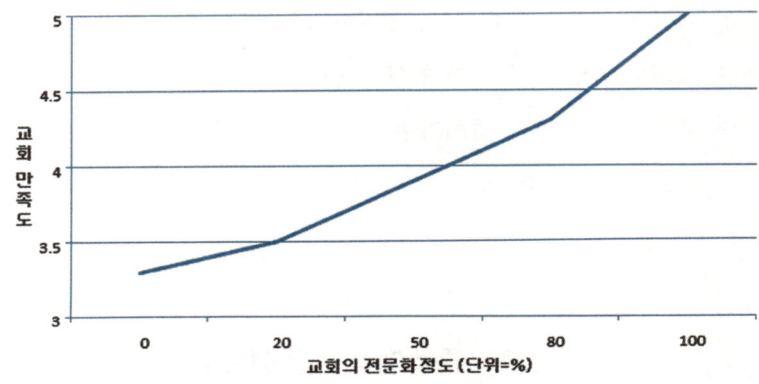

사람들이 찾아가는 식당을 생각해 보자. 종합 메뉴를 다 갖춘 식당을 찾는 고객은 점점 줄고 있다. 반대로 전문 음식점들은 거리와 관계없이 인산인해^{人山人海}를 이루는 진풍경을 보인다. 목회도 마찬가지이다. 이와 같이 특화된 사역을 통하여 교인들이 찾아오게 하는 목회를 해야 한다. 사람들은 소문난 교회와 전문성이 있는 교회를 구분할 줄 안다. 소문난 교회가 아니라 전문성을 갖춘 교회로, 지역의 필요를 정확하게 인식하고 그것을 공급하는 지혜가 있어야 한다.

전문성을 갖춘 목회자란 목회자 자신이 전문성을 갖고 교회를 섬기는 것으로, 보통의 사람이면 누구나 예상할 수 있는 정도의 범위를 넘어 뛰어난 성과를 만들어내는 자를 의미한다. 목회자는 전문가이다. 아니, 어쩌면 전문가 이상이어야 한다. 교인들 가운데는 다양한 직종을 가진 전문가들이 있다. 그러한 전문가의 시야에 목회자 역시 목회의 전문가로 비쳐져야 한다.

전문가가 되어 어느 정도의 경지에 오르기 위해서는 일정 기간 동안 매뉴얼을 따르는 노력이 필요하다. 특별히 전문성을 띤 목회자는 설교와 성경 그리고 교회 세우기, 교인들을 성도화하는 과정을 주도적으로 이루어낼 수 있는 자가 되어야 하며, 무엇보다 각 사람을 각 은사에 따라 온전한 자로 세우는 능력을 연마해야 한다.

> "우리가 그를 전파하여 각 사람을 권하고 모든 지혜로 각 사람을 가르침은 각 사람을 그리스도 안에서 완전한 자로 세우려 함이니" _골 1:28

조국 교회에 알려진 유명한 목회자들은 그러한 능력의 한 부분 혹은 전반적으로 탁월한 전문성을 드러낸 목회자들이다. 그들에게 나타나는 중요한 요인은 그들 스스로 자기를 계발하기 위한 노력을 게을리하지 않고 지속한다는 것이다. 자기 계발을 멈추는 것은 지도자의 호흡이 멈추는 것과 동일하다.

경향 3. 획일화에서 개성으로

중소형 교회의 핵심은 대형 교회 시늉을 하지 말라는 것이다. 중소형 교회는 획일화된 이미지로 지역 교회를 세우지 말고, 자신에게 주신 하나님의 은사와 자기 준비 그리고 지역의 필요를 찾아 그것을 개성화하고, 자기만의 독창적이고 하나뿐인 그런 교회를 세워야 한다. 필자가 교회를 개척할 때 개척예배 설교자였던 목사님께서 설교 제목과 강조점으로 다음과 같이 말씀하셨다. "여러 교회들 가운데 한 교회가 아니라, 오직 하나밖에 없는 교회를 세우기를 바란다." 지금은 모든 교회가 획일화되어 있다.

하나님의 교회가 그 자체가 어찌 모두 다를 수 있겠는가? 그러나 그 지역 내에서만큼은 다른 교회들과 함께 또 하나의 교회(지역 교회)가 되는 지체의식을 갖고 그리스도의 몸 된 교회를 세워가야 한다.

개성 있는 목회, 개성 있는 교회 이것이 중소형 교회가 갖는 영향력이어야 한다.《세상에 이런 교회도 있다》라는 책을 보면 유명한 교회보다는 그 지역에서 영향력을 주는 교회들이 기록되어 있다. 중소형 교회의 생존(?)이 얼마나 우스운 얘기인가? 말도 안 되는 이러한 생존 문제가 더 이상 거론되지 않는 그런 날이 속히 와야 한다.

조국 교회들이여, 진심으로 간곡히 부탁한다. 각 교회는 지역 속

전체 교회의 한 지체임을 잊지 말아야 한다. 이것이 하나님의 교회를 온전하게 하는 하나님의 종들이 가져야 하는 사역 자세이다. 지금 귀 교회 옆의 교회와 지역 복음화를 위하여 얼마나 협력하고, 어찌하든지 그리스도가 존귀하게 되기를 바라는 바울의 심장으로 함께 기도하며 사역에 임하고 있는가? 지역에 있는 교회들은 모두가 하나님의 교회를 세워 가는 지체들이다. 목회자들이 회복해야 하는 것 중 하나는 지체의식이다. 그러면 자연스럽게 서로 다른 역할과 사역으로 나아가게 될 것이다.

결국 획일화의 극복은 '교회론의 문제'이다. 교회는 지역 교회와의 지체의식을 통하여 하나 됨과 연합을 알고 더불어 지역의 복음화를 이루어 가야 한다. 오히려 '그 이상의 교회'로 나아가야만 한다. 그 이상의 영향력을 미치는 교회가 되기 위해서는 개성 있는 목회를 하고 그런 교회를 세워야 한다. 지금은 교회를 변혁할 때이다. 각각의 교회는 또 다른 하나의 지체이다. 지체의식을 통하여 지역 교회가 탄생한다. 하나님의 교회를 각 교회의 건물로만 국한시키지 않아야 한다.

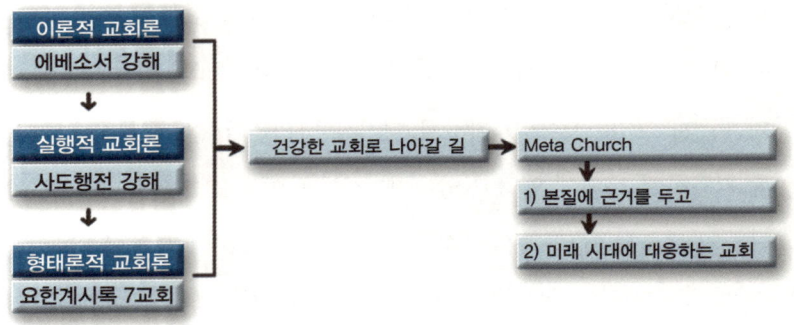

경향 4. 성장에서 성숙으로

미래 교회는 고성장의 시대가 아니다. 국민소득 향상과 사람들의 질적인 삶의 욕구가 강화되고, 자아실현 욕구를 충족하기 위한 삶을 살아가게 된다. 그러다 보면 자연스럽게 양적인 의식이 질적 욕구로 전환되어, 많은 것으로부터 만족을 갖기보다는 적지만 질적으로 만족을 주는 것을 찾게 된다. 교회 역시 마찬가지이다. 교회 성장을 주도하였던 1980년도와는 달리 인구 증가율의 감소와 탈기독교화와 사회적 영향력 약화로 성장이 줄어들어 오히려 실제적인 마이너스 성장으로 돌아서게 될 것이다. 현재도 자연적 인구 성장 대비 교회 교인 성장이 밑돌고 있는 실정이다.

총인구, 인구 성장률

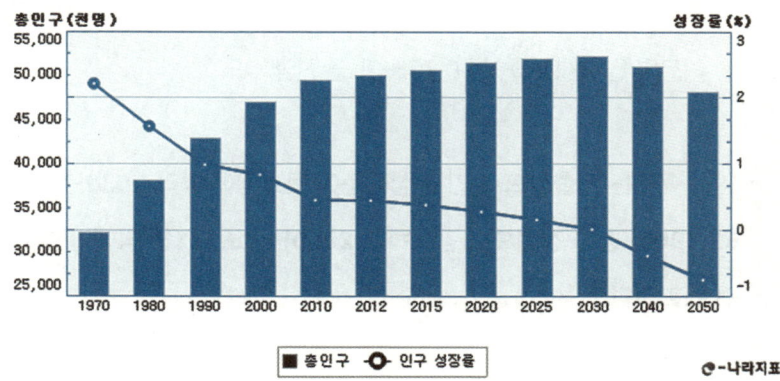

ⓢ 출처 : 통계청 「장래인구추계」 2010-2060

- **총인구, 인구 성장률 지표 개념**

  – 7월 1일 기준 연앙(年央) 인구로, 과거에 대한 확정 인구(Population Estimate)와 향후의 인구 변동 요인(출생, 사망, 국제 이동)을 고려하여 작성한 추계 인구(Population Projection)

- 인구 성장률

  – 인구 성장률은 자연 증가율과 사회적 증가율의 합으로 전년 대비 인구 변화율 및 특정 시점에서 비교되는 시점까지의 증가분을 나타내는 지표이다.

- 인구 성장률은 **1970년 이후 가파른 둔화 추세임**

  – 2000년 0.84%, 2012년 0.45%까지 둔화되었으며, 2030년에는

제2장 _ 중소형 교회가 오히려 더 좋은 교회가 될 수 있다   139

인구 규모와 성장을 멈추는 제로 성장(0.01%)에 도달

– 2031년 이후부터는 마이너스 성장률을 보이기 시작하여 2050년에 이르면 인구성장률이 –0.76%가 될 전망

• 인구 규모는 저출산으로 인구 성장률이 둔화됨에 따라 **2030년 52,160천 명을 정점으로 감소하여 2050년 48,121천 명에 이를** 것으로 전망

한국 교회 침체 현상 : 1960년대에 연평균 41%의 성장률을 보이던 한국 교회가 1990년에 3%, 1992년에 0.3%, 1994년 이후에는 마이너스-성장(minus-growth)으로 돌아섰다는 통계이다.

한국 교회를 걱정하는 목소리가 높다. 과거 한국 개신교의 성장세는 놀라웠다. 1960~80년대 신자 수 증가율은 20~40%대였다. 90년대 들어 성장률이 둔화되더니 2005년 인구 센서스에서는 95년에 비해 15만 명이 줄어든 861만 명이었다. 감소폭은 크지 않지만 충격은 컸다. 한국 교회는 종점에 다다른 것일까? 그 원인은 무엇일까?

> 2) 통계수치로 본 교회 수 증감 추이
> 그러면 교회 수는 1960년대 이후 어떻게 증가되어 왔는가? 이 점을 살펴보면 교인 수의 증가와 교회 설립 간의 상관관계를 헤아려 볼 수 있을 것이다. 1950년부터 1996년까지의 교회 수 증가에 대한 다음 통계를 중심으로 살펴보고자 한다.
> 아래 표2를 보면, 교회 수는 1960년도 5,011개에서 1996년 58,064개로 36년 동안 1,060%. 곧 10.6배가 증가하였음을 알 수 있다. 그래서 같은 기간 동안 14.1배 증가한 교인 수 증가와 비례하고 있음을 알 수 있다. 이 기간 동안의 증가율을 10년 단위의 시기별로

> 보면, 교회 수 증가 또한 시기별로 약간의 차이가 있음을 알 수 있다.
> 1950년에서 1960년 사이의 연평균 증가율은 6.1%였으나 1960년에서 1970년 사이에는 연평균 증가율이 15.7%였다. 그러나 1970년에서 1980년 사이에는 그 비율이 6.5%로 줄어들었다. 그러나 1980년에서 1990년 사이에는 그 증가율이 다시 약 7%로 높아졌다. 그러나 1990년에서 1996년까지 6년간의 증가율은 62%인데, 이 기간 동안의 연평균 증가율은 1,033%에 달하여 교인 수 증가율 1.8%에 비해 6배나 높다. 즉 1990년대 이후 교인 수 증가율은 급격한 감소를 보이고 있으나 개척 교회 수는 급격하게 높아졌음을 알 수 있다.
> 이상에서 살펴본 교인 수 증가율과 교회 수 증가율을 10년 단위의 연평균 증가율로 비교해 보면 표3과 같다.

- 이상규, "교회사로 살펴본 교회 개척과 교회 성장" -

이상의 자료에서 본 바와 같이 한국 교회의 성장률이 20세기 말에 이르러서는 점점 침체되더니 21세기 들어와서는 현격하게 줄어들어 마이너스 성장을 이루고 있다. 한 일간지는 천주교의 연간 성장률을 16%, 불교의 성장률은 10%, 기독교의 성장률은 –1.4%로 발표한 바 있다. 이것은 기독교 인구의 탈기독교화가 심화되고 있다는 증거이기도 하다.

이러한 정황들을 미루어보아 교회는 '성장형 사역'보다는 '질적 성숙형 사역'으로 전환해야 할 것이다. 성도들은 자신의 영적 성숙을 어느 정도 책임져 줄 교회 공동체에 소속되고자 하는 욕구

교인들이 교회에 진정 원하는 것 [500명 설문조사]	
영적 성숙	37%
은혜로운 설교	23%
은혜로운 예배	20%
교회 시설	10%
교회 시스템	5%
부속시설	5%

가 점점 강해질 것이다.

교인들이 영성 성숙을 도모할 수 있는 공동체를 선호한다는 사실에서도 그 사실을 알 수 있다. 이제 더 이상 교인들을 교회 성장의 수적인 도구와 계수적 차원으로 치부하는 목회를 버리자. 진정한 그리스도인으로서 자리매김하기를 바라며 그들을 섬겨 세상을 변화시키는 영향력 있는 하나님의 사람으로 세우는 것이 교회의 궁극적인 사명이다. 이것이 교회의 존재 목적이며 하나님이 원하시는 교회 모습일 것이다.

이러한 교회 공동체를 형성하기 위해서는 가장 우선적으로 목회자가 성숙해야 한다. 교회는 목회자의 성숙도만큼 성숙하게 되어 있다. 영적 리더의 수준이 그 교회의 수준임을 명심해야 한다. 영적 리더인 목회자의 성숙은 그가 갖고 있는 영성에서부터 교회 공동체 경영에 이르기까지 많은 영역에서 성숙한 리더가 되어야 한다.

다음의 도표는 목회자의 성숙에 필요로 하는 영역을 우선순위에 따라 기록한 것이다. 이를 참조하여 자신의 영적 리더십을 성숙시켜 나가야 한다. 다시 강조하는 것은 목회자의 영적 성숙이 교회의 성숙으로 이어진다는 것이다. 교회의 수준과 교인들의 수준은 결코 목회자의 수준을 넘지 못한다. 그러므로 지속적으로 자기 성숙을 도모해야 한다.

-영적 리더의 리더십 프로세스-

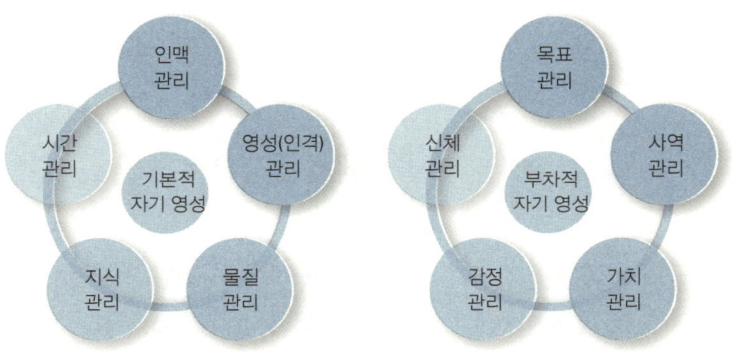

-자기 경영(Self-Leadership)의 10가지 요소-

경향 5. 무난함에서 독창성으로

리더는 이미 무난함을 거부한 자이다. 무난한 것보다 특별하게 보다 나은 삶을 추구하고 싶은 사람의 심리처럼 교회 역시 무난한 교회로 승부를 건다는 것은 다소 어리석다. 교회 사역에서 승부를 건다는 표현이 어울리지는 않지만 이해를 돕기 위해 이 용어를 쓴다.

물건을 구입하더라도 무난한 물건을 사려는 사람은 없을 것이다 사람들은 더 이상 무난한 것에 매력을 느끼지 못한다. 여러분 같으면 그저 그런 교회를 다니겠는가? 아무 데나 다니겠는가? 무엇인가 매력이 있고 자신들이 봐도 독창성이 돋보이는 교회를 찾고 싶지 않겠는가? 무난한 목회를 멈추고 독특한 교회, 창의적인 목회 구현을 도모해야 한다.

경향 6. 효율성에서 감성으로

지금의 시대를 일컬어 감성 시대라고 한다. 사회가 정서적으로 메마르고 냉전 체제로 살아가게 되는 각박한 현실에 대한 욕구 불만으로 감성을 피력하게 되었다. 감성 마케팅, 감성 설교, 감성 관계 등등 감성은 향후 교회가 주목해야 하는 사역 자세이며 태도가 될 것이다. 지난 교회 사역은 주로 프로그램을 운영하기 위하여 수고하였고, 효율적인 교회 운영과 시스템 구축, 전도의 방향과 전도 시스템 그리고 양육 시스템, 셀 교회의 소그룹 운영 지침, 교회를 매뉴얼화하고 조직화하며 구조화하는 것이 좋은 교회가 되는 것으로 알고 20여 년의 세월을 보냈다. 이제 교회는 인간의 가장 근원적인 관계를 이어주는 감성에 주목하여, 관계중심적인 사역으로 전환해야 한다. 교회 사역 모드가 관계 지향적 감성으로 전환되어야 한다.

오늘날 교회가 추진하고 있는 많은 사역들은 그다지 큰 차이가 없다. 자원의 많고 적음의 차이와 기능적인 우위가 다소 있을 뿐이다.

성도들은 성숙할수록 감성적, 정서적 가치를 더 중요하게 여기게 된다. 미래는 마음의 시대이다. 마음이 통하는 교회 공동체를 세워야 한다. 중소형 교회는 마음이 통하는 감성적 커뮤니티를 형성할 수 있는 최상의 모체이기 때문에 희망이 있는 것이다. 이러한 이점을 더욱 강화하자.

다음의 도표를 살펴보면 사람들의 욕구 이동이 이루어지고 있음을 알 수 있다.

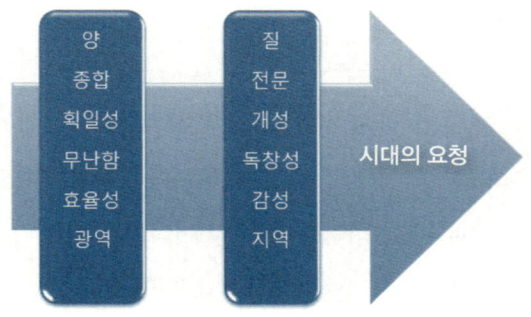

-욕구 이동 과정표-

이제는 중소형 교회라고 하여 스스로 위축되거나 의기소침하기보다는 중소형 교회의 영향력을 키우는 데 집중하여, 대형 교회가 이루지 못하는 견실하고 창의성 있는 사역을 통하여 하나님의 사람들을 성숙시켜 나가야 한다.

한 교회를 수년 동안 다녀도 새 신자 한 사람을 양육할 수 없는 성도라면 그는 진정한 그리스도인이 아니라 할 수 있다. 오랜 세월 교회를 다녔음에도 불구하고 세상 사람들에게 다가가 복음전도 하는 것이 어렵다고 한다. 교회에 처음 발을 딛는 이들을 체계적으로 양육할 수 있는 사람들이 세워져 있지 않음이 안타깝다. 사람을 세운다는 것을 심지어 교회의 중직자들조차 부담스러워한다. 그들은 그냥 교회를 오래 다녔을 뿐이다. 오래 다닌다고 그리스도인이 되는 것이 아니다. 교회에서는 연수가 중요한 것이 아니라 얼마큼 체계적으로, 또 다른 사람들을 복음으로 섬길 수 있는가가 가장 중요하다.

이 책을 읽고 있는 목회자들이 섬기는 교회의 교인들 수준은 어떠한가? 전도는 직접 복음을 전하는 방법과 교회로 인도하는 방법 그리고 삶으로 전도하는 방법이 있는데, 나는 마지막 방법이 가장 확실하고 실제적이며 본질적인 전도 사역이라고 생각한다. 그러한 그리스도인으로 세워 가는 것이 목회와 교회의 본질이 아니겠는가? 더욱이 중소형 교회는 지역의 변화와 하나님 나라 구현의 선봉에 있는 전초기지이며 가장 잘할 수 있는 강점을 가지고 있다. 향후 미래 교회는 중소형 교회이다. 그렇다고 작은 것이 좋다는 것이 아니다. 이러한 전도 사역을 하는 데 중소형 교회가 대형 교회보다 더 유리하고 하나님의 사람에 집중할 수 있기 때문이다.

하지만 한국 교회의 현실은 그렇지 못하다. 오히려 중소형 교회 교인들이 더 부족하고 영적 열등감마저 지니고 있다. 이것은 중소형 교회가 본질적 사역을 놓친 결과라고 확신한다. 작지만 큰 교회, 비록 교회의 수적인 규모는 작지만 큰 영향력을 끼치는, 작지만 매운 고추가 되어야 한다. 교회는 하나님의 소유이며, 하나님이 거하실 처소가 되며, 그 안의 지체들이 상합하고 연결되어 그리스도의 몸을 이루게 하는 공동체이다.

> "고린도에 있는 하나님의 교회 곧 그리스도 예수 안에서 거룩하여지고 성도라 부르심을 받은 자들과 또 각처에서 우리의 주 곧 그들과 우리의 주 되신 예수 그리스도의 이름을 부르는 모든 자들에게" _고전 1:2

> "그에게서 온몸이 각 마디를 통하여 도움을 받음으로 연결되고 결합되어 각 지체의 분량대로 역사하여 그 몸을 자라게 하며 사랑 안에서 스스로 세우느니라" _엡 4:16

> "그의 안에서 건물마다 서로 연결하여 주 안에서 성전이 되어 가고 너희도 성령 안에서 하나님이 거하실 처소가 되기 위하여 그리스도 예수 안에서 함께 지어져 가느니라" _엡 2:21-22

이러한 성경적 공동체를 형성하기 위한 충분요건을 중소형 교회는 비교적 용이하게 만족시킬 수 있다. 미래 교회는 영향력 있는 그리스도인을 세워 그들로 하여금 세상으로 나아가 많은 사람들에게 복음의 실체와 본연의 신앙적 자세를 보여주도록 해야 한다. 그런 그리스도인을 세워 가는 교회, 그러한 중소형 교회들로 세워져야 하고 세워 가야만 한다. 작지만 영향력을 끼치는 교회, 하나님의 교회를 세워 가야만 한다. 조국 교회의 어려운 현실을 탓하고 세상의 변화에만 주목하지 말고 잃어버린 본질과 하나님 나라의 진정한 가치를 회복하자.

복음에 헌신된 목회자와 그와 일생을 함께하는 동역자들이 하나님의 교회, '바로 그 교회'로 세워 가야만 한다. 조국 교회는 이제 이러한 변화의 소용돌이 속에서 자기 헌신을 도모하고 새로운 옷을 입는 본연의 사역을 지속할 때 희망과 소망을 둘 수 있고, 교회의 회복을 통하여 잃어버린 영혼, 떠났던 영혼을 주께로 다시 돌아오게 하는 귀한 역사를 일으킬 수 있다.

이 책을 하나님께 영광이 되는 진정한 사역의 전환을 위한 계기로 삼자. 하나님을 하나님 되게 하고 건강한 교회를 넘어 좋은 교회로, 좋은 교회를 넘어 영향력 있는 교회로, 영향력 있는 교회를 넘어 위대한 교회로 나아가게 하자. 그러기 위하여 '바로 그 교회'가 되어야 한다. 나는 꿈을 꾼다. 주님이 주신 위대한 비전, 하나님의 교회에 대한 비전, 그 비전의 중심에서 지금 태동하고 있는 중소형 교회들을 통해 하나님의 위대함을 바라보게 될 것을 확신하며 믿는다.

'바로 그 교회'는 미래 교회의 유일한 대안이며 유일한 희망이다.

어떤 교회로 나아갈 것인가에 따라 목회의 방향성이 결정된다. 우리가 꿈꾸는 교회는 우리가 섬기는 '그 지역'에서 '바로 그 교회'가 되는 것이어야 한다.

제 3 장
목회의 Targeting을 명확하게 하라

사람마다 그가 갖는 성향은 다르다. 소속감의 욕구를 채우기 위하여 또는 다양한 영적 사역 프로그램을 경험하고 자신의 영성을 강화하기 위해 대형 교회를 선택하기도 하고, 소위 은닉성 그리스도인처럼 은둔하기 좋다는 이유로 대형 교회를 다니고자 하는 사람도 있다. 반면에 중소형 교회에서의 신앙생활을 더 좋은 매력으로 느끼는 성도들도 있다.

여기서 잠깐, 나는 지금 이 책에서 신도, 교인, 성도를 일관성 없이 사용하고 있다. 하지만 자세히 문맥을 살펴보면 다른 것을 볼 수 있다. 교인은 교회 공동체의 회원 자격을 갖고 다니는 자를 말하며, 신도는 자신의 유익을 위하여 교회를 다니는 이들을 칭하는 용어이다. 반면 성도는 자기 성찰과 자기 성숙을 도모하며 하나님의 영광과 나라를 위하여 자기 헌신을 기꺼이 드리고자 하는 이들을 향한 용어이다. 이후로는 이러한 관점의 이해를 갖고 읽어 갔으면 한다.

이와 같이 중소형 교회는 대형 교회를 선호하는 사람들을 더 이상 주요 타깃^{target}으로 삼지 말자. 중소형 교회만이 다가설 수 있는 선명하고 확실한 타깃을 정하고 그에 맞는 전도 프로그램으로 사역을 이루어야 한다. 대형 교회가 진행하고 있는 모든 사역들을 중소형 교회는 감당할 수 없거니와 시간과 인적, 물적 자원 부족으로 경쟁이 불가능하다는 것을 잊지 않아야 한다.

대형 교회에 더 매력을 느끼는 교인들을 끌어들이기 위한 전도에 집중하지 말고 중소형 교회에 기대를 갖는 성도들과 복잡한 프로그램에 지친 수많은 교인들을 위한 사역 단순화 전략으로 전환해야 한다. 이들과 같이하는 이웃들이 삶의 영향을 받고, 아직 교인 수준에 머물고 있는 새 가족들, 그들 주변의 전도 대상자들에게 매력적인 영향력을 끼치는 것이 바람직하다. 이렇게 하는 것이 중소형 교회가 걸어가야 하는 길이며, 최상의 목회 전략이 된다. 이것을 나는 '**목회의 Targeting**'이라고 한다.

물론 앞으로도 대형화 추세는 줄어들지 않을 것이다. 하지만 여전히 우리에게 희망적인 것은, 동네 근처에 좋은 교회가 있다면 기꺼이 그 교회를 찾을 것이라는 사람들의 의식이다. 향후 조국 교회의 교인들과 새 가족들의 '지역 지향', '개성 지향', '독창성 지향' 의식이 높아지면서 작지만 큰 교회, 좋은 교회로 매력을 느껴 찾는 이들이 늘어날 것이라고 확신한다. 그러므로 중소형 교회들의 성장전략은 잠재적인 교인들(새 가족)과 좋은 교회를 찾는 이들을 위한 전략적이며 지혜로운 교회상으로 교회를 세워 가는 것이다. 아울러 제자도로 사역의 단순화를 이루고, 지역민을 위한 바로 그 교회를 세우는 전략적 마케팅 혹은 전략적 **Matrix Consulting**을 통하여 독창적인 교회를 세워 가는 것이 필요하다.

그렇다면 우선 중소형 교회에 끌리는 사람들의 규모는 과연 어느 정도인지가 궁금해질 것이다. 중소형 교회의 목회자들은 대다수의 교인들이 대형 교회만을 선호한다고 생각하기 쉬운데 반드시 그렇지만은 않다. 다음의 도표와 설문에 대한 응답에 주목해 보길 바란다.

우리가 타깃(Target)으로 삼는 대상자들은 과연 얼마나 될까?

아래의 도표는 앞에서 밝힌 바 있는 1,000명의 지역 교인들과 대형 교회에 출석하는 교인들을 중심으로 조사한 자료이다. '대형 교회보다 지역의 좋은 교회에 대하여 관심이 있는가?'의 설문조사에 응답한 것을 정리하였다.

작지만 좋은 교회가 지역에 있으면 옮기겠다.	32%
잘 모르겠다.	41%
여전히 대형 교회를 다니겠다.	27%

위에서 나타난 결과로 대략 73%의 교인들이 중소형 교회에 대한 잠재 선호의식을 갖고 있다고 판단할 수 있다. 이러한 선호 잠재력에 힘입어 중소형 교회만이 할 수 있는 완성된 제자도와 지역의 영적 필요와 사회적 필요를 공급하고 그들에게 영향력을 줄 수 있는 교회를 세워야만 한다. 잠재 교인들이 중소형 교회로 발길을 돌릴 수 있

는 목회 전략이 반드시 있어야 한다.

목회 전략을 세우기 위해서는 그들이 선호하는 것이 무엇이며, 진정 바라는 교회상이 어떠한지를 알아야 한다. 다음은 그동안 교회 컨설팅을 통하여 발견되고 확인된 결과들을 정리한 것이다. 중소형 교회가 성장하기 위해서는 다음과 같은 점들을 정확하게 알고 특성 강화를 도모해야 한다.

그럼 과연 그들은(잠재 선호 의식을 가지고 있는 교인들 포함) 어떤 특성이 있는 것일까?

교인들이 선호하는 작지만 좋은 교회의 5가지 특성

아래의 도표를 참고하여 살펴보면 우리가 주목해야 하는 것이 있다. 신앙의 깊이를 갈망하는 자일수록 작지만 좋은 교회를 선호한다는 것이다.

잠재적인 교인들의 교회 선택 성향 분석

신앙의 깊이 갈망	43%
집과 거리의 문제	21%
자녀와 가족의 신앙문제 해결	17%
좋은 교회에 다니고 싶은 마음	12%
기 타	7%

그러므로 우리가 주목할 것은 '신앙의 깊이'를 공급할 수 있어야 한다는 것이다. 이를 위해 필요한 것은 무엇인가? 교회 공동체가 갖는 숙련되고 체계적인 제자도이다. 이를 위하여 자신의 삶을 건 목회자가 되어야 한다. 신앙의 갈급함을 해갈할 수 있는 강단의 영성

을 강화하고, 교회의 사역들을 단순화하여 성도들의 피로감을 줄여주며 교회의 본질과 신앙 본질에 집중할 수 있도록 해야 한다. 그리고 무엇보다 설교가 탁월해야 한다. 탁월한 설교로 대표적인 것은 체득화된 의미 중심의 설교이다. 필자가 쓴《설교 솔루션》은 설교에 관한 모든 면에서 좋은 가이드가 될 것이다. 그 외의 것으로는 목회자의 인격과 성품, 사람을 사랑하는 교회 분위기, 섬김의 공동체, 체계적인 성경공부, 봉사보다 사람 세우기, 일보다 내적인 성숙에 대한 갈망, 교회의 인테리어, 소품 등이다.

우리 교회 성도들의 신앙적 깊이에 대한 갈망을 해갈해 줄 목회철학은 무엇인가? 여러분의 교회는 그 지역 성도들을 돕기 위한 어떤 목회철학을 갖고 있는가? 철학은 사고이며, 목회철학은 그 지역에 세워진 교회의 방향성을 정하는 기준이 된다. 지역의 특성을 고려하지 않은 일방적인 목회철학은 교인들을 태운 배를 산으로 끌고 가는 형국이 된다. 유행하는 세미나에 의해 수시로 바뀌는 것은 진정한 목회철학이 아니다. 좋은 교회는 그 교회만이 갖는 그 지역의 영적, 사회적 필요를 공급하는 이미지를 갖고 있을 뿐 아니라 그러한 이미지의 실현을 위한 선명한 목회철학을 보유하고, 그것을 위한 구체적인 프로그램과 사역과정이 체계화되어 있다.

신앙의 깊이를 갈망하는 자들이 찾고자 하는 교회는 다음과 같은 특성이 있다.

작지만 영향력 있는 좋은 교회가 되려면 다음과 같은 특성을 갖도록 하라.

특성 1. 지역 교회와의 차별화를 도모한다.

독특한 이미지와 전문성을 가져야 한다. 해당 지역의 대형 교회와 겹치지 않는 목회자의 준비된 사역 시스템으로 교회를 세워야 한다. 이것을 위해 교회를 세우기 전, '지역 교회 포지셔닝positioning'을 해야 한다. 아래 도표는 서울의 한 중형 교회의 포지셔닝 실례로, 이와 같은 장표를 작성하여 교회를 세워야 차별화를 이룰 수 있을 뿐 아니라 영향력을 주는 교회가 될 수 있다.

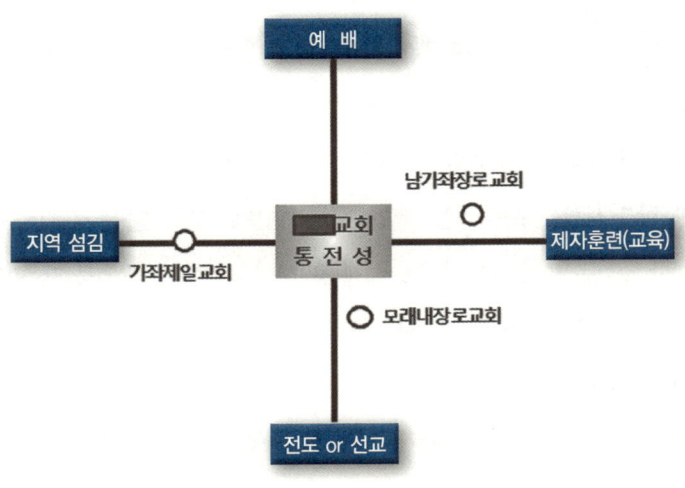

-○○교회 포지셔닝-

특성 2. 사람을 가장 중요하게 여긴다.

좋은 교회는 사람을 사랑하는 교회이다. 건물을 위하여 교인들이 존재하는 것이 아니라 사람을 위하여 교회의 모든 부속물이 있어야 하고, 또한 부속물을 유지하기 위함이 아니라 그들을 잘 세워 가기 위함이어야 한다. 사람을 위해 교회가 존재해야 한다. 교회의 존재를 위해 사람이 세워져서는 안 된다. 교회의 본질적 목적은 하나님의 사람을 세워 가는 것에 있다. 내가 쓰고 있는 "진리 전쟁"이란 글에 다음과 같은 내용을 기록하고 나눈 적이 있다.

진리 전쟁 7_사람을 사랑하셨다.

하나님의 진리 전쟁의 핵심은 사람이다. 하나님의 사람보다 우선에 둘 수 있는 건 아무것도 없다. 진리 전쟁은 하나님의 사람보다 더 귀하게 여기는 모든 것으로부터 자유하는 것을 의미하며, 그것이 핵심이 되게 하고 사람을 위한 모든 사역이 되어야 한다. 교회 건물은 진리가 아니다. 진리는 사람이다. 사람을 위해 공간이 필요한 것이지 건물 때문에 사람이 있어야 하는 건 아니다. 미국의 유명한 '로버트 슐러' 목사님이 섬긴 크리스탈 처치의 무너짐(아름다운 교회가 부채로 인해 천주교로 매각되었다)은 우리에게 시사하는 바가 크다. 무엇이 본질이며 비본질인가를 보여주는 일면이기도 하다. 그렇다고 건물이 필요없다고 하는 것은 아니다. 건물보다 더 중요한 것을 잃어서는 안 된다는 것이다. 그것은 하나님의 사람들을 세워 가는 것이다. 이것이 진리이다. 사람 때문에 하나님께서는 독생자를 주시지 않았는가?

교회는 하나님의 사람을 위해 존재하는 공간일 뿐이다. 하나님의 성전은(엡 2:22 - 너희도 성령 안에서 하나님이 거하실 처소가 되기 위하여 그리스도 예수 안에서 함께 지어져 가느니라) 하나님의 사람들이 모인 바로 그곳이다."

특성 3. 관계 중심의 리더십으로 지역 사람들과 관계를 맺는다.

교회는 사람들과의 관계, 더 나아가 하나님과의 관계를 익히고 배우고 실천하는 곳이다. 교회 공동체 속에서 진정한 주님의 사랑을 경험하고 서로를 섬기고 사랑하는 공동체가 되도록, 우선은 목회자부터 사랑의 사도가 되어야 하고, 더 나아가 모든 교우들이 그 사랑을 실천하며 나아가야 한다. 좋은 교회 안에서 이루어지는 관계는 다음과 같은 그림으로 전개되어 사역화된다.

- 교제의 4영역 -

특성 4. 지역을 위하여 기꺼이 섬긴다.

교회는 지역을 섬기기 위해 존재한다. 물론 하나님을 섬기는 것은 너무도 당연하다. 그다음 할 일은 지역 섬김이다. 엄밀하게 말하면, 교회를 그 지역에 세우는 것은 그 지역의 복음화를 위해서다. 그러기 위해서는 그 지역의 필요가 무엇이며 어떤 욕구가 있는지를 명확하게 분석하고 그에 대한 대안을 찾아야 한다. 지역의 필요와 욕구를 충족하기 위한 교회의 헌신과 섬김은 교회의 중요한 기능 중 하나이다. 단순히 지역 봉사의 개념을 넘어 지역민과의 관계를 통해 소통하고 교회의 존재 가치를 그 지역에 심어야 한다. 그것을 구체적으로 공급하기 위해 다가서는 교회가 좋은 교회이다. 눈으로 보기에 좋은 교회가 아니라 지역의 필요를 공급하는 교회가 되어야만 한다. 다음은 교회 컨설팅을 진행할 때 조사하는 지역의 욕구 조사표이다.

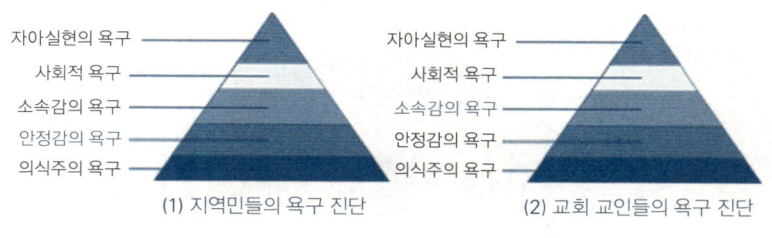

- 컨설팅 시 욕구 피라미드 -

사람들의 욕구에 따라 목회 방향과 사역 프로그램을 결정해야 한다. 물론 교회의 근원은 하나님 뜻을 이루는 것에 있다. 그러나 지역과 교인들의 필요를 아는 것은 매우 중요한 영역이다.

지역 분석과 욕구조사를 통해 얻은 자료를 근거로 교회의 사역 방향을 정하고 이미지를 구축, 전개하게 된다.

다음은 본 연구소^{MSC}에서 컨설팅 제안 시, 지역의 욕구 분석을 토대로 '교회 이미지(미래상)'를 제안한 사례이다.

- 교회 이미지상 제시 -

특징 5. 목회자의 체득화된 삶과 인격이다.

이 부분을 맨 마지막 특성으로 기록한 것은 이 부분이 일반론적인 것으로 치부될 수 있기 때문이다. 목회자는 좋은 교회의 핵심이다. 지도자 한 사람의 리더십과 영성이 그 교회의 그림이 된다. 좋은 목사와 좋은 성도, 좋은 사역 프로그램, 이것들의 조화로움이 영향력 있는 교회를 세운다.

여기서 체득화는 경험과 다르다. 경험은 어떤 상황이 도래되어 그동안 맛보지 못한 것을 새롭게 익히는 것이라면, 체득화는 경험된 것이 승화, 발전하여 자신의 삶이 되고 전달되어 많은 사람들이 그 얻은 경험으로 인생의 좌표를 삼게 되는 것을 의미하기에 다르다. 성령을 경험한 자와 성령을 체득한 자가 다른 것처럼 말이다. 전자는 일회성이 강한 반면 후자는 지속성을 띠며, 삶에 계속된 성령의 역사와 임재를 경험하게 된다. 체득화되면 삶이 인격적일 수밖에 없다. 인격은 영성과 밀접하고, 영성은 주님을 닮는 것을 의미한다. 우리는 그리스도를 본받는 자가 되어야 한다. 빌립보서 2장 5절에서 "너희 안에 이 마음을 품으라 곧 그리스도 예수의 마음이니"라고 했다. 설교하는 자가 아니라 그렇게 사는 자여야만 한다. 그렇게 살라고 권면하는 것이 아니라 설교자가 그리 살 때 나타나는 것이 인격이다. 인격적 리더십으로 중소형 교회를 영향력 있는 좋은 교회로 세워야 한다.

위와 같은 특성을 갖고 있는 중소형 교회는 전도의 타깃, 전략의 타깃이 선명할 수밖에 없다. 타깃이 분명해졌는가? 그렇다면 지역조사를 통해 전도 대상자들을 분류하고 전략의 단계를 구축하여 이에 필요한 프로그램과 시스템을 갖추자. 지역조사와 분류방식은 다음과 같은 것을 참조하여 진행하면 된다.

교회 연령별 분석

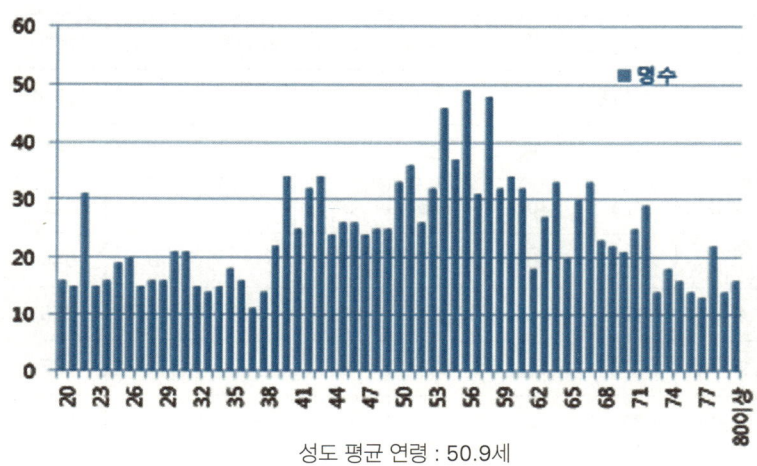

성도 평균 연령 : 50.9세

예상 연령층

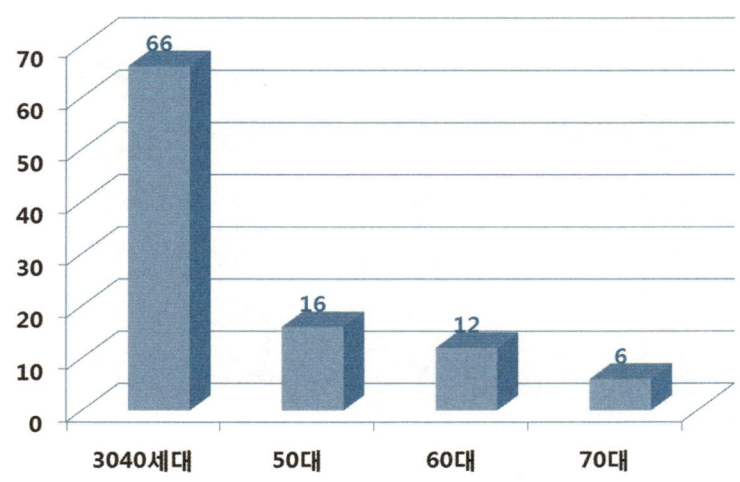

제3장 _ 목회의 Targeting을 명확하게 하라

가재울 지역 APT 평형별 세대수

	계	25평형	30평형	40평형	50평형	60평형	임대
계	11,128	1,242	6,054	896	164	8	2,154
아이파크	359	60	138	71			90
동부	473	106	175	93			99
래미안 (3구역)	3,304	357	2,161	138		8	640
4구역	4,300	481	2,522	423	124		750
5구역	976	183	565	61			167
6구역	833	55	493	110	40		135
삼호 아파트	883						273

연령별 핵심 사역

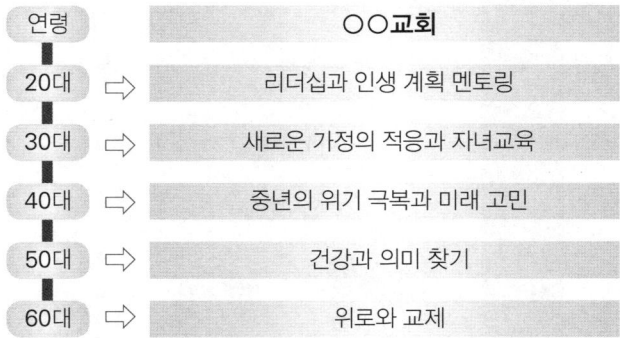

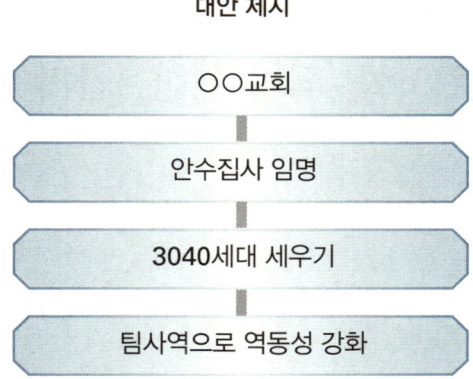

-○○교회 컨설팅 보고서 中-

위의 특성들은 모든 영역의 목회 사역에 반영되어야 하고 교회의 영적 분위기 속에 고스란히 흐르고 있어야 한다. 그리고 전 교인들에게 인식되며 잠재적 교인들에게도 각인되어 있어야 한다. 특성은 뛰어남을 의미한다. 남다른 특성을 확보하고 교회 내외적으로 드러나야 한다는 것이다. 지역을 섬기고, 이웃 교회와의 지체의식으로 우리 교회만의 독특한 사역을 감당하고, 사람들을 사랑하며, 그들을 온전한 그리스인으로 세워 가는 교회, 하나님의 교회로서 손색이 없는 교회가 참으로 좋은 교회이다. 교회의 목적은 성장이 아니라 교회가 교회로서의 특성이 이루어지도록 하는 것에 있다.

이런 교회의 특성이 나타나도록 할 수 있는 에너지는 무엇일까? 중소형 교회에서도 이러한 특성을 만들어낼 수 있는 것일까? 다음에 제시할 힘을 갖게 되면 충분히 특성을 형성할 수 있다.

중소형 교회가 좋은 교회 되기 위한 5가지 힘

교인들과 성도들에게는 다양한(영적, 교회적, 목양적, 목회적) 기대치가 있다. 그 기대치를 충족시키기 위해서는 그리고 더 나아가 지역을 섬기기 위해서는, 감당할 힘이 필요하다.

힘은 특성을 구현하는 밑그림이며, 교회의 근원 에너지이다. 에너지의 크기는 영향력의 크기를 가늠하게 한다.

이 에너지는 중소형 교회뿐 아니라 모든 교회에 나타나야 하는 중요한 에너지임을 기억하길 바란다. 중소형 교회만 필요로 하는 힘이 아니다. 모든 교회가 구비하고 있어야 하는 힘이다. 나는 그 힘을 5가지로 구분한다.

첫째, 바로 그 교회만이 갖는 독창성과 특성화의 이미지를 갖는 힘, **정체성의 힘**the power of identity이다. 정체성이란 나아갈 방향을 정확하게 인지하고 그 방향대로 교회 전체가 역동성 있게 움직이게 하는 것을 말한다. 이것을 가시화하면 비전이 되고, 그 비전이 더 구체적으로 세워지는 것이 목표이며, 그 목표를 실행할 수 있도록 계획을 세우는 것이 **실행 계획**action plan이 된다. 정체성의 힘, 비전의 방향이 결정된 힘, 그것은 상상할 수 없는 집중력을 발휘하게 하여 교회의 모든 가용한 자원들을 집중할 수 있도록 한다.

집중은 몰입을 의미한다. 몰입은 괄목할 만한 결과를 이루는 동력이다. 사역의 몰입, 그것이 좋은 교회의 에너지임을 인식해야 한다. 조국 교회에 알려진 수많은 교회들은 바로 사역의 몰입을 통하여 성장하고 영향력을 끼치는 교회가 된 것이다. 사역의 몰입을 교회의 정체성이라고 한다. 몰입하는 힘의 크기만큼 영향력이 커진다는 것을 잊지 않아야 한다.

둘째, 사랑의 관계로 섬기고 지역의 **필요를 공급하는 힘**the supply of needs이 있어야 한다. 교회는 사랑의 공동체이다. 하나님 사랑을 배우고 익히고 그것이 삶의 터전에서 실현되고, 그것을 지역의 이웃과 나누는 것이 교회의 생명력이다. 그러므로 사랑의 섬김과 지역의 필요를 공급하고자 헌신하는 것이 지역 복음화의 중추적인 역할이 된다. 교회는 이러한 힘이 반드시 있어야 한다. 이 힘의 강약이 지역 전도의 핵심이 된다는 것을 인식해야 한다.

아울러 교회 안의 영적 분위기가 인격적인 사랑으로 하나 되어야 한다. 사람을 사랑하는 것을 배우고 익히며 나누는 곳이 교회이다. 교회는 사랑의 공동체가 되어야 한다. 그 사랑의 파도가 지역을 덮고 넘쳐나야 하는 것이다. 교인들은 사랑의 전령(傳令)이 되며, 목회자는 사랑의 사도가 되고, 교회는 사랑의 공동체가 되게 하는 그 사랑의 에너지가 넘치는 교회가 좋은 교회가 될 수밖에 없다. 사랑의 힘이 넘치도록 하라. 사랑은 넘치면 흘러나와 나눠게 된다. 자신에게 우선 사랑이 넘치도록 하라.

셋째, 두 번째 힘과 이어져 있는 **대인적 커뮤니케이션의 힘**the power of communication을 가지고 있어야 한다. 교회는 열린 교회여야 한다. 소통이 자연스러워야 한다. 어떤 정황에서도 소통이 가능해야 하며, 더 나아가 지역과 교인들과 문화와 지역적 정서의 교감이 이루어지도록 교인들과 목회자, 또한 목회자들 간에 있어서 반드시 구축해야 하는 힘이다.

커뮤니케이션은 모든 공동체의 필수요소이다. 의사소통이 잘되어야 모든 것이 형통하다. 의사소통은 혈관과 같다. 혈관이 막히면 사람은 죽든지 반신불수가 될 가능성이 크다. 그러므로 교회는 의사소통의 힘을 길러야 한다. 이것을 연결의 힘이라고 한다. 교회와 지역의 연결, 교인과 교인의 연결, 교인과 목회자의 연결, 교인들과 지역민들의 연결, 이 모든 것의 근원에 '연결의 힘'이 작용된다. 이 힘의 결여는 교회 성장뿐 아니라 교회의 존재 자체를 결정하게 한다. 이러한 힘 없이는 중소형 교회가 성장할 수 없다.

주보를 목회자와 성도들의 소통을 위한
도구로 사용하고 있는 청주주님의교회

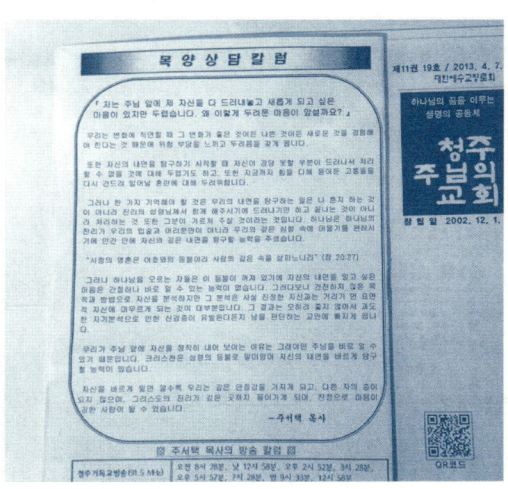

- 주보의 '목양상담칼럼' -

넷째, 자기 계발의 힘the power of development이다. 자기 계발은 지도력의 크기를 결정짓는 가늠자가 된다. 지도력의 크기는 영향력의 크기가 되기 때문이다. 교회는 영향력으로 세워진다. 지속적인 자기 계발 없이는 교회의 성숙과 성장을 기대하기 어렵다. 아니, 이루어지지 않는다. 하나님의 교회는 지도자들의 성숙을 통하여 성장하게 된다. 자기 계발의 영역은 목회와 교회 경영 능력, 영성과 리더십을 포함한다. 자기 성숙을 위한 헌신만큼 교회는 성숙한다는 사실을 잊지 않고 자기 계발을 게을리하지 않아야만 한다.

노드스트롬의 고객 서비스 기준에 대한 칭찬에 대해 브루스 노드스트롬이 보인 반응을 보면 스스로 설정한 무자비한 규율을 알 수 있다.
"우리의 서비스에 대해 얘기하고 싶지 않다. 우리는 명성만큼 훌륭하지 않다. 그 명성은 매우 무너지기 쉬운 것이다. 여러분은 매일 매순간마다 서비스 기준을 실천해야 한다."

부하 직원들이 승리에 안주하도록 내버려두지 않는 휴렛 팩커드(HP)의 마케팅 매니저가 있었다. 그는 '내부로부터의 열정'에 대해 이렇게 말했다.
"우리는 우리가 거둔 성공을 자랑스럽게 생각하며 이를 자축한다. 그러나 미래에 어떻게 더 잘할 수 있을까를 연구할 때가 정말 신난다. 우리가 얼마나 멀리 갈 수 있을까를 연구하는 것은 끝이 없는 과정이다. '드디어 도착했다'라고 말할 수 있는 궁극적 종착역은 없다. 나는 우리가 성공에 결코 만족하지 않기를 바란다. 왜냐하면 바로 그때가 우리의 운명이 기울기 시작하는 때이기 때문이다."

_짐 콜린스·제리 포라스, 《성공하는 기업들의 8가지 습관》에서

다섯째, 위임의 힘 The Power of Empowerment이다. 교회의 수많은 사역들이 성도들(지체)에게 베푸신 은사대로 섬겨질 수 있도록 각 지체에게 위임되어야 한다. 여기에서 나는 교회 목회자들이 갖추어야 할 필수 전문성을 두 가지로 양분한다. 하나는 주님의 양 무리를 잘 돌보고 양육하는 '목양의 영역'이고 또 다른 하나는 교회 공동체를 운영하는 인사 프로그램 운영, 교회 시스템, 재정 배분, 교사 훈련 등 교회 경영에 필요로 하는 '목회의 영역'이다. 좋은 영적 지도자는 이 두 영역을 겸비한 지도자이다.

교인들은 자신의 전문 분야를 통하여 교회 사역에 동참할 수 있고, 자신의 재능을 하나님의 교회를 위하여 헌신할 수 있다. 그들과 함께 하나님의 교회를 세우는 것이다. 하나님께서 주신 은사를 온전하게 드리는 곳, 그곳이 교회이다. 동역자로서, 자신의 은사대로 사역하는 사역자로서, 사람을 길러가는 교회는 힘 있는 교회이다. 이것을 위임의 힘이라고 한다.

사역은 목회자의 전유물이 아니다. 모든 그리스도인들이 제사장이다. 그들 한 사람 한 사람이 소중하다. 그들은 교회의 사역자들이다. 그들은 주님의 일꾼이다. 복음의 일꾼들이다. 그들이 일할 수 있

도록 교회는 사역의 장을 자유롭게 열어 주어야만 한다. 자신의 재능과 은사 그리고 관심 있는 영역에서 마음껏 사역하고 섬길 수 있도록 열린 자세의 힘이 있어야 한다. 열린 마음을 갖는 것, 그것이 힘이다. 열린 에너지를 가진 자들은 위임의 기쁨을 안다. 그것으로 인해 오히려 감사하고 하나님을 찬양한다. 중소형 교회는 열린 위임의 힘을 겸비해야 한다.

하나님의 교회는 그 크기와 규모와 관계 없이 지속적으로 성숙해야 한다. 교회는 다른 영리단체나 NGO와 달리 성장과 확장에 비중을 두는 곳이 아니다. 비영리 목적이 되어야 하며, 순수한 영혼들이 모여 다른 사람을 섬기고 헌신하며 주님을 본받아 배운 대로, 훈련된 대로 그리스도의 제자가 되는 것이다. 그리하여 범사에 그리스도의 장성한 분량이 충만한 데까지 자라 가야만 한다(엡 4:13, 15). 이것을 나는 성숙이라고 한다. 기억할 것이 있다. 교인들이 성도가 되어 갈수록, 성숙하면 성숙할수록 교회 성장은 하나님의 몫이라고 생각한다. 교인들이 성도가 되게 하고 그리스도의 제자가 되게 하면 교회 성장은 하나님께서 이루신다.

성숙한 교회는 영향력을 주는 교회이고(각 개인의 영적 성숙은 인격으로 변화되어 많은 사람들에게 영향력을 주게 되므로), 영향력을 주는 교회는 좋은 교회일 수밖에 없다.

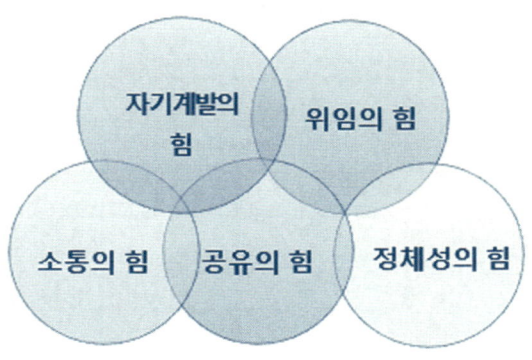

　그럼 우리 중소형 교회가 타깃(target)으로 삼아야 하는 대상은 누구일까? 어떤 연령층이 될 수 있는가? 어떤 부류의 사람들을 우리가 타깃으로 삼아야 할 것인가? 그것은 분명해졌다. 그 교회만의 색깔을 정하고 방향성을 결정하는 순간 그 교회가 지향해야 하는 대상자가 선명하게 결정된다. 우리 교회가 어린이들을 전도하여 신앙을 심고 영성으로 양육하는 데 방향을 정했다면 일차적인 타깃은 어린이들이 될 것이다. 그리고 그들의 부모가 이차적인 타깃이 된다. 그렇다면 그 교회는 건물에서부터 목회 프로그램, 전문 사역자, 교사 훈련과 부모 교육 등의 프로그램과 교육 시스템이 잘 구축되어야 한다. 또한 질적인 부모 교육이 뒤따라야 할 것이다. 어린아이들과 그 부모들이 찾고 싶은 모든 시스템을 구축하고 교회의 외관과 시설, 인테리어 등이 그러한 특성을 드러내도록 해야 한다. 이러한 특성을 찾고 온전하게 구비할 수 있도록 모든 진행 과정을 찾아가는 것을 전략적 목회 마케팅 혹은 **매트릭스 컨설팅**Matrix Consulting이라 한다. 그 지역에서 전도할 수 있는 최상의 타깃을 찾고 그 타깃을 위한 전도 전략을 구비하게 하는 것이 컨설팅의 핵심이다.

-위의 설명을 도형화한 것임.-

시장조사의 필요성

"지하철 역 주변에서 김밥을 파시는 어머니, 준비한 양의 절반도 팔지 못하고 집으로 돌아오는 어머니의 김밥 박스는 긴 한숨소리와 함께 무척이나 무거웠다.

그런 어머니를 그냥 지켜볼 수 없어 이런 저런 고민을 해보았지만 뾰족한 방법이 떠오르지 않았다. 그러다가 '유동인구가 가장 많은 출입구를 찾아보자'는 결론을 내렸다. 친구를 동원해 8개의 출구마다 유동인구를 조사하느라 하루 4시간씩 꼬박 1주일을 지켜보았다. 주먹구구식 조사였지만 헛수고는 아니었다. 같은 역이지만 출구마다 15%에서 20% 넘는 차이가 있다는 것을 알게 되었고, 그 결과대로 유동인구가 많은 자리로 조사된 위치에서 파시도록 말씀드렸다. 엄청난 차이는 아니지만 판매량에 변화가 생기기 시작했다.

용기를 내어 도움이 될 만한 정보를 정리하였다. 요일별로 팔리는 양, 사먹는 사람들의 성별과 연령대, 선호하는 맛과 양을 조사하였다. 그랬더니 월요일과 화요일에 가장 많이 팔리고 주말에는 40% 정도 판매량이 주는 것으로 조사되었다. 10-20대 여성이 주된 고객이라는 것도 알게 되었다. 시장 분석을 마치고 어머니에게 조사 결과 분석을 조목조목 알려드렸다. 손님들의 기호에 맞게 내용물을 달리하여 다양한 김밥을 준비하고 보리차와 어묵 국물도 덤으로 넣어 주었다. 판매량이 비약적으로 늘어난 것은 물론이고 팔릴 만큼 준비하고 손님이 몰릴 시간에만 집중해서 팔면 되니 그만큼 휴식 시간이 늘었다고 어머니가 좋아하셨다. 새삼 시장 분석의 위력에 놀랐다."

이 글은 김진동 씨의 저서인 《이기는 습관 2》에 나오는 이야기이다. 시장조사와 지역조사는 이만큼의 차이를 가져다준다.

중소형 교회일수록 더욱더 컨설팅의 필요를 인식해야 한다고 확신한다. 그것이 시간과 물질을 아끼는 방법이며, 정체성을 확정하고 열정을 쏟아 나갈 수 있는 길이 된다. 더 이상 방황하지 않고 동분서주하지 말며 푯대를 향하여 달음질하는 그런 사역을 해야 하지 않겠는가? 컨설팅은 방향을 찾는 데 주력한다. 그리고 그 교회만이 나아가야 하는 방향성을 찾는다. 아울러 그 방향성을 이루기 위한 도구들을 제안한다. 제안된 프로그램을 위하여 그동안 진행된 사역들은 가지치기를 하기도 한다. 여기서 가지치기는 '**사역의 단순화**'를 의미하는 것이다. 사역의 단순화 없이 '**완성도 있는 바로 그 교회**'가 될 수 없다.

단순화한다 하여 아무것도 하지 않는 것이 아니다. 교회와 목회의 본질인 제자도의 완성을 구현할 뿐 아니라, 그 교회가 지역을 위해 해야 하는 뚜렷한 사역을 결정하고 그 사역만을 위한 프로그램을 진행하며, 그 외의 소모되는 사역들을 제거하는 것이다. 이러한 사역의 단순화 작업 없이 중소형 교회는 성장할 수 없다.

교회는 교회의 본질인 제자도의 바탕 위에 그 교회만이 추구하는 사역을 이루어야 한다. 그러한 사역에 집중하게 하는 것이 바로 사역의 타게팅(targeting)이다. 타깃(target)의 결정은 방향성의 결정이며 사역의 색깔이다. 바로 그 교회의 이미지가 된다.

제 4 장

목회의 ABCDE를 강화하라

엄밀히 말하면 목회와 목양은 다르다. 목회는 교회를 운영하기 위하여 행하는 일체의 경영 방식을 의미하고, 목양은 양 무리를 치는 것에 근거한다.

교회를 경영하는 것을 나는 목회라고 한다. 목양의 개념과는 사뭇 다르다. 목회는 교회 사역을 위한 회무와 관련된 일체의 일들을 총망라한다. 목회는 목회자가 가져야 하는 중요한 영역 중 하나임을 잊지 않아야 한다. 따라서 목회의 기본이 되는 목회의 ABCDE를 제시한다. 이것은 목회의 기본을 의미하며, 이 기본적인 목회 요소는 모든 교회가 가져야 하는 매우 중요한 힘이 된다. 파워이다. 목회를 통해 교회를 이끌기 위해서 필요한 것이 있는데 그것을 목회 리더십 혹은 목양 리더십이라고 한다. 리더십은 리더의 파워이다. 한국 교회는 지금까지 수많은 프로그램을 교회에 적용해 왔다. 그간의 긴 세월, 정확하게 언급한다면 지난 1990년대부터 2011년까지 한국 교회는 프로그램의 홍역을 치른 것이다. 나는 이 기간을 '잃어버린 한국 교회의 20년'이라 칭한다. 프로그램을 배우고 익히고 교회에 적용하기 위한 인고의 노력들이었다. 하지만 그 결과는 참혹하다. 세미나 병이라는 신종어까지 등장할 정도로 세미나를 가지 않으면 목회자의 삶에 공허함이 들 정도가 되었고, 목회자들을 목양의 본질로부터 이탈하게 하여 바쁘고 분주하게 한 것이다. 그간의 노력과 시간 그리고 물질을 교회의 본질적 사역에 쏟아 부었더라면 지금의 어둠을 겪지 않아도 되었을 것이다.

목회의 본질은 목양과 목회이다.

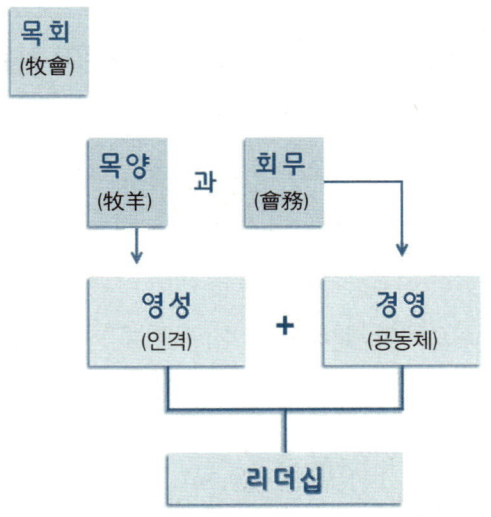

목회한다고 하는 것은 목양과 회무를 감당하는 것이다. 목사는 양무리를 치는 것과 교회 공동체의 제반적인 운영 일체를 감당하는

교회 경영자다. 말씀과 기도 그리고 양육과 훈련으로 하나님의 사람을 세워 그들을 온전한 그리스도인 되게 하는 목자로서의 역할과 교회 공동체의 조직을 운영하고 경영하는 경영자로의 역할을 잘 감당할 수 있어야 한다.

그렇다면 과연 목회의 기본은 무엇일까? 프로그램은 바로 이 기본 위에 응용되어야 한다. 지역의 바로 그 교회가 되기 위한 목회의 ABCDE가 필요하다. 목회의 ABCDE는 과연 무엇인가? 목회의 기본이며 본질이다. 이것이 교회의 근원적인 힘이 된다. 교회가 교회 되기 위해서는 교회의 근본적인 힘이 있어야 한다. 그 힘이 에너지가 되어 교회가 존재하고 성장, 성숙하게 한다.

작지만 영향력으로 성장하는 교회가 가져야 하는 5가지 힘

누구든지 에너지가 있어야 한다. 에너지는 동력이 되어 어떤 목적을 이루게 한다. 적당한 에너지의 공급은 역동적인 생명력이 된다. 에너지 공급 없는 기계는 무용지물이 되며 고철에 불과한 것처럼, 만약 교회가 교회로서의 에너지를 갖지 못한다면 이미 교회로서의 존재가치는 없는 것으로 볼 수 있다. 생명력을 잃은 것이다.

교회는 그 교회가 걸어갈 방향성을 제시할 수 있는 정체성이 내재되어야 한다. 소위 Identity이다. Identity가 교회의 기본적인 출발이다. 어디로 가야 하는가의 방향성이 선명해야 한다. 이것이 목회의 진실성, 진정성이 된다. 교회가 하나님 앞 그리고 하나님의 사람 앞에 진실한 존재 가치를 드러내기 위하여 진실해야 한다. 진실성은 교회의 정체성이 된다. 이것이 A이다.

그리고 교회는 그 지역과의 유대 강화가 되는 것이 기본이다. 교회가 그 지역에 세워지는 이유는 그 지역의 복음화다. 그 지역과의 유대가 견고해야 한다. 이것이 B(Bond/유대)이다. 그리고 교회의 기본이 되는 C(Communication)는 소통이다. 하나님과 소통하고 지역과 소통하고 성도와 소통하고 자신과의 원활한 소통은 교회의 기본 중 기본이다. 얼마나 지역과 소통하고 있는가란 질문을 통해 교회의 근본을 점검한다.

그리고 목회는 그 교회만의 특성화를 이루기 위하여, 그 특성화를 더 강화하기 위하여 지속적인 자기계발 D(Development)가 요구된다. 스스로 목회를 위한 연구와 계발을 쉼 없이 해야 한다. 자기계발 없이 교회 성숙은 불가능하다. 마지막으로 위임이다. 기본적인 교회 경영의 힘은 위임 E(Empowerment)로부터 나온다. 위임의 능력은 최상의 리더십이다. 위임하고 위임하여 교회의 모든 하나님의 사람들을 사역자로 하나님의 동역자로 세워야 한다. 목회는 혼자만의 모노 드라마가 아니다. 모든 사람들과 함께 하는 종합예술이다.

이 5가지의 힘에 대하여 살펴보도록 하자.

-목회의 ABCDE-

1 Authenticity^(진실성) / Identity, 정체성의 힘으로 승부하라

정체성^{identity}은 진실성, 진정성, 일관성으로 번역되어 번역하기가 가장 어려운 단어가 아닌가 한다. 정체성은 또한 방향성이 되기도 한다. 교회의 정체성이란 교회가 나아갈 방향을 의미하는 것이며, 개인의 정체성이란 자신의 신념이 명확하여 자신이 가진 재능과 은사를 어디에 무엇을 위해 사용할 것인지를 분명하게 하는 것이다. 또한 정체성의 힘은 진실성으로 연결된다. 중소형 교회가 지녀야 하는 중요한 힘이며 현실적인 에너지이다. 정체성의 힘이란 개성, 특성, 전문성으로부터 창출되는 힘인데, 실제 중소형 교회들은 이러한 힘이 거의 없거나 전혀 없다고 해도 과언이 아니다.

영적 리더인 많은 목회자들이 목회의 정체 국면과 침체의 원인을 환경, 여건과 시대의 탓으로만 돌리고 있다. 지금은 변명으로 일색하거나 현상 유지를 위한 사역을 할 때가 아니다. 중소형 교회는 '필사즉생'의 각오로 그 지역 속에 없어서는 안 되는 교회, 있음으로 지역에 영향력을 행사하는 그런 교회로 세워져야만 한다. 만약 교회가 지역 복음화의 중심에 서지 못한다면 그 지역에 교회가 존재해야 하는 진정한 목적이 상실된 것이다. 지역의 복음화라는 하나님의 궁극적 사명을 이루기 위해 온 힘을 다해 사명과 비전에 헌신해야 한다. 정체성이 없다는 것은 무슨 목회를 해야 하는가를 모른 채 그저 열심을 다하겠다는 결심뿐이다. 열심이 특심이 되는 시대가 아니다. 세상을 변화시키기 위해서는 세상을 알아야 한다. 목적지가 어디이며 어떤 교회로 세울 것인지 목회자 자신도 모른다면 목회는 나침반 없이 항해하는 것과 동일하다.

목회의 정체성, 그것은 목회의 생명이며 교회의 존재 이유가 된다. 정체성은 목회의 첫 번째 힘이다. 정체성을 갖는다는 것은 개성 있고 독특하며 주신 은사와 재능 그리고 그동안의 준비와 선명한 비전으로 다른 교회와 차별화된 교회가 되는 것을 의미한다.

중소형 교회는 개성이 있어야 한다.
중소형 교회는 대형 교회의 축소판이 되어서는 안 된다.
중소형 교회는 그 교회만의 선명한 철학이 있어야 한다.
중소형 교회에서만 가질 수 있는 특성이 나타나야 한다.

중소형 교회는 자원이 부족하여 사역을 방대하게 펼칠 수 없으므로 사역의 우선순위를 정하고 사역을 단순화하는 작업을 해야 한다.

사역의 단순화는 그 교회의 강점이 되며, 차별화를 이루어 대형 교회의 숲 사이에서 지속적으로 성장, 성숙하는 교회로 나아가게 한다.

중소형 교회는 대형 교회가 미치지 못하는 전문성을 확보해야 한다

그러나 실제로 한국 교회를 컨설팅한 결과 중소형 교회는 그들 교회만의 강점이 될 만한 것을 가지지 못하고 있다. 접근 용이성의 위치적 강점은커녕 목회자의 강점조차 강화하지 못하고, 성장하는 다른 교회를 답습하는 데 혈안이 되어 있다. 대형 교회와 성장한 교회를 통해서는 성장 원리와 목회자의 자세를 배워야 한다. 그러나 중소형 교회가 결코 대형 교회를 답습해서는 안 된다. 그대로 적용될 수도 없고 성공할 수도 없다. 대형 교회는 그 교회만이 갖는 특성으로 존재하는 하나뿐인 교회임을 잊지 말아야 한다. 교회는 그 교회 하나뿐임을 명심해야 한다. 중소형 교회의 무리한 건축이나 전도 방법은 오히려 지역 혹은 동네에서 불만과 비난의 대상이 되기도 한다.

그러므로 중소형 교회가 지속적인 성장을 도모하기 위해서는 반드시 그 교회만의 개성을 확실하게 갖추고, 다양한 사역으로 펼쳐진 모든 사역들을 정리하여 순수하고 선명하고 체계적이며 독자적인 사역을 도모해야만 한다. 그럼 어떻게 해야 정체성을 확보하며 강점으로 사역할 뿐 아니라 그 지역에서 바로 그 교회만의 유일한 교회가 될 수 있는가? 그것은 실제로 가능한 것인가?

"황경선이 되지 마라.

박태환이 되지 마라.

장미란이 되지 마라.

또 하나의 누군가가 되지 마라.

그들처럼 고통을 이겨내고,

그들처럼 아픔을 물리치고,

너만의

너만의 신화를 써라."

_신신파스 아렉스 광고의 콘티

자기만의 고유한 이미지를 만들라

우리 교회 하면 떠오르는 이미지를 형성해야 한다. 불행하게도 한국 교회의 75%는 어떤 이미지도 갖고 있지 않다. 그 이미지가 무엇인지조차 모른 채 교회를 세우고 있다(75% 중 65%에 해당된다고 분석된다). 하나의 예로, 본 연구소가 컨설팅한 분당의 모 교회는 그 교회만의 강점과 이미지가 오래전부터 세상과 교계에 넓게 각인되어 있다. 그러나 막상 그 내부에는 이미지와 무관한 사역이 이루어지고 있을 뿐 아니라 그러한 철학에 근거한 영적인 정신을 찾기 어려웠고, 거기에 준하는 프로그램이나 그러한 철학대로 살아가는 성도를 찾아보기도 어려웠다. 이미지는 미사여구가 아니다. 이미지는 강조 문구가 아니다. 이미지는 그 교회 정신이며 신념이며 믿음이며 삶이다. 그래야만 그 교회의 이미지가 되는 것이다. 그러한 이미지를 갖춘 교회로 가는 길, 바로 그것이 정체성의 힘이 된다.

확고한 이미지로 점철된 교회라면 확신하건대 건강하게 성숙하고 성장하는 교회가 될 것이다. 정체성의 힘, 이것이 이끄는 위대함을 알아야 한다. 예를 들어, 전주의 안디옥교회 하면 깡통 교회로 일찍이 한국 교회에 각인되었다. 그 교회는 모든 예산과 자원이 선교 중심적 교회로 형성되어 있다. 그러한 이미지가 그 교회를 교회 되게 하였으며, 영향력을 주는 교회로 서게 하였다. 당신이 섬기는 교회는 어떤 이미지(정체성)를 가지고 있는가?

중소형 교회는 그 어떤 사역을 진행하는 것보다 그 교회만이 갖는 선명한 이미지를 결정함으로 정체성을 확립하는 힘을 키워야 한다. 그 무엇보다 가장 중요한 사역의 에너지는 정체성이다. 이러한 교회의 정체성, 즉 이미지를 구축하기 위해 목회자가 구비해야 하는 것은 과연 무엇일까? 그것은 다음과 같다.

첫째, 목회자의 은사와 재능 그리고 기질이다.

교회는 목회자의 은사와 사역 방향 그리고 기질을 넘어설 수 없다. 목회자의 한계가 교회의 한계이며, 목회자의 은사에 따라 교회의 색깔이 결정되기도 한다. 자신의 은사가 무엇인지를 먼저 선명히 확인해야 한다.

둘째, 교회가 추구하고자 하는 방향과 성향이다.

교회는 목회자와 상관없이 나름의 어떤 틀을 가지고 있을 수 있다. 개척 교회든지 기존 교회든지 그 교회가 갖고 있는 특수성이 있다. 대부분 기존 교회에 해당되기는 하지만 간혹 개척을 해도 그 교회가 나아갈 방향이 나름대로 정해지기도 한다.

셋째, 지역사회의 환경 그리고 문화와 밀접한 관계가 있다.

지역사회가 갖고 있는 문화의 정도, 지적인 수준, 학력, 문화 흡수력, 삶의 정도 등 사회 전반에 깔려 있는 상황을 충분히 고려해야 한다.

넷째, 교회 구성원의 성향도 관련이 있다.

이것은 교회와 목회자의 비전 공유에 달려 있을 것이다. 목회자가 주님으로부터 받은 비전과 방향성이 핵심 그룹과 충분히 공유될 때 어떤 이미지라도 형성하기가 쉬워진다. 그들의 욕구와 성향을 분석해야 한다.

다섯째, 목회자의 준비와 교인들의 훈련은 밀접한 관련이 있다.

어떤 유형의 이미지를 가진 교회가 되고자 한다면 그 유형을 만들어 가기 위해 목회자 자신이 먼저 교육, 훈련을 통해 개발이 되어야 하고, 그 분야에 있어서 전문가의 경지까지 도달해야 한다. 아울러 교회의 이미지를 추구하고 정착하기 위한 리더 그룹을 사전에 구비^{equippig}시켜야 한다.

이러한 교회로 예를 들어, 부산의 풍성한교회 하면 두 날개, 서울 사랑의교회 하면 제자훈련, 지구촌교회 하면 강해설교와 소그룹, 완도 성광교회 하면 팀 사역이다. 그 교회 하면 떠오르는 교회의 이미지, 교회가 올인하고 있는 정체성과 방향성, 이러한 이미지를 구축하는 것이 우선 과제이다. 작금의 사람들은 전문적인 곳을 찾는다. 전문 식당, 전문 미용실, 한의원도 얼마 전까지만 해도 전인적인 치료를 주로 하였다면 지금은 각각의 전문 분야로 나누어질 정도로 사회의 모든 영역이 전문화되고 있다. 그러므로 교인들도 수평 이동 시, 또는 이사로 인한 교회 이동 시 전문적이고 소문난, 그와 동시에 영향력이 있는 교회를 찾는다.

그러므로 중소형 교회가 사람들에게 선택받기 위해서는 반드시 그 교회만의 이미지(정체성)가 필요하다. 그리고 모든 평신도 동역자들과 공유되어야 하고, 교인들에게 이미지가 실현되고 가시화되며 어떤 결과를 이루어내고 있어야 한다. 그러면 자연스러운 전도가 이루어지고 자연스러운 교회 성장이 이루어지는 것이다. 이것이 자연적 교회 성장이다. 그 교회만이 갖는 제자도를 통하여 삶이 바뀌고 지역에 선한 영향력을 준다는 것을 교인들이 체감하면 그들의 삶으로 많은 이들을 주께로 인도할 것이며, 본인이 다니는 교회로 이끄는 것은 너무도 당연할 것이다.

교회의 정체성에 젖은 교인들은 또 다른 사람들(전도 대상자)에게 자신의 교회가 갖고 있는 이미지를 전달할 수 있으며, 그 정체성이 그 지역으로 이사 온 교인들에게 교회 선택의 가능성을 열어 주는 것이다. 중소형 교회이지만 큰 영향력을 주는 교회들은 '바로 그 교회'만이 갖는 핵심적 이미지를 갖고 있다. 이러한 것을 확인할 수 있는 방법으로 매우 간단한 방법은 자신이 섬기는 교회 주변, 동일한 지역 교회들 가운데 전도가 잘 이루어지고 성장하는 교회를 분석하는 것이다. 그리하면 그들이 갖는 특성들을 발견할 수 있다. 성장하는 교회들의 공통분모는 그들만의 체계화된 정체성을 확보하고 있다.

정체성이 확고한 교회가 갖는 내면의 능력을 살펴보면 대략 두 가지로 압축될 수 있다. 하나는 준비된 목회자이며, 또 다른 하나는 모든 현장 속에 묻어 있는 교회 이미지이다. 목회자의 준비만큼 교회는 성숙하고 성장하게 된다. 리더의 크기가 그 공동체의 크기임을 기억해야 한다. 많은 기업들이 헤드헌터$^{head-hunter}$를 통해 우수한 리더들을 초빙 의뢰하는 이유 역시 잘 준비된 리더를 모시기 위한 노력인 것이다. 교회 역시 예외가 아니다. 대형 교회의 청빙 과정에서 쉽게 볼 수 있듯이 후임 목회자가 얼마나 준비되었는지 가장 우선으로 확인하고 있다. 목회 리더십을 발휘하는 리더로 준비되어 있어야 한다. 목회자들의 준비는 무엇이며, 어떻게 구비할 수 있는 것인가?

목회자가 준비할 내용을 구체적으로 기록한다면 다음과 같다.

1) 대학원(Th.M) 이상의 학위
2) 일정 이상의 영어 구사 능력
3) 설교의 탁월성과 성경에 관련된 해박한 지식 습득
4) 말씀과 삶의 일체성에서 주어지는 인격
5) 본받고 싶은 성품 소유
6) 자신만이 가지고 있는 사역의 강점
7) 사역 훈련 혹은 강점을 강화한 훈련과 교육과정 수료
8) 완성된 제자도의 체계를 운영, 훈련, 인도할 수 있는 역량 구비
9) 리더십의 핵심 역량 구축

: 이 영역은 필자의 저서 중 하나인 《리더십의 18가지 역량》(*Leadership Training Process*)을 참조하기 바란다.

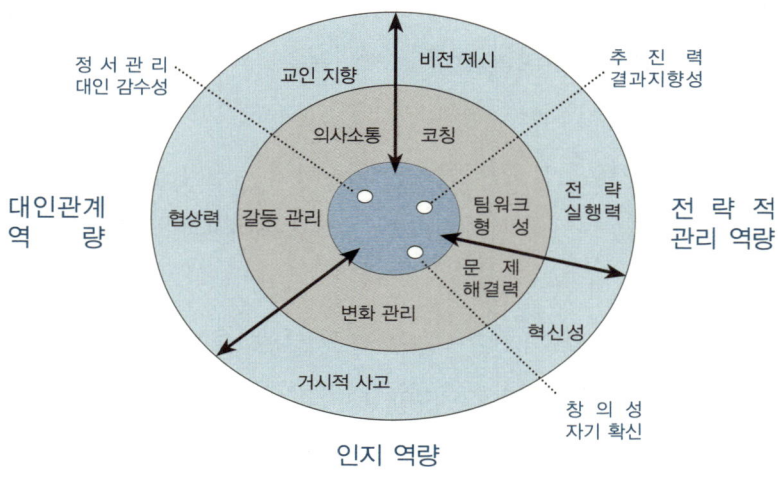

-리더십의 18가지 핵심 역량-

10) 폭넓은 대인관계

: 멘토링의 관계가 형성되어 있다.

잘 구비된 목회자들은 자신의 삶과 사역 과정을 준비하게 한 훌륭한 멘토를 두고 있다.

11) 다양한 사역들을 통전적으로 경험한 흔적

이와 같은 준비는 선택 조항이 아니라 필수 내용이다. 물론 이것을 다 갖추었다고 하여 온전하다 할 수 없지만, '영적 지도자'라면 최소한 가장 기본적인 소양을 구비하여야 하지 않겠는가? 준비하고 또 준비하라. 하나님께서는 준비된 자를 준비된 만큼 사용하신다. 쓰임을 받기 위해서는 하나님께서 쓰실 수 있도록 자신을 만들어야 한다. 물론 이러한 준비의 완성도가 목회를 보장하는 것은 아니지만 하나님의 역사는 목회자의 경륜과 학력, 연줄로 이루어지는 것이 아니다. 전적인 하나님의 소관이다. 하나님의 사람들을 위해 준비된 자, 준비된 그릇이 되어야 한다.

목회자의 기본적인 구비 목록을 마련하여 자신의 준비를 점검함과 동시에 전문적인 특성화를 위한 자기 노력이 필요하다. '힘을 다하여 수고하여'야 한다(골 1:29).

내가 섬기는 교회의 전문성 확보가 '바로 그 교회'가 되는 정체성이 된다. 지도자는 긍정적인 자아상을 갖는 것뿐만 아니라 건강한 자존감으로 사역해야 한다. 자아상, 자존감과 동시에 반드시 길러야 하는 것이 있는데 바로 사역의 방향을 결정하는 정체성이다. 정체성은 방향성이며 나아갈 비전이 되기도 한다. 정체성은 자신만이 걸어갈 수 있는 고유한 이미지가 된다.

교회는 주님의 몸인 유기체이며, 각 교회는 고유한 정체성을 가지고 있어야 한다. 자신을 부르신 하나님의 의도와 목적 그리고 사명을 찾고 그것을 정체성으로 숙성시키는 과정이 필요하다. 자신만의 목회를 하라. 하나님의 부름은 복사(Copy)가 아니다. 각 개체로 부르신다. 그 개체의 부름에 따라 그 개체가 형성하는 고유한 이미지가 드러나도록 사역을 구비하라. 이것을 정체성이라 한다.

교회의 정체성은 진실성이다

진실된 사역자와 진실된 사역, 진실된 교인, 이러한 수식어구가 이루어진다면 그 교회는 선명한 정체성을 갖는 교회임에 틀림없다. 교회 정체성을 교회 방향성으로만 단순하게 바라보면 교회는 본질을 잃게 된다. 교회는 진실해야 한다. 아니, 정직해야 한다. 모든 면에 있어서 하나님과 사람들 앞에서 정직한 사역이 이루어져야 한다. 특히 목회자의 진실성은 설교단에서와 그의 삶에 나타나야 하며, 그 말씀에 따른 섬김과 헌신의 본을 가지고 그가 말하는 언어와 행동이 일치되어야 한다.

말씀의 권세자로 살아가는 정체성은 설교자에게 있어서 가장 우선시되는 사역일 것이다. 이것 외의 것으로 설교자의 정체성을 언급할 수 없다. 권세자라 칭한 이유는, 권위의식을 내려놓고 하나님으로부터 받는 영성과 말씀의 권세로 선포하고 인도하며 가르치고 섬겨야 하기 때문이다. 좋은 교회는 좋은 목회자에 의해 세워지며, 좋은 목회자는 영적 권세와 말씀의 권위와 신앙적 본 됨과 사람을 진실로 사랑하고 하나님을 사랑하는 영적 지도력을 발휘하여 많은 사람들에게 영향력을 발휘한다. 진실성은 하나님께서 지도자를 세워 가는 과정에서 반드시 검증하시는 영역 중 하나이다. 이를 진실성의 시험이라고도 한다(로버트 클린턴 교수의 《영적 지도자 만들기》 참조).

진실성의 놀라운 역사가 교회가 교회다운 정체성을 확보하게 한다. 교회가 하나님과 지역사회에 그리고 목회자가 하나님 앞과 사람들 앞에서 진실할 때 우리의 정체성은 더욱 그 빛을 발하게 될 것이다. 정체성이 진실성과 하나 될 때 더욱 강력한 교회의 에너지가 될 것이다.

좋은 정체성의 3요소

교회가 그 교회만의 정체성을 갖기 위해서는 다음의 3가지 요소가 포함되어야 한다. 그 교회만이 추구하는 '가치'와 그 교회만이 걸어갈 '독자성'과 주변 교회와의 '차별화'를 넘어 '우위성'이라는 요소이다.

가치성

교회의 가치는 하나님의 영광이며 주님의 몸 되심이다. 그것이 최고의 가치이다. 그러나 근본적인 가치 외에 그 교회만이 추구하는 가치가 제시되어야 한다. 그리고 그것을 구현할 수 있는 프로젝트를 운영해야 한다. 예를 들면 '한 영혼을 주님께로 인도하는 것'이 그 교회의 가치라고 한다면 그 교회의 실행 프로젝트는 '전도 중심형 교회'가 될 것이다. 추구하는 가치에 따라 교회의 정체성이 확보된다.

교회가 추구하는 가치는 성경적이며, 하나님 중심이며, 하나님의 사람을 온전히 세워 성령의 이끌림으로 봉사하게 하여 그리스도의 몸을 세우게 하는 데 둔다.

"하나님의 성령으로 봉사하며 그리스도 예수로 자랑하고……" _빌 3:3

독자성

교회는 개 교회임과 동시에 지역 교회이다. 그 교회가 속한 지역이 또 하나의 큰 교회이다. 이것은 지역에 있는 교회들이 각기 지체가 되어 하나의 지역 교회를 이루어야 한다는 뜻이다. 이러한 측면에서 어느 한 지역 속에 세워진 교회는 그 교회만의 독자성이 드러나야 한다. 그 교회만이 걸어가는 독자적인 사역이라 하겠다.

타 교회와 다르게 하기 위함보다는 성경의 권위 아래 말씀하는 교회의 기능과 본질에서 주변 지역 교회와 다른 독자적 사역을 뜻한다.

우위성

실상은 많은 교회들이 '지역 교회관'을 갖고 설립되지 않는다. 지역 교회관을 확립하여 지역에 교회를 세웠다면 한국 교회의 지금과 같은 복잡과 혼란을 피할 수 있었을 것이다. 지금의 한국 교회가 보이는 병폐적 현상에서 건강한 교회로 나아가기 위해서는 주변 교회의 독특성을 참조하여 유사한 사역의 이미지를 지닌 타 교회보다 우위에 포지셔닝해야 한다.

그래서 탁월해야 한다. 비슷한 것으로는 좋은 교회가 될 수 없다. 교회의 본질에서 탁월한 우위성을 강점으로 가져야 한다.

자신의 목회 현장을 위의 3가지 요소에 근거하여 살펴보자. 목회 현장에서 가장 고귀하게 확장되고 있는 가치는 무엇이며 그 가치 구현을 위한 사역의 형태는 무엇인가? 그리고 그 지역 교회들 속에서 감당하고 있는 고유한 사역은 무엇인가? 당신의 목회 현장이 감당하고 있는 지체 역할은 또 무엇인가? 그것은 얼마나 탁월하며, 유사한 타 교회 사역과 비교하여 우위에 있는가?

그저 그렇게 교회 건물을 세우는 것으로 목회 현장에 거하지 않아야 한다. 교회는 건물이 아니다. 교회는 유기체이며 그 교회만의 정체성으로 존재하는 하나님에게 속한 하나님의 성전이다. 우리 각 교회는 하나님의 성전이 되어가야 한다(엡 2:21-22).

이러한 요소들을 통하여 교회는 나름의 정체성을 확보함으로 좋은 교회의 토양을 확충하고, 한 걸음 더 나아가 하나님의 나라를 이 땅에 구현하게 된다. 교회가 교회다워야 하는 당위성 앞에 있는 조국 교회에 올바른 정체성과 진실성을 확보하여 하나님을 기쁘게, 사람들을 행복하게 하는 그런 교회를 세워 가는 영향력 있는 중소형 교회, 그러나 결코 중소형 교회로 머물지 않는 그런 교회를 세워야 한다.

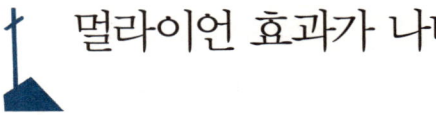# 멀라이언 효과가 나타난다

이미지가 있는 교회는 성도들의 만족도가 높아지고 교인들이 수평 이동을 하며 전도가 활성화된다. 그러한 이유는 다음과 같은 신앙생활의 유익성이 있기 때문이다. 이를 멀라이언 효과(상징이 기업에 미치는 효과)라고 한다.

첫째, 이미지는 그 교회의 독특성을 사람들에게 전달해 준다.

둘째, 이미지는 후광효과를 기대하게 한다. 무엇이든 한 가지를 잘하면 다른 것도 잘할 것이라는 믿음이 생긴다.

셋째, 이미지는 그 지역뿐 아니라 타 지역에까지 영향을 미칠 수 있기 때문에 사역을 확대하게 한다(동네 교회에서 지역 교회로, 지역 교회에서 광역 교회로).

한국 교회를 크게 4가지 형태로 분류한다.

항 목	개인 교회	동네 교회	지역 교회	광역 교회
초 점	담임목사/설립자	동네사람 대상	지역사회(구/동/시)	광역시/도/전국
성 장	없음	안주	중형	대형
특 징	독립적	좋은 이미지	역동성/특성화	다양성

[목회컨설팅연구소 정책 세우기 강의안 참조]

귀 교회는 다음과 같이 분류할 수 있다.

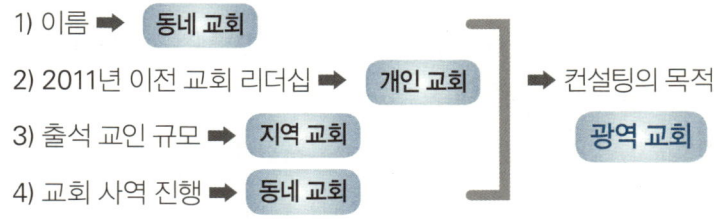

- 위는 MSC에서 컨설팅한 교회에 제안한 교회 유형이다.

넷째, 이미지를 구축하기 위해서는 한 가지 이상의 탁월한 사역(지역의 positioning을 통한 비교경쟁우위)이 있어야 하며, 그 사역이 뛰어날수록 다른 사역들도 향상되어 전반적인 교회 사역이 활성화되며 성장 주도형으로 변화된다.

다섯째, 선명한 이미지를 갖게 되면 교인들의 신앙적 열정과 소속감이 강해져서 전도의 동력을 야기한다.

이미지에 합당한 사역 시스템이 구축되어야 한다

진실성과 방향성이 구축되었다고 이미지가 완성되는 것은 아니다. 그 이미지와 일치되는 교회 사역 시스템이 갖춰져야만 한다. 사역 시스템이란 교회의 이미지(방향성, 정체성)를 구현하기 위한 단순하고 체계적인 사역 혹은 프로그램을 의미한다. 교인들은 그 프로그램을 통하여 교회의 정체성이 완성되어 가는 것을 경험하면서 자신의 성숙을 맛보게 된다.

나는 교회 사역 시스템을 크게 4가지 영역으로 구분한다. 교회의 5대 기능(예배, 교육과 훈련, 전도와 선교, 영적인 교제 모임, 지역사회 섬김)을 중심으로 한 '기능 시스템', 온전한 그리스도인으로 세우는 방법을 10단계로 체계화한 '사람 세우기 시스템', 교회 사역의 완성인 소그룹을 목장 소그룹(영적 나눔)과 팀 사역 소그룹(은사 중심)으로 체계화한 '사역 시스템', 담임목회자가 반드시 알아야 하는 교회 경영 노하우를 체계화한 '관리 시스템'이다.

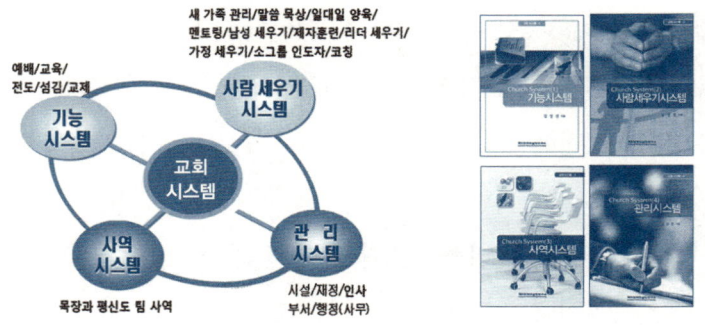

- MSC 발간 《시스템》 4종류 -

교회 성장은 모든 사역의 체계화^{systematic}와 비례한다. 체계화가 되어 있을수록 좋은 교회이다.

가령 '제자훈련'을 이미지로 선택했다면 그 교회는 제자훈련 시스템을 완벽하게 갖추어야 한다. 누구든지 그 훈련에 참여할 수 있을 뿐 아니라 그 과정이 사람의 영적 수준에 맞게 구성되어 있어야 하며, 보편적인 사역 프로그램이 아닌 그 교회만이 할 수 있는 훈련과정으로 전환되어야 한다. 본 연구소에서는 제자훈련의 체계를 두 단계로 구분하여 제안하고 있다. 다음 도표를 참조하여 훈련을 단계적으로 진행하라. 제자훈련을 하는 교회들은 많지만 우리 교회만이 할 수 있는 훈련단계를 연구 분석하여 지역의 정서와 수준, 문화, 영적 깊이와 열정, 배우고자 하는 마음, 목회자의 준비와 훈련 등을 고려하여 진행하는 것이 옳다.

이처럼 결정된 교회의 이미지를 이루기 위해서는 매우 섬세한 시스템이 개발되어야 한다. 다음 도표를 참조하여 각 교회는 그 교회의 수준에 맞게 수위를 조정하여 운영하라. 특히 중소형 교회가 이미지에 맞는 시스템을 구축할 때는 신중을 다해야 한다. 왜냐면 그 지역과 무관한 혹은 걸맞지 않은 시스템을 진행하게 될 때 주어지는 안타까운 현실을 수도 없이 목도하였기 때문이다. 그러므로 지역 분석에서부터 환경 분석까지, 거기에 시스템을 운영하는 목회자의 역량까지 연구 분석한 후 이미지를 결정하고 만들어야 한다.

아래의 도표는 본 연구소에서 제안하는 하나님의 사람들을 세워가는 과정이다.

• **1단계 제자훈련(제자도)**

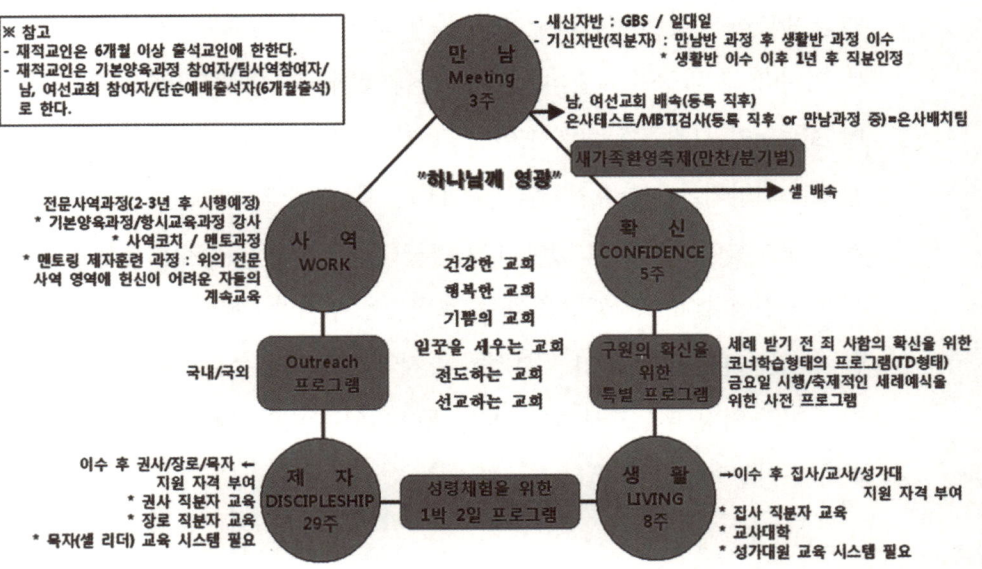

• **2단계 제자훈련(제자도)**

- MSC의 사람 세우기 시스템 -

3) 이미지의 포지셔닝

이것은 교회론의 문제인데, 지금 조국 교회는 지역 교회론이 미약한 상태에 있다. 그러기에 지역에 세워진 모든 교회들이 그 교회만이 갖는 독창적 이미지를 가지고 타 교회와 조화의 상합을 하지 않고 유사한 교회들로 거리를 메워 가고 있어 일반인들에게 교회에 대한 거부감까지 주고 있는 실정이다. 아직도 한국 땅에 80% 이상의 불신자들이 있기에 교회는 계속 세워져야 한다. 그러나 동일한 교회들로 그 지역에 교회를 세운다면 얼마나 어리석은 모양새인가? 지역 교회 그 자체가 또 하나의 교회 지체임을 망각한 듯 보인다. 지역에 있는 교회 하나하나가 하나의 지체라는 지체의식을 갖고 상호 연대를 도모해야 한다.

하나님의 교회들이 하나 되어 그 지역을 전략적으로 전도하고 하나님의 도성이 되게 하는 것이 지역 교회 연합이다. 그러나 실상 지역 교회 연합사역이 원활하지 않을 뿐 아니라 상호교류는 고사하고 왕래조차 하지 않는 것을 본다. 이웃 교회들은 더 이상 이웃이 아니다. 경쟁 상대이며 배척해야 한다는 적대의식이 팽배한 것을 보면 과연 그들이 하나님 나라에 대한 진정한 개념을 이해하고 있는지 의심스럽다. 목회를 하고 교회를 세우는 것은 자신의 업적과 능력을 보이는 것이 아니라 하나님 나라를 실현하는 것이다.

그러기 위해서 지역 교회와 연합해야 하며, 지역 교회 안에서 자신의 교회 이미지가 상호 보완되도록 하는 섬김이 되어야 한다. 앞에서도 언급한 것처럼 지역교회의 **포지셔닝**positioning을 하여 타 교회가 하지 않거나 약하게 진행하는 사역 중 자신의 교회가 강점이 될 수 있는 사역을 이미지화하는 것이 필요하다. 이렇게 될 때 교회는 하나의 교회가 되어 가는 것이며, 더 나아가 지역에서 하나 된 교회 이미지를 주게 됨으로 상호 조화를 이루어 지역 복음화를 촉진하게 한다. 중소형 교회는 반드시 지역 교회들과 연합하여 서로의 강점들을 연결하여 위대한 하나님의 교회를 세워 가야 한다. 그러기 위해서 각각의 교회들은 수준 높은 전문적 특성화가 이루어져야 한다. 그래야만 평형이 유지된 지역 연합사역이 되는 것이다.

필자는 이러한 한국 교회를 꿈꾼다. 향후 기독교는 여타한 종교 중 하나가 아니라 인간의 본질적 삶이 될 것이며, 인간의 생활양식이 될 것이다. 그러므로 교회는 지역민들의 생활양식과 밀접한 관련이 있어야 하며, 삶에 영향을 줄 수 있는 역량을 구비해야 한다.

기억하자! 중소형 교회가 종합 프로그램으로 경쟁 상황을 만들면 실패한다는 것을.

가장 어리석은 교회 세우기는 적은 인적·물적 자원으로 대형마켓처럼 대형 교회와 동일한 사역을 전개하는 것이다. 이러한 접근은 실패를 위한 준비에 불과하다. 종합 프로그램이 아니라 단계별 프로그램으로 완성도를 이루자. 작은 마켓만이 갖는 특성화 없이 대형마켓의 흉내를 내다가 망한 사례들을 우리 주변에서 흔히 볼 수 있는 것처럼 한꺼번에 사역을 펼쳐서는 절대 안 된다는 사실을 잊지 말아야 한다. 작지만 좋은 교회를 찾는 사람들은 여러 가지 종합 사역이 진행되는 것을 원치 않는다. 만약 중소형 교회가 종합적인 사역을 도모한다면 모든 교인들이 쉽게 지치고, 교회의 본질인 영적 사역은 도외시된 채 일을 위한 봉사에 빠지게 된다.

종합성을 추구해야만 좋은 교회가 된다면 대형 교회만이 압도적으로 좋은 교회가 될 수밖에 없다. 자원의 풍성함은 어떤 사역이든 가능하게 만들기 때문이다. 중소형 교회가 종합성을 추구하면 전문성과 독특성은 멸절되고 만다. 중소형 교회는 사역의 단순화를 통한 독특성을 강화하는 것이 가장 중요한 힘이 된다는 것을 잊지 말자.

종합화의 덫

그런데 현실은 어떠한가? 너도 나도 종합적인 사역 프로그램을 시도하고 있고, 대형 교회의 성공 사례를 살피고 적용하고 있다. 하지만 그 이면에 있는 목회자의 분골쇄신, 그에 합당한 준비과정이 있었음을 간과한다. 그동안 컨설팅을 진행하면서 중대형 교회의 목회자들과 면담한 결과인데, 그들이 가장 많이 고민한 부분은 '그 지역에서 어떤 사역을 해야 과연 성장하는 교회가 될 것인가?'였다. 결과만 보고 쫓아간다면 필경 고전을 면하기 어려울 것이다. 지칠 대로 지쳐 더 이상 신선하거나 새롭거나 열정적인 사역은 어려워진다. 적은 자원으로 어떻게 대형 교회들이 진행하고 있는 모든 사역을 도모할 수 있겠는가? 행여 여러 가지를 시도하더라도 구색 맞추기의 늪에 빠지게 된다. 무엇인가 나름의 돌파구를 확보하기 위한 자구책으로 삼지만 오히려 깊은 구덩이에 빠지는 결과를 낳고 마는 것이다.

필자는 교회를 개척한 후 1년간 새벽기도회를 인도하지 않았다.

우리 교회는 '제자훈련 중심'이라는 이미지를 확충했기 때문이다. 모든 교인들의 성도화를 위해 'Man to Man' 시스템을 1년간 진행했고, 밤늦은 시간에도 가정을 찾아가 훈련했기에 새벽기도회를 할 수 없었다. 또한 당시엔 각 교회마다 저녁예배를 오후예배로 전환하는 추세였다. 오전과 오후예배를 연이어 드리면 친목 도모나 전도 시간이 부족하게 된다. 그래서 필자는 오후예배 시간을 소그룹 나눔 시간으로 하고 그 후 전 교인이 전도하게 함으로 적은 인적 자원으로 교회를 세워 갔다. 자원이 적은 교회는 사역 운영을 지혜롭고 전략적으로 진행해야 함을 잊지 말아야 한다.

중소형 교회만의 전략으로 지역 교회를 세워야 한다. 만약 본인 스스로가 전략을 구상하기가 어려우면 전문가의 도움을 받으라. 가장 좋은 것은 교회를 세우기 전 목회자 자신을 먼저 컨설팅하여 가장 적합한 사역이 무엇인지 결정하고 자신의 강점과 이미지를 확보하는 것이다. 이는 '목회자 컨설팅'이다. 이미지를 확보했다면 그 이미지가 실현될 수 있는 지역을 선정하여 하나님의 교회를 세우는 것이다. 이는 '개교회 컨설팅'이다. 교회를 이미 세웠다고 한다면 현재의 교회 방향성과 정체성, 목회자를 심층 분석하여 진행하고 있는 사역의 적합성을 판단하고, 또한 그 지역에서 어떤 이미지를 부각하여 성장할 수 있는가를 진단한다. 바로 '교회 컨설팅'이다.

그러나 무엇보다 가장 우선적인 정체성이 무엇인지 기억해야 한다.

'우리의 **identity**는 주님이시다!'라는 사실이다.

이것은 너무도 자명하다. 교회는 주님의 몸이다. 그리스도의 몸을 세우는 것이 교회의 주된 목적이며 궁극적인 정체성이다. 목회자가 목회자 된 것의 정체성 역시 주님을 위한 헌신이며 주님을 높여드리는 것이다. 주님이 주님 되시게 하라. 그리하면 주의 영이신 성령께서 그대를 높이고 그대를 통하여 하나님의 교회를 세우시며, 사역을 완성도 있게 이루어 가실 것이다. 주님이 사역의 주인 되시게 하는 것이 목회와 교회의 진실성이며 진정한 교회의 모습이다. 이러한 교회가 주님이 원하시는 교회이며 우리가 찾고 싶은 교회이다.

교회의 생명력은 주님이 주± 되시게 하는 것에 있다. 사심을 버리고 주님을 위해 무엇을 할 것인가를 생각하는 것이 우리 교회의 정체성이므로 명심해야 한다. 작금의 조국 교회는 주인이 바뀌었다. 교회의 매점매석 행위와 담임목회자 청빙 과정에서의 혼란 그리고 담임목회자의 인격적·영적인 문제들로 인해 교회의 참된 주인의식이 사라져 가고 있다. 교회를 자신의 소유 개념으로 이해한다. 분명히 기억하자. 교회는 주님의 전이며 주님의 소유인 것을. 이것이 교회의 정체성이며 교회의 순수성이며 진정성이며 진리이다.

중소형 교회는 한국 교회의 비전이다

대형 교회는 스스로 변할 수 있는 자원들이 많다. 자주적인 변화가 오히려 용이하다. 그러나 중소형 교회는 주체적인 변화를 도모하기가 쉽지 않다. 사실 민첩성과 지속력 발휘가 어렵다. 그래서 교회의 트렌드 주도가 대부분 대형 교회의 몫이 되고 있다. 중요한 사실은, 중소형 교회는 그 트렌드를 따라갈 수 없고 따라가서도 안 된다는 것이다. 중소형 교회의 모델은 트렌드를 주도하는 대형 교회에 있는 것이 아니라 바로 그 교회 안(바로 당신이 섬기는 그 교회 안)에 해답이 있어야 한다. 그 교회만의 비전을 발견하고 이미지화하고 그 교회만의 브랜드를 세워 가야 한다.

한국 교회가 새로워지고 살아 있는 건강한 교회로 거듭나기 위해서는 중소형 교회들이 새롭게 혁신을 이루고 그 교회만의 특성화를 통하여 강건히 일어나야 한다. 이것이 한국 교회의 비전이 된다.

한국 교회의 비전은 중소형 교회의 건강도와 성장, 성숙에 달려 있다. 그러므로 중소형 교회는 한국 교회의 희망이며 최고의 비전이다.

중소형 교회는 더 이상 중소형 교회일 수 없다. 그저 하나님의 교회일 뿐이다. 중소형 교회 목회자와 성도들 스스로 낮은 자존감과 피해의식을 갖는 경우가 종종 있다. 근원적인 이유에는 하나님의 교회가 아닌 자기의 목회지를 확보하려 하기 때문이다. 자신의 목회지는 엄밀하게 말해 교회가 아니다. 교회는 하나님의 것이다. 하나님을 어떻게 기쁘시게 할 것인가에 초점을 맞추면 그 교회는 좋은 교회이다. 우리의 목회 목적은 좋은 교회, 즉 하나님이 기뻐하시는 교회를 세우는 것이 아닌가! 그렇다고 확신한다면 우리가 세워 가는 교회는 더 이상 중소형 교회일 수 없고 하나님의 교회인 것이다. 이것이 바로 비전이다.

이제 중소형 교회는 소망의 빛이 흠뻑 내리는 한국 교회의 비전이다. 그래서 필자는 중소형 교회라고 일컫는 것을 좋아하지 않는다. 중소형 교회가 아니라 하나님의 비전을 이루어 드리는 하나님의 교회이다. 하나님의 비전을 이루어 드리는 조국 교회이면 한다. 비록 규모가 중소형으로 남는다 할지라도 하나님의 비전을 이루게 된다면 그것이 진정한 성공이지 않겠는가? 성공이란 '하나님께서 부여해 주신 사명을 완성하는 것'이라고 확신한다. 성공은 사명의 완성이지 교회의 규모에 달려 있지 않다. 교회가 작다 하여 작은 자가 되지 말고,

낮은 자가 되려는 진정한 주의 종이 되어야 한다.

비전을 가진 자는 성공적인 사역을 하는 자이므로 그를 일컬어 비전의 사람이라 한다. 그가 섬기는 교회가 하나님의 비전을 이루어 드리는 하나님의 교회이다. 그러한 의미에서 중소형 교회는 비전 교회이다.

비전은 어떻게 형성되는 것일까? 중소형 교회가 비전을 이루는 하나님의 교회로 칭함 받기에 합당한 이유는 무엇인가? 비전은 시행착오를 통하여 자란다. 시행착오 없는 새로운 발전이 없고, 시행착오 없는 창의적 개발이 없다. 시행착오를 두려워 말라! 그것을 통하여 새로운 역사를 창출할 수 있기 때문이다. 하나님의 비전을 이룸, 이것이 목회의 본질이다.

비전은 시행착오를 통해 자라고 성장한다

누구든지 굴곡 없이 정상을 향해 나아갈 것을 희망하며 머릿속에 그릴 것이다. 그러나 순풍을 타고 목적지에 도달하는 사람은 없다. 물론 준비된 배경에서 태어나 순항의 닻을 올린 특별한(?) 경우를 제외하고 절대다수는 시행착오를 겪으며 목적지로 간다. 시행착오를 사역의 실패로 단정 짓지 말자. 사역자는 시행착오를 통해 많은 경험을 하고 지속된 도전을 통해 새로운 사역을 개발 육성해 간다. 우리에게 필요한 것은 끈질긴 도전의식과 실패를 두려워하지 않는 믿음이다. 주변 환경이나 여건에 휘둘리지 않고 하나님을 향한 자신의 믿음을 견지하여 도전을 감행해야 한다. 실패에 대한 두려움을 멀리하고, 하나님께서 주신 사명을 확인하여 새로운 비전을 갖도록 해야 한다.

중소형 교회는 사역에 대한 회의론적인 접근이 많아 낮은 자존감과 자괴감을 갖기도 하고, 강한 자기부정을 통한 피해의식을 갖기도 한다. 이것은 불신의 징표가 될 수 있다. 목회에 실패란 없다(실패자는 있지만 실패는 없다). 다만 또 한 번의 경험을 쌓는 것뿐이다. 목회는 하나님께서 하시는 것이다. 우리는 그의 도구에 불과하다는 의식 전환이 있어야 한다. 자기 준비에 만전을 기하자. 하나님께서는 준비된 자를 준비된 만큼 사용하신다. 자기 준비를 하다 보면 수많은 시행착오를 겪는다. 그것이 두려워 시도조차 하지 않는다면 이 얼마나 어리석은 것인가? 목회는 시행착오를 통하여 완성됨을 잊지 말자.

중소형 교회들은 어떤 단계로 회의론에 빠지게 되는가? 도대체 왜 성장과 성숙이 이루어지지 않는 것일까?

(1) 교회 성장이 되지 않으니 지속적인 부담을 갖는다.
(2) 생활고가 위험수위에 이르게 되어 혼란스럽다.
(3) 교회 성장 세미나를 찾아다니며 자구책을 구하는 데 동분서주한다.
(4) 타 교회의 성공 프로그램을 가져와 그대로 적용하고 많은 프로그램을 운영하게 되어 사역의 피로감이 깊어진다.
(5) 자원 부족으로 실의에 빠지고, 자신의 강점조차 인지하지 못한다.
(6) 자기 함몰에 빠져 헤어 나오질 못한다. 은둔하는 목회자들이 많다.
(7) 교인들의 영적, 지적, 삶의 수준이 상대적으로 낮기 때문에 한계점을 의식하고 자괴감과 상실감이 더 커져 간다.
(8) 상대적 박탈감을 갖게 되고, 유사한 목회자들과의 연대감으로 비관적이며, 비판론자로 전락할 가능성이 크다.

⑼ 낮은 자존감과 실패자라는 좌절의식을 강하게 갖게 되어 대인기피 현상까지도 생긴다. 교회에 나홀로 지킴이가 된다.

이와 같은 악순환 과정을 통하여 스스로 함몰되어 간다. 얼마나 안타까운 현실인가. 뭔가 분주하지만 교회 사역의 현실화를 이루지 못하고 있다. 중소형 교회는 성장하는 교회를 답습해서는 안 된다. 대형 교회와 성장형 교회를 결코 모방하지 말자. 동일한 교회는 없다. 그 교회는 이 지상에 하나밖에 없다. 왜냐면 지역, 문화, 영적 환경, 갈망, 믿음, 훈련, 사회적 현상, 목회자 준비, 지역적 특성 등등 많은 상황들이 수없이 다르기 때문이다. 결코 동일한 교회는 세워지지 않는다.

'바로 그 교회'는 유일하다.

유명한 교회나 소문난 교회로부터 우리는 소문의 배경이나 교회 성장 원리를 배울 수 있다. 그러나 그 교회와 똑같은 교회는 결코 세워질 수 없다. 그 교회는 그 교회뿐이다. 우리가 할 일은 원리와 배경, 그러한 결과가 일어나도록 지도력을 발휘한 담임목사의 목회철학을 배우는 것이다.

성공적인 사역 프로그램을 운영하기 위하여 이곳저곳 동분서주하며 다닐 것이 아니라 자신을 객관화하고 지역을 분석하며 자신을 향하신 그리고 그 지역의 니즈(필요)와 원츠(요구)를 파악하여 그 지역에 맞는 특성을 향하여 나아가야 한다. 하나님께서 자신을 부르신 부름과 그 지역에 필요로 하는 영적 공동체 그리고 지역 교회와의 지체의식을 통한 성숙된 사역이 이루어지도록 말이다. 다시 한 번 강조한다. 그 교회는 이 지구촌에 하나밖에 없는 유일한 교회이다.

 중소형 교회가 할 일은 무엇인가?

지금 하고 있는 사역들을 조정해야 한다. 사역을 줄이라. 그리고 집중하라. 그것을 강화하라. 자신만의 색깔을 강화하라. 그것이 중소형 교회가 할 중요한 사역이 된다. 결코 대형 교회와 앞서 가는 교회를 모방하여 시도하지 말라. 그리한다면 딜레마를 벗어나지 못한다. 아래 도표를 보면 이 사실을 확인할 수 있다.

성장형 교회를 모방할 경우 성공할 수 있는가?

[목회자 대상 500명 설문조사]

성장할 수 있다.	4%
다소 좋아질 수 있다.	12%
잘 모르겠다.	28%
불가능하다.	48%
절대 불가능하다.	8%

위에서 볼 수 있는 것처럼 성장할 수 있는 가능성을 다 포함한다 해도 16%에 불과하다. 그럼에도 불구하고 성장하는 교회를 모방하겠는가? 자신의 사역을 개발 연구하여 독특한 정체성을 확보해야 한다. 자신의 정체성을 확보하기 위해 무엇을 해야 할까?

다음과 같은 과정에 따라 사역의 체계화를 이루어감으로 그 교회만의 정체성을 형성하여 가면 한다.

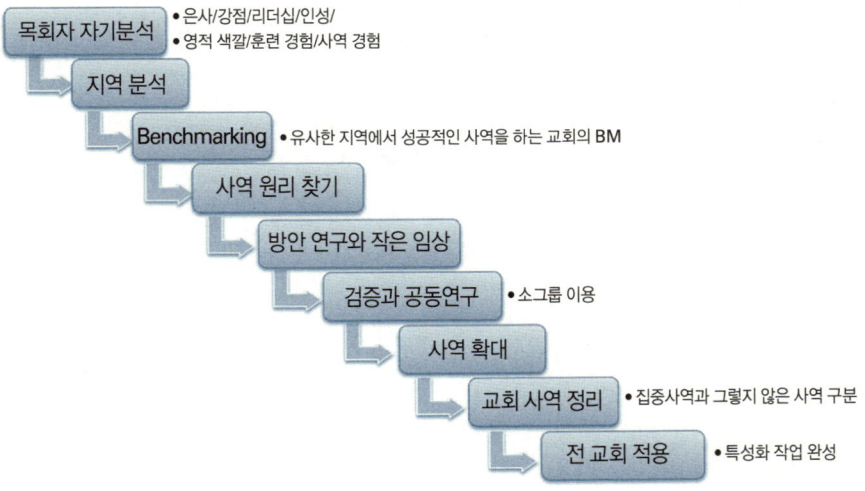

위의 과정에 따라 교회만의 정체성을 찾고 교회 이미지에 맞는 교회로 나아간다. 간단한 도표로 과정을 소개했지만 이 지침에 따라 사역 연구를 함으로써 하나님께서 원하시는 그 교회만의 이미지로 세워갈 수 있다. 결코 간과해서는 안 되는 것 중 하나가 있는 데 그것은 단순화(simple)이다. 다양한 사역들을 이미지에 맞게 정리하여 단순화해야 한다. 이것을 뺄셈의 법칙, 뺄셈의 마케팅이라 한다.

이러한 뺄셈의 법칙에 따라 교회 사역이 전개될 때 비로소 그 교회만의 브랜드가 구축되는 것이다. 브랜드는 그 교회의 이미지이다. 그 이미지가 교회 사역이 되게 하는 과정은 다음과 같다.

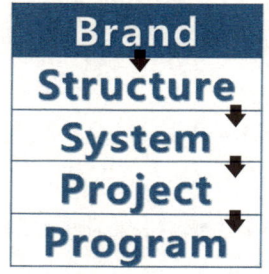

뺄셈의 마케팅(단순화 전략)

중소형 교회에 다양한 사역 프로그램을 적용하면 결코 성공적인 사역을 진행할 수 없다. 과감한 사역 줄이기를 해야 한다. 그 이유로는 첫째, 적은 자원으로 모든 것을 감당할 수 없다. 둘째, 사역의 집중화가 둔화되어 효율성과 능률성이 약화된다. 셋째, 사역의 완성도가 낮아 교인들의 관심이 줄어들 뿐 아니라 넷째, 많은 사역을 감당하다 보니 목회자와 교인들의 사역 헌신도가 떨어져 새로운 사역을 도모할 열정이 줄어들게 된다. 사역의 가중치는 교회 이탈을 초래하므로 헌신자는 최대 3가지 이하, 다소 헌신자는 2가지, 일반 교인들

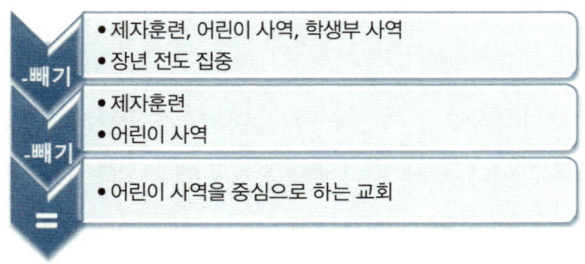

- 뺄셈 마케팅 전략 실행 과정 -

은 1가지 이상 맡지 않게 한다.

위의 도식화은 하나의 예를 든 것이다. 어린이들이 많은 지역에 교회를 세운다고 가정하자. 어떤 사역이 떠오르는가? 장년 중심의 사역도 옳겠지만, 그보다 그들의 최고가치인 자녀들을 위한 사역을 강화하는 것이 더 효과적이다. 오히려 아이들로 인한 장년 전도가 더 쉽게 이루어질 것이다. 어린이 사역이 활성화되면 장년 사역은 자연스럽게 이루어지는 획기적인 결과를 낳게 된다. 교회의 집중 사역을 결정하고 나머지 사역을 빼라. 단순화하고 열정을 쏟아야 한다.

우리나라의 대표적인 교회인 서울의 '꽃동산교회'가 이 뺄셈의 법칙에 따라 성공한 교회이다. 물론 이러한 결단이 쉬운 것은 아니다. 무엇을 뺀다는 것은 마치 사역을 중지하는 것과 같은 무게감으로 느껴지기 때문이다. 그러나 교회 사역을 완전히 빼고 하지 말라는 것이 아니다. 점진적으로 늘려나가도 상관없다. 하나님의 교회는 어느 날 갑자기 완성도 있는 공동체로 자리매김하게 되는 것이 아니기 때문이다.

나는 스타벅스를 즐겨 찾는다. 스타벅스는 한국에서도 획기적으로 성장하고 있다. 뺄셈의 마케팅을 적용한 것이다. 1971년 스타벅스 로고에는 '커피, 차, 향신료'라고 쓰여 있었다. 세 종류에 초점을 맞추고 있었다는 것이다. 그러다 1987년 변경된 로고에는 '차', '향신료'가

사라졌다. 그리고 오직 커피에만 모든 경영의 에너지를 집중하였고 이것이 스타벅스를 비약적으로 발전시킨 계기가 되었다.

Starbucks: An Illustrated History

1971
We start by selling coffee beans in Seattle's pike place Market.

1987
We add handcrafted espresso beverages to the menu.

1992
We become a publicly traded company.

2011
We mark 40 years and begin the next chapter in our history.

중소형 교회는 다음과 같은 것들을 빼야 한다.

(1) 이미지와 관계 없는 사역 프로그램을 빼라.
(2) 공적 예배 외의 기도회와 모임을 빼라.

(수요 기도회, 금요 심야기도회, 새벽기도회, 구역 모임 등등)

(3) 한 해 동안 전도하고자 하는 대상자의 모든 연령층에서 집중할 대상자 외의 연령층을 빼라.

(4) 목회자 자신의 분주함에서 비본질적인 사역들과 모임들을 과감하게 빼야 한다.

(5) 유행하는 프로그램과 행사를 과감히 빼라.
(단, 전도 접촉점을 위한 행사는 예외이다.)

전도 목표 대상자 줄이기는 교회의 정체성을 높이기 위해서라도 필요하다.

Targeting!

위에서 언급한 것처럼(제3장) 교회는 마땅히 접근할 수 있는 대상자들을 구체적으로 분류하고^{segmentation}, 그들의 일반적 욕구와 특별한 욕구를 찾고^{needs} 그것에 부응하는 전략^{strategy}을 구체적으로 만들어야 한다. 전도 대상자들이 좁혀지면 목회철학이 선명해지고 명확한 이미지를 설정하게 되어 그것을 강점으로 강화시킬 수 있기 때문에 사역의 신뢰도를 높이고 초점의 명확성으로 인한 일관성을 보여줄 수 있다.

중소형 교회는 지속적으로 위에서 언급한 다양한 분석 자료를 통하여 대상자를 분류하고 순차적 접근 전략을 세워야 한다. 올해는 40대를 대상자로, 내년에는 30대를 대상자로, 이러한 전략적 접근은 사역의 용이함을 더하므로 교회 성장을 가파르게 향상시킬 수 있다. 미국의 코미디언 빌 코스비$^{Bill\ Cosby}$는 "성공의 열쇠는 잘 모르겠지만 실패의 열쇠는 잘 안다. 실패의 열쇠는 모든 사람을 만족시키려고 하는 것이다"라고 하였다. 기억하고 또 기억하자. 동시에 모든 전도 대상자들에게 만족을 줄 수 있는 그런 사역은 하지 않아야 한다. 3S를 기억하자. 교회를 특성화^{speciality}하고, 지역조사를 통한 전도 대상자를 분류^{segmentation}하며, 그들을 인도하는 전략^{strategy}이다.

중소형 교회가 반드시 갖추어야 하는 요소들

중소형 교회가 성장하지 못하는 여러 요인들 중 우리가 꼭 기억해야 하는 요소가 있다. 그것은 시각화의 실패이다. 숭고한 철학, 가치, 순수한 열정, 명확한 정체성을 가지고 있다 할지라도 전도하는 것이 쉽지 않은 것은 교회의 시각화에서 실패했기 때문이다. 요즘 사람들은 갖고 싶거나 하고 싶은 것이 있을 때, 광고 문구와 홍보 자료 혹은 전도지 등을 보고 결정하기보다 대상에 대한 느낌으로 구입하고 선택한다.

교회 역시 교인들과 사람들로 하여금 살아 계신 하나님을 경험할 수 있고 그 교회만이 갖고 있는 정체성과 이미지를 느끼게 해야 한다. 물론 겉만 보고 내면을 다 알 수 없지만 이미지화 외에 무엇을 통해 우리의 내면을 더 잘 알게 할 수 있겠는가? 사람들은 눈에 보이는 것을 통해 눈에 보이지 않는 품질이나 특색을 추측하기 때문이다. 그러므로 내용적으로 잘 구비되었다면 겉모양을 통해 잘 준비된 것을 나타내 보이고, 사람들로 하여금 찾고 싶은 마음을 갖게 하는 것이 중요하다.

새 가족이 전도되어 교회에 출석하게 된 후 어느 정도 교회를 다니다 보면 교회 생활과 여타한 교회들에 대한 다양한 정보를 얻고 나름대로 교회에 대한 비판과 분석을 하게 된다. 그러면 처음과는 다르게 많은 부분에서 부족함을 발견하고 인식하고 필요충족요건이 만족되지 않으면 교회를 떠나 자신의 영적·사회적 욕구를 채울 수 있는 교회로 이동하게 된다.

다음의 도표는 중소형 교회를 찾지 않는 이유를 말해 준다.

겉으로 본 분위기로 판단해서 한 번도 이용하지 않았다.	43%
한 번 예배 참석했는데 다시 오고 싶지 않았다.	25%
그곳에 나의 자녀들의 영적 교육이 이루어지지 않을 것 같다.	24%
다른 사람들로부터 들은 얘기로 판단하여 찾지 않았다.	6%
기 타	3%

사람들은 겉으로 느껴지는 분위기로 잠정적 결정을 내린다. 시각

화가 정체성과 무슨 연관이 있을까 싶지만 무관하게 보이는 것들이 교회 성장에 어려움을 주는 것을 알 수 있다.

교회 내면적 속성인 목회철학, 교회 이미지, 교회 정체성, 목회자의 정체성을 확보했다면, 이제 그러한 내면적 속성을 시각화^{promotion}해야 한다.

눈에 보이지 않는 특성을 어떻게 형태화할 것인가?

- 형태화 Matrix -

'**형태화**'Matrix에 나오는 모든 영역이 하나로 통일되어 있다. 목회철학에 맞는 교회 이미지, 그 이미지에 맞는 교회 이름, 그 목회철학에 근거한 건물 공간과 인테리어가 되어야 한다. 그리고 교회의 이미지를 견고하게 만드는 것은 이 모든 것과 통일된 목회자의 정체성이다. 건물을 보면 교회의 이미지를 볼 수 있어야 하고, 목회자의 정체성이 그 교회의 이미지와 연결된 사역으로 드러나야 한다.

그러면 과연 시각화(형태화)의 효과는 어느 정도일까?

형태화의 효과(시각화의 효과)

형태화는 교회 성장에 큰 영향을 미친다. 교회의 내면과 외면이 함께 갖춰질 때 성장이 지속된다. 영적 분위기와 외적 분위기를 동시에 바라보는 것이 현재의 정황이기 때문이다. 그러므로 교회의 형태화에도 많은 에너지를 집중할 필요가 있다. 물론 이것은 본질이 아니다. 그렇다고 비본질도 아니다. 반드시 있어야만 하는 요소라 하는 것이 옳을 것이다. 이렇듯 필수요소를 기술하게 된 것도 지금의 교회에 요구되는 현상이기 때문이다. 필자는 이것을 '형태화'라 규정한다. 물론 이 용어 역시 일반 경영이론에서 가져온 것임을 밝혀둔다.

형태화 1. 교회의 외관(교회 건물)

반드시 교회 건물이 있어야만 하는 것은 아니다. 상가 건물 속에 있는 교회라 할지라도 외관을 잘 가꿀 수 있다. 사람들이 교회를 결정할 때, 먼저 목회자부터 만나 구체적인 사명과 철학을 듣고 출석하는 경우는 거의 없다. 교회 결정의 첫 요소가 외적인 분위기이므로 목회자의 철학과 이미지 그리고 정체성이 잘 드러나도록 외관을 형태화해야 한다. 외관은 이미지 커뮤니케이션의 첫 번째 매체가 된다. 유기체는 내면이 아름다워야 하지만 그와 동시에 외면도 잘 가꾸어야 한다. 더욱이 교회는 하나님의 전이다. 내적 분위기, 외적 분위기가 동일하게 역동성 있고 정갈하며 하나님의 사랑이 표출된다면 그보다 더 귀중한 것이 어디 있겠는가? 교회 이미지를 지역과 소통할 수 있는 매개체로 잘 형태화해야 한다.

형태화 2. 간판

지저분한 간판, 오래되어 벗겨진 간판은 그만큼 이미지를 실추시킨다. 간판에서 깔끔한 느낌을 주어야 한다. 상업적인 상가 분위기를 상쇄시키고 사역의 이미지에 맞는 간판이 좋다. 개척 교회라는 느낌 혹은 빛바랜 느낌을 주지 않도록 해야 한다. 너무 현란하지 않아야 하고, 글씨체 역시 교회가 추구하고자 하는 이미지를 담은 것으로 선택하자.

형태화 3. 교회 이름

교회의 이름은 교회의 이미지이다. 그 교회의 정체성이기도 하다. 과거 교회 이름의 추세는 동네명, 지역명 사용이 중심이었다면 현재 교회 이름은 형용사적인 의미를 가지면서 이름이 의미하는 바가 매우 커졌다. 예를 들어 온누리교회, 세계로교회, 지구촌교회, 사랑의교회, 아름다운교회, 큰사랑교회 등을 들 수 있다.

교회 이름을 결정하기 전 교회의 이미지와 정체성을 확인하고 직접적으로 표방할 수 있는 것들을 선택해야 한다. 교회 컨설팅을 진행하다 보면 교회 이름으로 인해 곤란함을 겪는 경우를 본다. 동네 교회에서 광역 교회로 그 역량을 충분히 발휘할 수 있는 잠재력을 가진 교회임에도 불구하고 이전부터 사용된 동네 교회의 이름을 바꾸기가 쉽지 않은 것이다. 이름값을 한다는 말이 있다. 성경 속 이름에도 의미가 담겨 있고 그 이름대로 살게 되는 것을 볼 수 있다.

예를 들어, 금성사가 LG전자로 상호를 변경한 것은 세계시장을 겨냥한 파격적인 도전이었다. 엄청난 비용을 지불하고서라도 정체성과 방향성에 준거하여 회사명을 바꾼 것이다. 미래지향적인 교회 이름으로의 변환을 강력하게 권한다.

광역 교회 이름의 의미와 이미지 분석

교회이름	의 미	이 미 지/ 비 전
사랑의	하나님의 사랑	평신도 훈련, 젊은이 선교, 북방 선교
명 성	명일동에 새벽을 깨우는 교회	새벽을 깨우는 교회, 교육과 선교하는 교회, 균형 잡힌 교회
소 망	예수님 재림의 약속을 소망	성령으로 충만하심이 권세 있는 말씀으로 증거되는 세계 선교사적 사명을 띤 교회
분당 우리	예배의 기쁨을 향한 우리의 열정을 회복	예배의 감격, 가정 회복, 젊은이를 깨우며, 세상을 변화시키는 교회
지구촌	세계 복음화의 이상 실현	철저한 성서 교육, 복음 전도 훈련 그리고 선교 훈련

교회이름	의 미	이미지/ 비전
만 나	-	예배, 훈련, 섬김
광 림	빛의 숲(떨기나무 가운데 타오르는 불꽃)	예배, 미래 지도자, 믿음의 열매, 평신도가 일하는, 영혼 구원에 힘쓰는 교회
할렐루야	예수 그리스도를 드높여 하나님의 영광을 드러냄	평신도를 일으키는, 가정을 치유하는, 사회와 나라를 축복하는, 다음 세대와 함께 선교하는 교회
금 란	고 김활란 박사의 첫자와 끝자. 금란전도대에서 유래	구령열, 기도열, 헌신열
온누리	온누리에 복음을 전하는	"Acts 29"

형태화 4. 교회 소개서

교회 소개서는 교회를 알릴 수 있는 최고의 수단이다.

필자는 교회를 개척할 때 전도지 대신 교회 소개서를 만들어 교회를 알리기 시작했다. 나아갈 방향과 비전을 기록했고, 많은 사람들이 그 소개서를 통해 교회를 찾았다. 교회를 잘 알 수 있게 하는 소책자를 준비하자.

-전하리교회, 하늘꿈교회, 목회컨설팅연구소의 소개서-

형태화 5. 웹사이트

교회 웹사이트는 교회에 대한 관심을 고조시킬 수 있는 통로이다. IT를 통해 일반인들 그리고 교인들과의 소통을 이끌어내기 위해서 교회 웹사이트를 잘 관리하여 운영하도록 해야 한다. 웹사이트는 그 교회가 가지고 있는 이미지에서부터 교회 전반적인 부분을 알릴 수 있는 도구이므로, 중소형 교회라면 더욱이 잘 구성하여 하나님께서 주신 비전과 교회가 추구하는 제자도의 체계성을 한눈에 볼 수 있도록 하고, 진정한 교회의 진면모를 볼 수 있는 섬김이 되도록 잘 구성해야 한다. 만들어 두는 것보다 잘 관리하는 것이 더 중요하다. 언제든 홈페이지를 찾을 때마다 다양한 신앙적 정보를 접할 수 있게 하고, 영적 도전이 되는 글들을 많이 수록하여 최상의 신앙 가이드 매체가 되게 하고, 교회 정보를 알 수 있도록 만들어야 한다. 본 연구소도 효과적인 사역을 위해 홈페이지의 도메인을 '바로그교회.com', '목회컨설팅연구소.com'으로 변경하였다.

교회의 방향성, 정체성, 이미지를 정하고 이상에서 언급한 5가지 형태화를 구비하였는가? 그리고 하나님과 지역 사람들 앞에서 진실되게 사역에 임할 마음가짐이 되었는가? 이제 남은 한 가지는 목회자이다. 목회자보다 더 중요한 요소는 없다.

어떤 목회자인가?
목회자의 설교가 어떠한가?
그분의 인격과 성품은 어떠한가?

사람들이 최종 결심을 하게 되는 부분은 바로 목회자, 설교자이다. 그에게서 풍기는 인격적 영성과 설교의 카리스마, 교회가 갖고 있는 문제들과 야기되어 있는 사회적 이슈에 대한 통찰력과 직관력 그리고 사람을 대하는 순수함과 복음의 열정, 하나님의 대변자라는 확고한 인식을 갖게 될 때 비로소 교회 출석을 결심한다. 그 후 전도는 저절로 이루어진다.

대형 교회와 유명 교회들은 다양한 매체를 통하여 목회자의 설교를 전파하지만 중소형 교회는 홍보와 설교 전달이 쉽지 않기 때문에, 적어도 그 지역에서만큼이라도 설교가 좋고 목회자가 좋다는 평판이 나야 한다.

5) 교회의 진실성은 그 교회가 추구하는 가치와 일치한다

교인들이 진심으로 원하는 것은 무엇일까?
교회를 통해 그들이 진정 얻고자 하는 것은 무엇일까?

앞에서도 언급했지만 궁극적인 것은 하나님 나라의 가치이다. 명확한 가치가 있는 교회, 하나님의 가치 실현을 위하여 헌신하는 교회가 진실성이 있는 교회이다.

중소형 교회는 진정한 가치 실현을 위하여 헌신할 수 있는 가장 좋은 규모의 교회가 될 수 있다. 대형 교회나 성장하는 교회는 가치 구현이 어렵다고 말하는 것이 아니다. 가치 실현이 가시적으로 도드라지게 드러날 수 있는 알맞은 크기의 교회라는 의미이다. 또한 중소형 교회가 성장하는 과정에서도 잊지 않아야 하는 것이 바로 '가치 지향의 교회'가 되는 것이다.

그러나 불행하게도 많은 한국의 중소형 교회들이 대형 교회가 추구하고 있는 가치(여기서 말하는 가치는 대형 교회에 적합한 가치이다)와 시스템과 프로그램에만 관심을 두고, 교회의 정돈된 이미지, 그들이 가르치고 훈련하는 정신을 보려 하지 않는다. 그 교회만의 제자도가 무엇이며 그것을 펼치는 원리와 어떻게 하나님의 사람들을 세워 가는지를 알려고 하지 않고 외관에서 보이는 여러 가지의 사역 도구들에만 관심을 갖고 있는 실정이다.

기억하자, 프로그램으로는 좋은 교회를 세울 수 없다

시스템으로 구조를 형성할 수 있을지는 모르지만 진실된 교회가 되기는 어렵다. 또 하나 기억하자. 하나님께서는 목회자 한 사람 한 사람을 세우셨다. 그에게 은사를 주시고 재능을 주시고 많은 시간을 통하여 훈련시켜 지금의 목회자로 만드셨다. 그러므로 자신의 목회를 해야 한다. 하나님께서 부어 주신 능력과 권세로 자신을 잘 구비하여 자기만의 목회를 구현하기 위한 당찬 자존감을 세우고 담대하게 교회를 세워 가야만 한다.

또 한 가지, 여기서 다시 기억해야 하는 것이 있다. 목회를 쉽게 하려 하지 말라. 목회와 교회 세우기는 거룩한 하나님의 전을 짓고자 한 다윗의 장막과 같은 것이어야 한다. 자신의 인생을 건 고도의 헌신된 사명으로 이루어지는 것이다. 그래서 가치 있는 사역이며 의미 있는 인생인 것이다. 이 사역에 성도들이 함께할 수 있도록 하는 것이 목회자의 본분이다.

프로그램으로 목회하지 말라. 프로그램은 더 이상 사역이 아니다. 사역은 그 교회만이 할 수 있는 고유한 것이어야 한다. 프로그램에 함몰되어 사역의 편의주의로 치닫는 어리석음을 버리고, 지역을 연구하고 교인들의 니즈와 원츠를 파악하며 부단히 자신의 객관화를 도모하여 특성화를 이루어 가야만 한다.

목회는 쉬운 길이 없고 지름길이 없다. 담임목사로 부임하는 것은 쉬운 일일지 모르지만 교회를 건강하게 세워가는 사명은 자기 헌신을 통하여 이루어진다. 자신의 고군분투한 흔적이 사역에 담기고 씨름한 증거가 사역의 열매로 맺히게 된다. 그러므로 누군가에 의해 만들어진 프로그램은 그 누군가의 고유한 것이며 그 누군가의 교회에 맞는 프로그램인 것이다.

프로그램은 그 교회의 여러 환경, 구성원들의 성향, 그 지역 문화의 영적 토양, 나아가 담임목사의 영성과 기질 그리고 리더십의 형태에 의하여 결정되어진 사역 도구다. 그렇기 때문에 그 프로그램은 그 교회만의 유일한 도구가 된다. 물론 그 프로그램의 원리를 배우고 익혀야 하지만 손쉽게 그 프로그램을 가지고 와서 그대로 도입하는 어리석음을 버렸으면 한다.

프로그램이 아니라 방향성이다. 어떤 교회로 갈 것인가? 우리 지역에 가장 적합한 교회의 모습은 무엇일까? 그 이미지와 방향성에 맞는 프로그램은 무엇일까? 우리 교회가 가장 잘 할 수 있는 사역은 무엇인가?

목회자는 연구하는 영적 리더이다.

2. Bond/지역의 사람들과 유대를 강화하라

중소형 교회가 영향력을 발휘하기 위해 가져야 하는 또 하나는 유대bond의 힘이다. 대형 교회보다 우위에 있는 것이 바로 지역민들과의 면밀한 유대력이다. 중소형 교회야말로 지역의 필요를 따라 유대 강화를 할 수 있는 최상의 규모이다.

교회 사역의 필요 자원의 많고 적음을 거론하자면 규모가 큰 대형 교회가 압도적 우위에 있지만, 사람들과의 유대를 추구할 때는 규모의 크기가 결코 중요한 잣대가 아니다. 오히려 중소형 교회가 우위에 있다. 마케팅 전략 측면에서 중소형 교회는 작다는 것을 도리어 강점으로 살릴 수 있다. 사람들과의 관계를 심화할 수 있다는 강점, 주님께서 그러하셨듯이 한 사람 한 사람과의 유대를 강화해 나가는 것이다. 사람들로 하여금 소문을 듣고 잠시 들렀을 때 다시 오고 싶은 교회, 옮기고 싶은 교회로 만들 수 있다. 그 핵심에 바로 유대bond가 있다.

교회는 관계 지향적이다. 아니, 관계 지향적이라기보다 관계 중심적이다. 하나님과의 관계, 성도 간의 관계, 지역과의 관계, 교회 간의 관계를 배우고 익히며 실행하는 곳이 하나님의 교회이다.

교회의 절대 가치는 하나님 나라이며, 교회가 추구하는 최고의 가치는 하나님의 사람이어야 한다. 하나님의 사람을 가장 귀하게 여기며 그들을 온전한 그리스도인이 되게 하는 것이 교회의 몫이다.

> "우리가 그를 전파하여 각 사람을 권하고 모든 지혜로 각 사람을 가르침은 각 사람을 그리스도 안에서 완전한 자로 세우려 함이니 이를 위하여 나도 내 속에서 능력으로 역사하시는 이의 역사를 따라 힘을 다하여 수고하노라" _골 1:28-29

이를 가장 온전하게 감당할 수 있는 교회는 역시 중소형 교회이다. 중소형 교회는 온전한 그리스도인으로 세워 가는 것을 최고의 목적으로 삼아 집중해야 한다. 이를 위해 관계중심주의로 바뀌어야 한다. 필자는 이것을 'Man-Power'라고 한다. 교회가 'Man-Power'를 구축하면 교회 성숙이 이루어지고, 성숙은 또 다른 성장을 도모할 수 있게 된다.

교회가 유대력을 키운다는 것은 무엇을 어떻게 한다는 것인가?

지금의 교인과 성도들이 높은 만족도를 갖게 해야 한다

교회의 성장을 위해서는 우선 교인들이 최상의 만족을 해야 한다. 자신이 다니는 교회에 대한 만족감 없이 어떻게 타인에게 자신의 교회를 소개하며 인도할 수 있겠는가? 더욱이 중소형 교회는 성도들 스스로 교회에 대한 자부심이 강하게 나타나야만 한다.

교회 현재 상황 진단(연령별)

구분	내용	20대	30대	40대	50대	60대	70대 이상	평균
신앙생활 만족도	나는	6.33	6.74	7.09	7.18	7.32	8.33	7.17
	나는	5.73	5.67	6.19	6.62	6.72	7.44	6.39
	나는	7.02	6.79	7.57	7.83	8.04	8.42	7.61
	나는	5.85	5.73	6.03	6.37	6.06	7.07	6.18
	나는	5.46	4.03	5.00	5.60	5.23	6.04	5.23
	교회에서	4.96	3.86	4.86	5.21	5.26	5.76	4.99
	전도하고	6.21	6.19	6.70	7.56	7.36	7.58	6.93
	예배생활	7.48	7.67	8.07	8.59	8.57	8.96	8.22
	평균	6.13	5.84	6.44	6.87	6.82	7.45	6.59
목회자에 대하여	인격에	8.56	8.60	9.06	9.14	9.28	9.29	8.99
	언제나	8.31	8.66	8.86	8.96	9.17	9.31	8.88
	선명한	8.54	8.68	9.23	9.04	9.17	9.18	8.97
	강점으로	7.98	7.92	8.58	7.98	8.09	8.60	8.19
	설교가	8.60	8.38	8.84	8.68	8.97	9.27	8.79
	교인을을	8.44	8.49	8.91	8.64	8.96	9.29	8.79
	대인관계	8.69	8.63	8.90	8.68	9.13	9.36	8.90
	교회를	8.58	8.49	9.03	8.79	9.03	9.16	8.85
	증진들과	8.29	7.81	8.63	8.40	8.81	8.84	8.46
	평균	8.44	8.41	8.89	8.70	8.96	9.14	8.76
	체계적인	6.63	6.08	6.75	6.63	7.52	7.58	6.87
	다양한	6.44	5.78	6.78	6.73	7.58	7.89	6.87

다음의 도표는 교인들의 만족도에 따른 교회 성장의 추이도이다.

BCG Matrix-교회 성장 추이도

1) 교회 혼란기

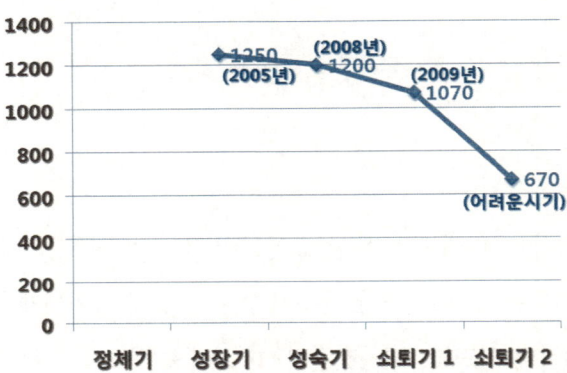

2) 담임목사 부임 후

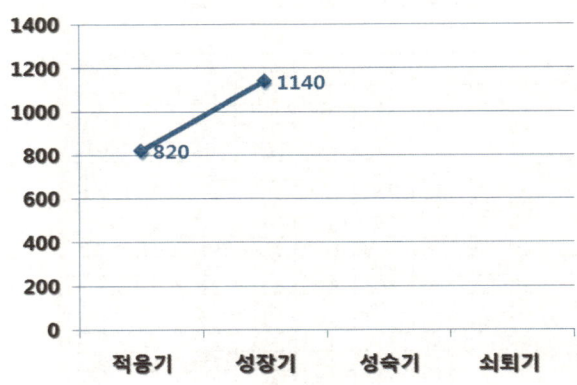

- 증가교회 컨설팅 보고 내용 -

교인들이 가장 만족하고 싶어 하는 것은 과연 무엇일까? 무엇이 가장 만족되어야 교회 성장이 이루어질 수 있을까? 그것은 다음의 도표를 통하여 알 수 있는데, 그동안 컨설팅한 교회들의 결과들을 총망라하여 분석한 도표이다.

교회 성장에 영향을 주는 교회 만족 요인 분석 결과표

(중복 설문 결과임)

항목	비율
담임목사의 설교	92%
담임목사의 인격과 성품	86%
예배 분위기 변화	81%
교회의 핵심 사역이 사람들에게 집중될 때	75%
교회의 체계화	74%
교인들 돌봄	74%
영적인 성숙을 경험	71%
교인들 간의 영적 교제	70%
영적 나눔이 있는 소그룹 모임	70%
목회자와의 의사소통	66%

[대형 교회 20교회(청장년 출석 1,000명 이상), 중형 교회 30교회, 작은 교회 30교회 분석]

위의 표에서 알 수 있는 것처럼, 교인들은 목회자와의 유대, 목회자와 성도 간의 영적 교감대 형성에 대한 만족의 욕구가 높다.

교회 만족도 조사는 다음의 설문을 통하여 진행하였다. 아래의 설문 양식을 정기적으로 조사해서 현재 교인들이 갖고 있는 교회 만족도를 점검하고 분석하는 과정이 우선시되게 하자.

교회의 일반적 만족도 설문 항목

	0	2	4	6	8	10
• 나는 우리 교회에 대하여 만족한다.						
• 나는 우리 교회에서 이루어지고 있는 사역들에 대하여 만족한다.						
• 나는 우리 교회의 새로운 변화를 시도하는 것에 대하여 만족한다.						
• 나는 우리 교회에 비전이 있기에 만족한다.						
• 나는 우리 교회명(교회 이름)에 대하여 만족한다.						
• 나는 우리 교회가 한국 교회에 본이 되기에 만족한다.						
• 나는 우리 교회의 위치에 대하여 만족한다.						
• 나는 우리 교회 수양관에 대하여 만족한다.						
• 나는 우리 교회가 부채를 안고서라도 사역이 진행되어 가는 것에 만족한다.						
• 나는 우리 교회가 지원하는 선교정책에 대하여 만족한다.						

-컨설팅 설문지 일부 발췌-

개인적 유대 강화는 교회의 본질적인 모습이다

지역민들과 교우들의 교감 형성, 이것은 중소형 교회가 가장 중요하게 강조해야 하고 훈련되어야 한다. 사람과 사람 사이의 커뮤니케이션으로 구축된 정서와 감성 그리고 섬김의 유대는 매우 강력해서 교회로 초대하는 데 가장 바람직한 요소가 된다.

대형 교회는 교인들 간의 유대, 더 나아가 지역민들과의 유대를 강화하는 측면에서 중소형 교회에 비하여 상대적으로 기회가 적다. 교인들끼리도 누가 누구이며 담임목회자나 심지어 부교역자까지도 서로를 잘 모르는 경우가 허다하다. 대형 교회 목회자들이 성도를 몰라보는 것을 자랑스러워하는데 목동은 자기의 양 무리를 모를 수 없고 반드시 알아야만 한다(《양치기 리더십》 책을 추천한다). 그것은 자랑이 아니다. 그러나 그것을 탓하려고 하는 것이 아니다. 교회의 본질은 하나님께서 불러내신 자들(에클레시아)의 모임으로, 서로를 알고 섬기는 것이 한 부분이기 때문이다.

그에 반하여 중소형 교회는 처음 방문한 사람과 깊이 있는 소통 그리고 교회 주변의 지역민들과 소통할 수 있는 여러 가능성이 많다. 교회는 하나님과의 관계뿐 아니라 사람들과의 관계의 중요성을 인식해야 한다. 중소형 교회는 이러한 공감대를 구축하는 데 매우 유리하므로 강점을 부각하고 강화하는 'Bond 목회'가 되어야 한다.

교회는 '불러낸 자들의 모임'이다. 이러한 특성으로 교회 안의 지체들은 서로간의 친밀한 사귐이 반드시 이뤄져야 한다. 친밀한 사귐과 교제가 될 수 있는 교회의 규모(성도의 수)가 어느 정도라 생각되는가? 유진 피터슨은 자신의 목양적 한계질량을 250명 정도라고 한 적이 있다. 내가 주창하는 건강한 교회의 숫자적 규모는 장년 출석 250-300명, 주일학교와 학생, 청년은 150-200명이다.

물론, 이 규모가 정답이라고 언급할 수는 없지만 교인을 돌보는 목양의 측면과 개인적인 유대 강화와 상호 섬김으로 서로를 배우는 교회의 기능을 감당하기 위해서는 이상적이고 적절한 규모라고 여겨진다. 이 책 또한 지금 말하는 한계질량을 가슴에 두고 기술되었고 십수년간 한국 교회를 연구하고 섬기며 눈으로 바라본 토대로 주창하는 것이다.

전도 전략 가운데 여전히 오랜 시간 강조되고 있는 전략으로 '관계 중심 전도 전략'을 말하고 있다. 교회는 관계 중심적인 전도 전략에 매우 민감하므로 중소형 교회는 이를 더욱 강화하는 것이 중요하다.

지속적인 변화를 추구하라

지금은 변화의 시대이다. 아니, 변혁의 시대라 할 수 있다. 변화되지 않는 것이 없다. 유일하게 변혁되지 않는 것이 하나 있는데 '변화한다'는 사실뿐이다. 교회 역시 변화해야 한다. 왜냐면 교회도 하나의 공동체이다. 더 나아가 유기체이므로 살아 움직이는 역동성을 추구해야 한다. 지역민들이 중소형 교회를 바라보고 있다. 그 교회의 움직임도 역시 감지하고 있다. 그들에게 지속적인 변화를 추구하고 있음을 보여주어야 한다. 그것은 그들을 위함일 뿐 아니라 교회 역시 그 변화의 일환이 되어 역동성을 통한 하나님의 살아 계심을 체험하게 해야 한다. 변화 없는 중소형 교회는 성장과 성숙의 가능성이 없다.

다시 언급하거니와 변화의 핵심은 바로 목회자 자신이다. 목회자의 변화는 성도들의 변화를 가져오고, 성도들의 변화는 접촉되는 지역민을 교회로 인도하게 한다. 변화가 쉽지만은 않다. 사탄은 우리의 변화를 싫어하기 때문이다. 안주하기 좋아하고 안주하게 한다. 우리는 이 세상에 살면서 진리가 삶에 자리하도록 끊임없는 전쟁을 치러야 한다.

> "진리대로 사는 자는 세상의 바보이다. 진리대로 사는 자는 세상의 이치와 편리함보다 진리와 말씀을 토대로 순종하며 살아가는 것을 기쁨으로 여긴다. 이 순종의 삶이 세상을 밝히는 등불이 된다. 삶이 거룩해지는 것이다. 외관상의 거룩성을 말하는 것이 아니다. 내면과 삶이 실천적 능력으로 승화된 작은 등불이 되어 어둠을 물리치는 귀한 역사를 이루는 것이다. 이것이 빛의 자녀이다.
> "너희가 전에는 어둠이더니 이제는 주 안에서 빛이라 빛의 자녀들처럼 행하라"_엡 5:8.
> 빛의 자녀가 갖는 속성들이 각자의 삶에 잘 드러나야 한다. 진리 전쟁은 영적 대적자들인 마귀와 공중 권세 잡은 자들과 맞서 싸우는 것이다. 아울러 새로운 진리에 근거한 자신의 치열한 삶도 진리 전쟁이라 한다.
> 1. 공중 권세 잡은 자들은 각자에게 다양한 방식과 환경으로 다가와 진리와 배치되는 삶을 살도록 이끈다. 일상이 늘 깨어 있어서 대적해야 한다. 하지만 안타깝게도 그들에게 이용되는 그리스도인들이 있다. 빛의 자녀로 사는 것을 포기하는 것이다. (이하 생략)"
>
> _김성진 목사의 《진리 전쟁》에서.

변화는 무엇일까? 무엇을 변화시켜야 하는가?

첫째, 하나님 중심으로 변화하라.

교회를 세우다 보면 교회의 중심과 주체이신 하나님은 온데간데 없고 사람들이 교회의 중심이 되어 그들의 생각과 철학이 우선시되고 그 생각들을 교회에 적용하고자 한다. 교회는 하나님의 교회이다. 하나님의 소유라는 의미이다. 하나님 소유의 교회이므로 자신이 주인이라는 의식을 접어야 한다. 그 변화는 목회자와 모든 교우들이 끊임없이 주님이 교회의 주 되심을 인식하고 알리고 공유할 뿐 아니라 고백할 때에 가능하다. 아울러 전 교인이 하나님 주체의식을 갖는 것으로 변화되어야 한다.

둘째, 교인들의 성품과 인격을 변화시키라.

교회는 사람들이 주님을 영접하고 그들이 주님처럼 살아가도록 훈련하는 곳이기도 하다. 시간이 지남에 따라 그들의 영적·인격적 삶이 성숙하여 다른 사람에게까지 영향을 끼치는 삶이 되도록 하는 것이다. 이것이 제자도이다. 교회의 완성도는 그 교회 안에서 각 사람을 권하고 각 사람을 가르쳐서 각 사람이 그리스도를 닮는 자가 되게 하는 것이다. 그러한 제자도의 완성이 좋은 교회로 가는 길임을 인식하고, 각 교회는 주님을 닮아 또 다른 사람들에게 영향력을 주는 그러한 제자가 되게 하는 온전한 시스템을 구축하여야 한다.

제자도의 완성은 그리스도의 인격을 의미한다. 인격은 주님을 닮음이다. 주님처럼 생각하고 주님처럼 말하고 주님처럼 행동하는 섬김의 인격을 갖도록 하는 것이다. 제자도에 의하여 각 사람을 변화시켜야 한다.

셋째, 교회를 체계화하라.

좋은 교회는 지속적인 시스템의 변화를 추구한다. 교회는 이미 언급한 것처럼 공동체이다. 조직적이고 전략적으로 교회가 운영되어야 한다. 아니 공동체가 운영되어야 한다. 사안事案별로 운영(경영)되는 것은 안 된다. 모든 면에 있어서 한 가지씩 체계적으로 경영되어야 한다. 질서의 하나님이시다. 공동체의 사역들이 질서와 조화를 이루도록 지속적으로 변화를 시도해야 한다. 주님을 닮아 가는 과정을 단계별로 그려낸 '제자도의 설계도면'처럼, 교회 사역 과정 전체가 한눈에 일관되도록 전개되어야 한다. 그것을 우리는 시스템이라고 한다.

넷째, 사역을 변화시키라.

여기서 언급하는 사역은 우리가 알고 있는 사역 프로그램이 아니다. 교회의 진정한 사역은 섬김이다. 섬김을 통하여 사람이 자란다. 섬김이란 단순한 봉사 수준을 넘어 다른 사람을 세우는 것을 의미한다. 성숙한 그리스도인은 자기를 높이기 위해 헌신하는 것이 아니라 타인을 섬기고 세우는 기쁨을 아는 자이다. 그러므로 교회는 타인을 세우는 구체적인 섬김 사역이 잘 이루어지도록 해야 한다. 프로그램 속으로 교인들을 끌어들이지 말고 하나님의 진리의 말씀 속으로, 성령의 능력 속으로 인도하여 그 가운데서 성숙하게 하자.

다섯째, 삶을 변화시키라.

변화 없는 교인들조차 지치며, 교회를 떠나게 된다. 삶을 변화시킨다는 것은 삶의 태도와 습관을 변화시키고, 더 나아가 그의 가치를 변화하게 하는 것이다. 사람이 변하는 것은 어렵다고들 말하지만 반드시 그런 것만은 아니다. 제자들의 변화와 사도 바울의 변화만 보더라도 사람은 변화될 수 있다. 변화의 주체는 주의 영이시다. 주님의 영이 우리를 변화하게 하신다. 그분의 영이신 성령님으로 말미암아 우리의 삶이 바뀌도록 자신을 말씀 앞에 내려놓는 결단을 해야 한다. 변화되지 않으면 근원적으로 믿음이 없는 것이다. 믿음은 말씀을 따르고 진리대로 살아가고자 하는 것의 근원이다.

그러므로 변화는 믿음의 표현이고, 믿음 생활의 핵심이 된다. 믿음의 성숙은 변화됨이고, 변화는 가치를 바꾸고 가치가 삶의 태도를 바꾸고 그 태도가 습관이 되어 변화되고 성숙한 그리스도인이 되게 하는 것이다. 가치는 자신의 삶의 수준을 결정짓는 결정체이다. 그가 어떤 가치관을 갖고 사느냐가 그의 삶의 모습을 가늠하게 한다.

여섯째, 교회 홍보매체의 변화를 시도하라.

- 수개월이 지난 주보가 그대로 부착되어 있는 경우
- 1년 된 광고와 때 지난 광고 포스터가 붙어 있는 경우
- 12개월의 월별 사역이 바뀌었는데도 여전히 지난달 내용이 부착된 경우
- 계절이 지난 크리스마스 장식이 부착된 경우
- 지저분하게 방치되어 있는 교회 비품들

이러한 교회에 다니고 싶겠는가? 대형 교회는 전담자들이 있어서 이러한 변화가 신속하게 이루어지지만 중소형 교회는 잠시라도 방치하면 이렇게 되어버린다. 신속한 처리를 위한 시스템을 구축하는 것이 필요하다. 중소형 교회는 소소한 것부터 시작하여 변화를 끊임없이 시도해야 한다. 그것이 중소형 교회의 생명력이 된다.

하지만 기억해야 하는 것이 있다. 시대의 변화에 따라 변화가 불가피하다 할지라도 변화되지 않아야 하는 것이 있다.

- 하나님의 절대 가치이며 하나님 나라의 구현이다.
- 교회의 본질인 진리의 전당이며, 하나님의 사람을 세우는 것이다.
- 교회가 근본적으로 추구하는 영혼 구원 사역은 변화될 수 없다.
- 하나님과 사람이 중심되어 공동체를 이루어 그곳에서 하나님의 임

재를 경험하며 작은 천국을 경험하도록 하는 것은 본질이며 변화될 수 없다.
- 교회를 통하여 하나님의 사람들이 주님의 제자가 되는 제자도의 완성은 교회의 완성이며 궁극적 사역이다. 이것은 변화할 수 없다.
- 사역 프로그램은 다양할 수 있지만 말씀이 진리이며 말씀이 모든 사역의 잣대가 됨은 변할 수 없는 것이다.

이렇듯, 교회의 근본, 본질은 결코 양보할 수 없다. 그러나 시대의 흐름에 따른 비본질적인 것들은 변화되어야 한다. 변해야 한다. 변화하지 않는 것은 성숙하지 않은 것이고 열매 맺지 못하는 것이다. 열매 없는 성숙은 없기 때문이다. 고인 물은 썩을 수밖에 없다.

교회는 살아 있는 유기체이다. 사람들의 양태 변화에 능동적으로 대응하며 시대와 지역을 선도하는 조직체이며 각 부분과 전체가 필연적으로 연결되어 있다. 일정한 목적 아래 모든 부분이 통일 조직되어 움직이는 유기체인 교회는 지속적으로 자라야 하고 변화, 성숙되어야 한다.

끊임없이 지역민들과 접촉을 시도하라

지역민들과의 접촉을 위한 노력은 지역 복음화를 위해 마땅히 해야 하는 중요한 사역이다. '그 지역'에 교회가 세워진 이유는 '그 지역의 복음화'를 위한 것이다. 그러므로 중소형 교회는 다양한 접촉 방법을 강구해야만 한다. 다양하게 그리고 멈춤 없이 접촉을 시도해야 한다.

혹자들은 아무리 전도해도 안 된다고 하지만 그것은 명백하게 틀린 말이다. 전도가 안 되는 이유는 지역민들을 위한 교회의 전도 전략이 없고, 그 전략을 이루기 위한 구체적인 계획이 없기 때문이다. 또한 좋은 교회로서 건강한 소문이 없기 때문이다. 소문은 이미지가 되고 교회의 브랜드가 된다.

지금은 개인이 개인에게 복음을 전도하는 것보다 교회로 일단 초청되어 교회를 통해 복음이 심어지는 형태로 이루어지고 있다. 교회를 전도하는 전략이 필요하다. 그러므로 좋은 교회의 이미지를 갖는 것이 매우 중요하다. 지역 복음화의 기치 아래 그들과 접촉할 수 있는 방안(이것을 전술이라고 한다)을 마련하기 위해 연구해야 한다. 어떤 방안으로 접촉점을 만들 수 있을까?

지역의 필요를 확보하는 것이 우선이다. 필요와 욕구를 충족할 수 있는 것을 발견해야 한다. 파악이 어렵다면 전문 컨설턴트를 이용하라. 객관적인 통합 분석으로 대안을 찾아 시도하고 피드백하는 일련의 과정을 거치면서 '그 교회'만이 할 수 있는 접촉점을 찾아 줄 것이다. 교회가 해야 할 중요한 일은, 발견된 접촉점을 프로그램화하고 우리 교회만의 시스템으로 구축하는 것이다. 또한 전도는 계속되어야 한다. 평소 전도의 열매가 없다 할지라도 꾸준히 전도하는 교회는 성장한다. 이 사실만으로도 지속적인 접촉을 시도하고 있어야 한다.

**"알고 있는가? 지속적으로 전도하는 것만으로도
하나님께서 기뻐하신다는 사실"을.**

많은 교회들이 꾸준히 전도를 시도하고 있음에도 불구하고 괄목할 만한 전도의 열매를 맺지 못하는 이유는 앞서 언급한 전제가 불충분하기 때문이다. 전도가 안 되는 이유를 뿌리부터 찾아 대안을 발견하고, 전도 전술로 지역 복음화의 가치를 높이 들어야 할 것이다. 지역에 맞는 전도를 하라. 최근 전도에 있어 강력하게 선도하고 있는 부산 모 교회의 전도 전략은 매우 훌륭하다. 그러나 그 교회가 갖는 전술이 모든 지역에 적용되는 것이 아니다.

다시 언급하거니와 결코 그렇게 적용하지 말아야 한다. 단, 그 목회자와 그 교회가 갖고 있는 철학, 원리는 배워 익히라. 그 원리를 우리가 섬기는 지역과 교회, 교인들에게 적용하고 목회자 자신의 성향을 분석하여 그에 걸맞도록 전술 전략을 수립하자. 어떤 전략보다 더 강력한 무기는 지역을 위해 헌신하고자 하는 마음가짐이다. 지역민과 밀착하여 신뢰를 얻지 못하면 교회의 존재 자체가 무의미하다는 것을 인지하고 그들의 필요를 철저하게 파악하고 소통하자.

아래는, 본 연구소^{MSC}에서 시행한 교회 컨설팅을 적용한 서울의 강북지역에 위치한 중대형 교회의 예이다. 그 지역에는 아파트 대단지가 들어섰지만 주변에 변변한 문화센터가 하나도 없었다. 이 교회는 건축구조상 어떤 문화 사역도 할 수 없는 시설이었으므로 연구소는 문화센터의 건립을 제안했다. 교회 사정상 이 제안 수령이 상당히 어려웠으나(건축으로 인한 부채가 30억이 넘었기 때문이다) 연 1회 열리는 당회(공동의회/사무총회)를 통해 중요자산인 수양관 처분을 의결하기로 결정하였다. 그리고 높은 비율로 수양관 매각을 동의했다.

XI. 교회중장단기사역 목표

교회가 직면하는 문제점을 파악하고 이를 중·장·단기계획으로 정리하여 귀 교회의 내일을 준비하게 하는데 있다. 분명한 것은 이 설정은 목표설정에 한정됨을 밝혀 둔다.

1. 교회부속기관세우기

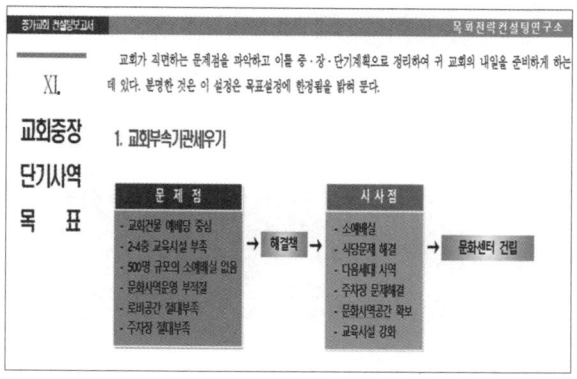

2. 교회부채 해소방안

- 년 이자 1억 6천만원(지출 비용 중 6.3% 차지)
- 원금상환을 위하여 교회 사역을 전면중지하고 간축재정을 한다면 년 2-3억 정도 상환할 수 있음

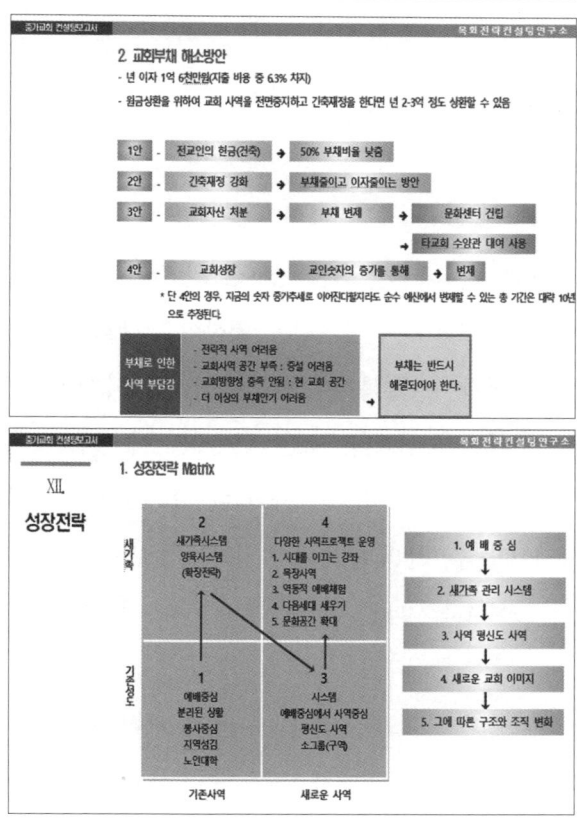

XII. 성장전략

1. 성장전략 Matrix

-교회 방향 결정 과정 Matrix-

이와 같이 때로는 교회의 자산을 매각해서라도 지역의 필요를 공급하고자 하는 결단이 필요하다. 자산을 보유하는 것이 능사가 아니다. 그 자산을 유용하게 활용하는 것이 지혜이며 변환해야 하는 가치 전환 체계인 것이다. 교회의 본질 사역이 아닌 것으로 인해 전환 기회를 잃어서는 안 된다.

지금 시대를 4불(不) 시대라고 한다.

불안 / 불통 / 불만 / 불행

비단 사회뿐 아니라 교회 내에서도 동일한 현상이 발생하고 있다. 교역자들과 교인들의 불통, 교인들 상호간의 불통, 하늘 나라의 소망을 갖고 있는 성도들이 이 땅에서 불행하다고 생각하고 있다. 우리나라가 OECD 국가 중 행복지수가 최하위라는 사실이 불행하다는 생각이 만연하다는 증거이다. 모든 일에서뿐 아니라 스스로에게도 불만족하고 있다. 그리고 작금의 사회 현상들은 온통 불안하다. 치안과 삶 그리고 노후, 전쟁과 기근, 환경의 문제 등 사회 전반에 걸친 다양한 현상들이 4불 시대를 이루고 있는 것이 사실이다.

이러한 4불 시대에 교회는 무엇을 어떻게 해야 하는가? 하나님의 성전, 교회가 이러한 4불 시대를 바꾸어야 한다. 평안/소통/만족/행복으로 바꾸는 것이 시대적 사명이 되어야 한다. 신앙과 교회 생활을 통하여 평안함을 느끼고, 지역과 교회 내의 모든 부류들과의 영적이며 인간적인 교감을 통한 소통이 이루어져야 하며, 감사로 일관된 만족과 자족을 경험하게 해야 한다. 하나님으로 인하여, 주님 때문에, 담임목사와 교회 공동체의 지체들로 인하여, 더 나아가 그 지역에서는 그 교회 때문에 행복해져야 한다.

지역과 소통될 때 비로소 지역교회가 된다. 만약 소통을 배제한다면 그 지역에 그 교회가 존재할 이유가 없다. 교회는 지역과의 소통이 가장 중요하다. 교회 자체를 위하여 교회는 존재할 수 없고 존재해서도 안 된다. 교인들의 피땀 어린 헌금으로 건축된 교회 건물이 교인들만을 위한 공간이라고 한다면 굳이 그 지역에 교회를 세울 필요가 무엇인가? 교회는 세상에 있어야 하고 세상을 위하여 존재해야 하고 그들을 위하여 세워져야 한다.

우리를 위하여 이 땅에 오신 하나님처럼 교회는 반드시 그 지역을 위하여 존재해야 한다. 지금 섬기는 교회는 과연 그 지역을 위하여 무엇을 하고 있는가? 교회의 공간과 사역이 교인들만을 위한 것인가? 지역을 섬기고 그들에게 복음을 전하고 하나님의 백성이 되게 하는 것에 있는가? 지역과 하나 되기 위한 교회의 헌신이 새로워져야 하는 시점에 한국 교회는 서 있다.

Bond는 교회의 생명이며 존재가치이다. 지역과 그 지역 사람들과 하나가 되기 위한 부단한 헌신이 있어야 한다. 유대 강화 그것은 그 지역의 바로 그 교회가 되는 필수요소이다.

3 Communication/ 의사소통하라

의사소통은 교회가 교회 되게 하는 통로이다

아무리 좋은 것이 있더라도 전달되지 않으면 아무런 의미가 없다. 전달은 사람과 사람을 잇는 끈이며 한마음, 한 믿음으로 한 주님을 섬기게 하는 소통의 통로이다. 전달을 잘해야 한다. 설교문을 잘 작성했더라도 제대로 전달되지 못한다면 의미가 없다. 그러므로 적극적으로 대화, 소통을 시도하고 정확하게 알리는 기술을 연마해야 한다. 적극적이면서 자연스럽고, 자연스러우면서 매력적인 그런 전달이 되어야 한다.

전달, 이것은 중소형 교회의 핵심이 되는 힘 중 하나이며 도외시 되어서는 결코 성공적인 사역을 이룰 수 없다. 'C'의 힘을 길러야 한다. 소통을 위한 교회 차원의 마케팅을 지혜롭고 철저하게 수행하여 지역과 소통하는 복음의 통로가 되도록 하자.

앞서 소개한 다이신 백화점의 니시야마 사장은 강조한다.

"우리는 이익을 지역에 환원한다. 우리의 목표는 다이신이 마을의 상징이 되고 커뮤니티의 중심이 되는 것이다. 지역 중소업체의 생존 노하우도 바로 여기 있다."

한 건설회사의 광고이다. 아파트를 파는 것이 아니라 커뮤니티를 판매하고 있지 않은가?

그렇다. 기업들보다 교회는 더욱더 지역과의 커뮤니티를 형성해야

한다. 세상의 모든 기업들은 지금도 사람들과 소통하기 위해 노력하고 있다.

건강한 교회는 다음의 4방향 소통이 되어야 한다. 하나님과의 소통, 지역과의 소통, 교인들 상호간의 소통, 자신과의 소통. 이것을 전인적인 교회의 의사소통이라고 한다.

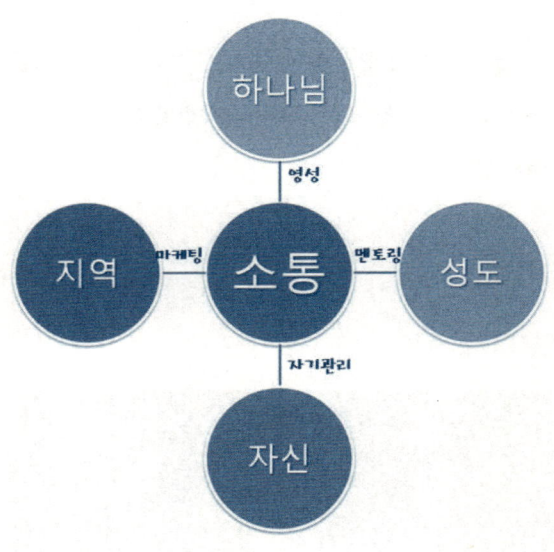

중소형 교회의 소통은 대형 교회와 차별화된다

대형 교회는 교회 이미지의 전달 방식이 일방적이다. 교회 공동체에서 진행하는 대로 전 교인이 그에 순응하여 따르는 형태이다. 이것을 경영적 측면에서는 프로모션promotion이라고 한다. 기업의 프로모션은 마케팅의 기본이기도 하다. 프로모션이란 '한 방향으로의 전달'이란 의미로 정의된다. 대형 교회는 목회자들에 의해 정해진 프로그램을 따라 일방적으로 끌고 가는 형태가 용이한 반면 중소형 교회는 쌍방향 전달을 쉽게 이끌어낼 수 있다. 이것이 강점이 된다.

겸허한 수용의 커뮤니케이션, 즉 지역민들과 교인들의 필요를 듣고 그 욕구와 필요를 제공하는, 진정한 교회 본질에 근거한 사역을 하는 공동체가 되는 것이다. 이러한 의미에서 대형 교회는 지역민과 교인들 간의 소통이 배제되어 있다고 해도 과언이 아니다. 중소형 교회는 이러한 의사소통의 보고寶庫가 되어 지역을 복음화하는 하나님의 전이 되어야 한다. 이 세대에 복음을 알리는 진정한 교회의 진면

모를 보여야 한다. 사람들에게 하나님의 뜻을 전달하고 지역사회 섬김의 기능을 완성하는 하나님의 성전이 되게 해야 한다. 이것이 중소형 교회가 할 역할이다.

이것이 중소형 교회가 할 역할이다. 아니, 모든 한국 교회는 반드시 지역을 위해 존재해야 한다. 지역발전의 걸림돌이 아니라 디딤돌이 되어야 하고 지역발전의 선봉에 서야 한다. 얼마 동안 한국 교회는 교회의 내부 역량 강화에만 집중하였다. 이제는 교회 내부가 아니라 지역사회에 집중해야 할 때이다. 지역을 위하여 교회가 무엇을 하여야 하는지 어떻게 지역을 섬길 것인지 묻고 또 물어야 한다.

지역의 필요를 공급하는 살아 있는 교회가 되게 하는 것이 목회의 본질 중 하나임을 잊지 않아야 한다. 그저 이웃을 돕는 반찬 공급이나 기부를 하는 것으로 위로 삼지 말고, 진정으로 지역을 위하여 교회가 행해야 하는 것이 무엇인지를 찾고 찾아 그 필요를 공급하는 살아 있는 유기체인 교회가 되어야 한다.

최근 컨설팅 한 시골교회의 존재 이유를 다음과 같이 제안하였다.

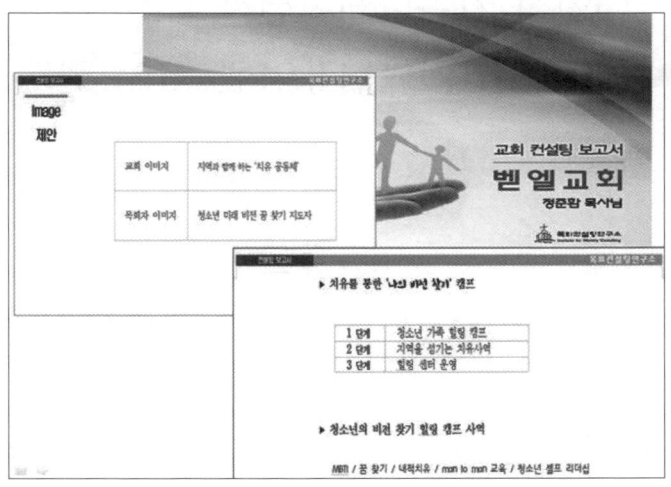

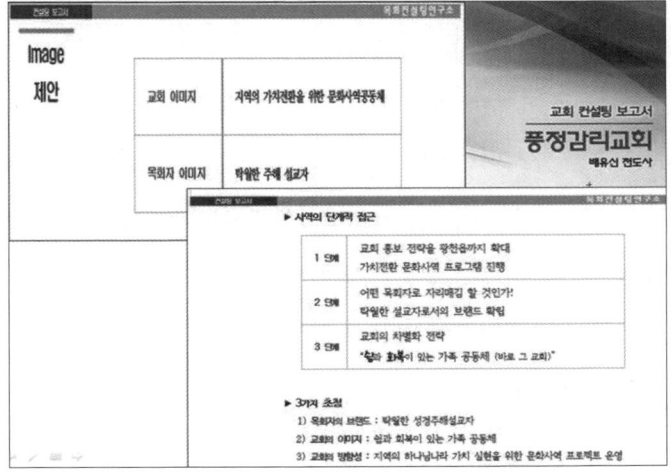

교회는 지역과의 의사소통에 만전을 기하여야 한다. 지역을 위하여 교회는 존재한다.

대인적 커뮤니케이션과 비대인적 커뮤니케이션

마케팅에서는 커뮤니케이션 활동을 크게 두 가지로 분류한다. 미디어를 통해 전달하는 '비대인적 커뮤니케이션'과 사람을 통해 전달하는 '대인적 커뮤니케이션'이다. 이 둘 가운데 핵심은 대인적 커뮤니케이션이다. 대인적 커뮤니케이션을 강화하자. 이것이 강점이 되기 때문이다. 대형 교회는 비대인적 커뮤니케이션을 중심으로 마케팅을 하지만 중소형 교회는 대인적 소통을 통한 커뮤니케이션을 주도해야 한다. 대인적 커뮤니케이션은 감성과 인성 그리고 따뜻한 인간관계와 포근한 하나님 아버지의 마음을 느낄 수 있게 한다. 작은 것이 강점이 되는 영역이 대인적 커뮤니케이션이다.

일반 경영 마케팅에서 대인적 커뮤니케이션을 다시 두 가지로 나누면 '친절 서비스'와 '사람을 통한 전달'이다. 중소형 교회는 이 두 가지 면에서 모두 의사소통이 가능하다. 얼마든지 전 교인에게 친절함으로 다가설 수 있고, 적은 인원이지만 전 교인이 교회 홍보 사역에 헌신할 수 있기 때문이다.

대인적 커뮤니케이션에 대한(을 위한) 관심

대인적 커뮤니케이션에서 가장 중요한 포인트는 사람의 본질적인 욕구를 인지하는 것이다. 기본적이고 본질적인 욕구를 알고 충족시킬 수 있는 사역이 이루어져야 비로소 지역민들과 완전한 소통이 될 수 있기 때문이다. 사람들의 본질적인 욕구란 무엇일까?

- 행복하고 싶다.
- 건강하고 싶다.
- 편안함을 누리고 싶다.
- 안정된 삶을 살고 싶다.
- 즐겁게 지내고 싶다.
- 영적으로 성장하고 싶다.
- 마음의 치유를 통해 평온함을 유지하고 싶다.

이 욕구들을 어떻게 충족해 줄 수 있겠는가?

본질적인 욕구를 충족할 수 있는 사역으로의 전환, 이것은 쉽지 않은 영역이다. 그러나 이러한 욕구가 무엇인지 알고 이제 사역화해야 한다는 필요를 이미 인식했다면 충분히 해낼 수 있다. 원하는 것이 무엇인지 적극적으로 찾고 그것을 채울 수 있는 대안을 만들어 보자.

가장 좋은 것은 사람들로부터 직접 실제의 필요를 듣는 것이다. 필자는 교회를 개척하면서 지역민들에게 설문조사를 했다. 새로운 교회에서 지역을 섬기고 싶은 마음으로 진행했는데 923명이 설문에 응해 주었다. 그때 파악된 가장 큰 욕구는 주부들을 위한 문화강좌였다. 1993년도에 문화강좌는 대형 백화점 정도에서 소규모로 진행할 때였기에 필요성을 인식하게 되었고, 교회 교육관에서 문화강좌를 열어 지역과 소통을 시작했다. 당연히 교회에 대한 소문이 돌았고 대인적 커뮤니케이션을 주도하게 되었다.

참고로 그 당시 설문조사를 하는 동안 그런 교회도 있느냐는 얘기를 듣고 일곱 가정이 교회에 등록하는 결과도 얻게 되었다. 이러한 것이 대인적 커뮤니케이션이다.

지역 설문조사 양식

○○○교회

설 문 지

성 명 : (남, 여)
나 이 :
주 소 :
전화번호 :

설문에 임해 주심을 진심으로 감사드립니다.
저는   교회   입니다.
우리 교회는 지역사회 발전을 위하여 헌신하려고 합니다.

1. 교회에 출석하고 계신지요? (예, 아니오)
2. 출석하지 않고 계시다면 그 이유는 무엇입니까?
3. 저희   교회를 아십니까? (예, 아니오)
4. 아신다면 어떤 교회로 아십니까?
5. 과거에 교회에 다니신 적은 있으십니까? (예, 아니오)
6. 다시 교회를 다니고 싶으신 마음은 없으십니까? (예, 아니오)
7. 다시 교회를 다니신다면 어떤 교회를 선택하시겠습니까?
8. 교회에 특별히 관심이 있는 부분은 무엇입니까?
9. 지금 우리 지역사회에 가장 필요로 하는 부분은 무엇이라고 생각하십니까?
10. 교회가 지역사회를 위하여 해야 할 것은 무엇이라고 생각하십니까?
11. 목사에게 꼭 전해 주고 싶으신 말씀은?
12. 기타 교회에 꼭 바라고 싶으신 것이 있다면?

지금까지 말씀해 주심을 진심으로 감사드립니다.
아무쪼록 하시는 일과 가정에 하나님의 축복이 넘치시기를 바랍니다.

교인들은 교회를 조용히 떠난다

가슴 아픈 현실이다. 교회를 떠난다는 것은 교회에 대한 불만이 있거나 자신에게 문제가 있을 때, 또는 상황과 여건의 변화에 대한 결과이겠지만, 그래도 교인들이 교회를 떠나는 것은 더욱이 중소형 교회로서는 아픔일 수밖에 없다. 그러나 더 큰 문제는 그 떠남의 원인 규명을 하지 않는다는 데 있다. 교인들이 교회를 떠나는 현상이 반복되어 나타나는 것은 교회 내부에 해결되지 않는 문제가 있다는 징후이다. 그 문제를 해결하지 않거나 방치했을 때 대인적 커뮤니케이션의 실패로 이어져 교회는 지속적인 저성장으로 함몰되어 간다. 입소문이 나기 시작하면 그 지역에서 영향력을 행사하기가 어려워진다.

그럼 왜 그런 문제가 대두되는 것일까? 그것은 교회 내부에서의 대인적 커뮤니케이션이 이루어지지 않아서 그렇다. 생각보다 많은 지도자들이 타인의 말을 듣지 못하고 있다. 나 또한 예외는 아닐 것이다. 교인들과 타인으로부터 제안을 들을 때, 또는 문제 해결을 요구할 때 경청의 성품이 성숙되지 않아 적극적으로 대응하지 않은 결과일 수밖에 없고, 그것이 지속적인 악순환을 낳는다. 이러한 악순환을 끊어야 하지 않겠는가? 그럼, 어떻게 해야 할 것인가?

첫째, 공감력을 키워야 한다.

공감력이란 사람들이 무엇을 느끼고 무엇을 생각하는지 아는 힘 그리고 그에 적절히 반응하는 힘이다. 교회 영적 지도자들에게 반드시 있어야 하는 힘이다. 교회의 중직자들 또한 공감력으로 공동체를 섬겨야 한다. 공감력은 한마디로 교인들의 마음을 이해하고자 하는 헌신이라고 할 수 있다.

둘째, 관점을 낮추어 교인들의 입장에서 바라보아야 한다.

교인들은 전임 사역자인 목회자와는 다르며 달라야 한다. 목회자의 눈높이에서 사물과 사건을 바라볼 수 없다. 그렇다면 목회자가 스스로 자신을 낮추어 교인들의 관점에 서 있어야 하지 않겠는가. 많은 교회들이 실패하는 이유는 목회자의 관점으로 교인들을 보기 때문이다. 공감과 소통은 관점을 그들의 눈높이로 낮추는 것으로부터 비롯된다.

셋째, 문제 발생 시 신속하게 원인을 규명하고 대응해야 한다.

교회 성장 과정 중 성장통을 겪는데, 많은 교회들이 성장통의 후유증까지 앓고 있다. 교회 안의 여러 문제들이 야기될 때 원인규명을 신속하게 하지 않고 사후처리를 하지 않기 때문으로 분석된다. 문제 해결 능력은 지도력의 핵심 중 하나이다. 21세기 리더십은 문제 해결 능력이라고까지 하는 이유는 문제를 해결하는 것 자체가 영향력을 주기 때문이다.

넷째, 공식적인 소통의 장을 마련하여 대인적 커뮤니케이션을 활성화해야 한다.

교인들 대부분은 영적 지도자를 직접 찾아가 대화하는 것에 부담감을 안고 있다. 공식적인 의사소통 시간을 만들자. 여러 계층과 연령층과 부서별로 만남의 시간을 갖고 진지한 대화의 시간을 가져야 한다. 교인들로 하여금 열린 대화의 시간에 참여하게 하고 그 시간을 통해 교인들의 이야기를 들어야 한다. 이것을 경영에서는 고객 참여형 마케팅이라고 한다. 교회에 소통하는 장이 열려 있게 하자. 어떤 경우라도 소통되어야 한다. 바람이 소통되지 않는 방 안에 얼마나 오래 있을 수 있겠는가? 결국 뛰쳐나갈 수밖에 없다.

이와 같은 악순환의 고리를 끊지 못하면 교회에 대한 입소문이 좋지 않게 되어 결국 좌초되는 것이다. 대인적 커뮤니케이션은 사람의 입소문에 의존한다. 교인들의 입에서 나오는 소리가 그 교회가 되기 때문이다. 교회를 가장 잘 알릴 수 있는 사람은 교회에 출석하고 있는 교인들이다. 그들로부터 교회를 듣는 것이 가장 확실한 교회상이 될 것이다. 사람들은 무엇으로 신뢰를 하는가?

다음 표를 보면 사람들이 신뢰하게 되는 정보 출처를 볼 수 있다.

친구나 지인으로부터	67%
전도하는 이들로부터	11%
인터넷과 매체로부터	7%
다니면서, 지나가다	5%
전단지와 언론으로부터	5%
기 타	5%

좋은 교회라는 이야기는 그 교회의 교인들로부터 나와야 한다. 목회자가 아무리 좋은 교회라고 외쳐도 교인들이 동의하지 않으면 '좋은 교회'가 될 수 없다.

입소문의 힘

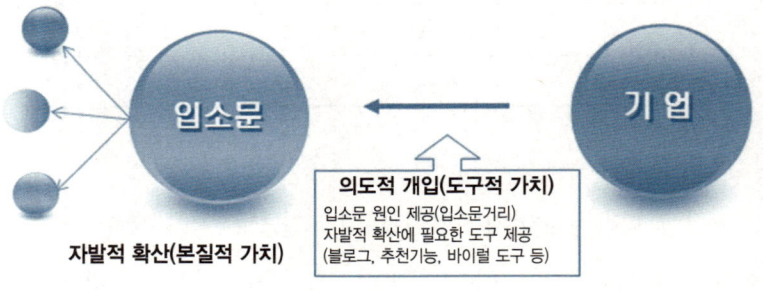

입소문 마케팅의 정의

언론 광고의 힘은 무시할 수 없다. 그러나 교회 공동체는 언론 광고 같은 비대인적 커뮤니케이션보다는 대인적 커뮤니케이션의 영향을 더 많이 받는다. 데살로니가 교회의 소문은 결단코 비대인적 커뮤니케이션의 결과가 아니다.

"주의 말씀이 너희에게로부터 마게도냐와 아가야에만 들릴 뿐 아니라 하나님을 향하는 너희 믿음의 소문이 각처에 퍼졌으므로 우리는 아무 말도 할 것이 없노라" _살전 1:8.

블로그, 트위터, 페이스북 등의 SNS 보급 역시 입소문을 중시하는 경향에 일조한 것이다. 과연 입소문이 얼마나 중요한가? 중소형 교회는 절대적으로 입소문에 의존한다. 입소문만큼 큰 교회 홍보는 없다.

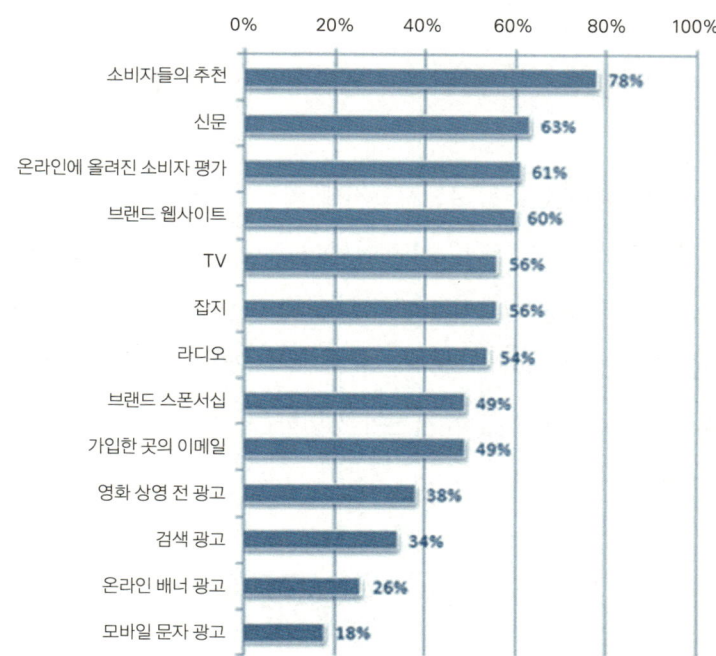

입소문의 힘은 무엇일까?

- 연쇄의 힘이 생긴다. 신속하게 퍼져나간다. 트위터의 위력은 선거의 승패, 연예인들의 인기와 무관하지 않다.

- 생생함이다. 입소문으로 전해지는 이야기는 과장되기도 하고 생략도 되면서 매우 생생하다. 입소문은 사실을 사실대로 전달하지 않고 왜곡하는 여지도 많다. 긍정적 전달보다 부정적 전달이 많다.

- 광고 비용이 들지 않는다. 입소문은 경제적인 의사소통 수단이다.

- 전도되게 한다. 전도는 전도지에 의해 이루어지는 것이 아니다. 쪽복음지로 전도가 되는 것도 아니다. 일단 교회에 발을 딛게 한 후 원초적인 복음을 제시해도 된다. 전도의 핵심은 무엇일까? 자신이 다니는 교회를 소개하는 것이다. 교회 자랑, 교회 이미지, 목회자의 성품과 설교, 교회 분위기, 자신이 경험하는 것들을 자발적으로 전하는 것이다.

그것이 바로 입소문이다.

당신의 교회는 어떤 소문이 퍼지고 있는가?
교인들은 교회를 자랑스럽게 말하고 있는가?

지역민들은 당신의 교회에 대하여 어떤 말을 듣고 있는가?
교인들은 과연 교회에 대하여 무엇을 이야기하고 있는가?

알고 있는가? 교인들은 자신이 알고 있는 것만을 전달한다. 그러므로 교회는 교인들이 소통의 시간을 통해 교회의 비전과 일어나고 있는 모든 것들에 대하여 알리고 나누어, 누구에게든지 정확하게 나눌 수 있도록 훈련해야 한다.

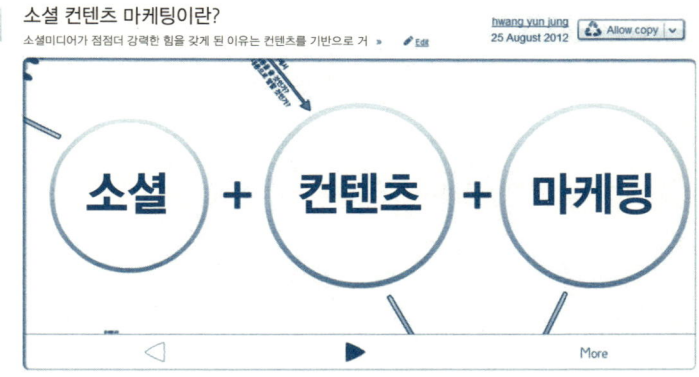

소셜 컨텐츠 마케팅처럼 입소문과 입소문대로 교회 사역 내용이 교회가 위치한 그 지역사회에 맞아야 한다. 목회자와 교회가 좋아도 입소문이 좋지 못하면 그리고 교회의 마케팅이 되지 못하면 교회 성장과 성숙을 기대하기 어려워진다.

입소문은 누가 내는가? 바로 교인, 사람이다. 사람이 핵심이다. 그러므로 교회는 사람을 자라나게 해야 한다. 성숙한 사람은 자신의 성숙을 이야기하게 된다. 자랑하게 된다. 그것이 입소문이다. 교인들 스스로가 자신의 변화를 자랑스럽게 전달할 수 있도록 세워 가는 것이다. 사람은 자신의 변화를 자랑스럽게 이야기하게 된다. 입소문은 전도의 가장 확실한 방법이며 도구임을 잊지 않아야 한다. 입소문의 진원지는 바로 교인 자신들이다.

사람들을 세우고 구비하는 일에 총력을 기울여야 한다. 그리하면 자연스럽게 성장한다. 이것이 교회 전도법이다. 교인들의 성숙은 교회 성장과 직결된다.

4 Development/ 자기를 계발하라

자기 계발은 목회자의 생명력이다

살아 있다는 것은 성숙하거나 성장하는 것을 의미한다. 성공을 향해 달려가는 것만을 의미하지 않는다. 성공은 자기 계발을 쉼 없이 시도하는 자에게 당연히 따라오는 것이라고 생각한다. 성공을 위한 노력보다 자기 계발을 도모하는 것이 현명하고 지혜로운 자라고 생각한다. 자기 스스로에게 던져야 하는 내적 질문이 있다.

첫째, 무엇을 계발해야 하는가?
둘째, 그것을 어떻게 해야 하는 것인가?
셋째, 무엇보다 왜 나는 지속적인 자기 계발을 해야 하는가?

자기 계발을 하지 않으면 내일의 나는 없다. 정체된다는 것은 멈춤이 아니라 퇴보이다. 무엇보다 자기 계발은 자기 자신에게 헌신하는 것을 의미한다.

자기 계발의 시점은 바로 지금, 이 순간의 나, 오늘이다. 지금 나 자신은 무엇을 어떻게 지속적으로 자기를 계발하고 있는지를 날마다 점검하고 한시라도 멈춤이 없이 지속해야 한다. 멈춤은 영혼과 삶의 퇴보라는 사실을 잊지 말자. 내일을 결정하는 것은 우리 자신이 아니라 내가 가지고 있는 습관의 연속이 빚어내는 결과이다. 하루하루 자기 계발을 위한 계획을 세우고 어제의 자신에서 벗어나 오늘이 다른 삶을 살아가는 것이 중요하다.

특별히 영적 지도자는 모든 면에서 성숙해야 하기 때문에 이성, 지성, 영성, 인성, 자기 관리, 자기 발전, 자기 계발을 지속하여 주님께서 사용하시기에 부족함이 없어야 하고, 본이 되고 존경받는 영적 지도자가 되어야 한다. 이런 것이 없이도 성공했는가? 둘 중 하나일 것이다. 계시적 사역을 도모하기 위한 하나님의 특별한 도구이거나 인간적인 행운을 맛본 자이거나. 자기 계발은 교회 규모와 관계없이 영적 지도자 모두에게 필수적이다. 자기 계발 자체가 내면의 힘이 되며, 그 힘이 자신의 외적 환경과 상황을 바꾸게 됨을 잊어서는 안 된다.

성장, 더 나아가 성숙하기 위해서는 가장 먼저 나 자신을 알아야 한다. 나는 누구이며 나의 강점과 약점이 무엇인가? 더 나아가 나의 어떤 점을 계발해야 하는지 알아내고 스스로 피드백$^{Feed-back되먹임, 되알림. 어떤 일로 인해 일어난 결과가 다시 원인에 영향을 미치는 자동 제어 원리}$할 수 있어야 한다.

자기에게 부여된 하나님의 사역을 감당하는 사람의 유형을 구분하면 다음의 4종류로 나누어 볼 수 있다(사역자의 유형).

- **자신이 무엇을 해야 하는지를 모르는 자**

목회자로서 교회를 세웠으나 진정 자기가 누구이며 무엇을 해야 하는지 모르는 자, 즉 소명의식과 사명의식이 전혀 없는 자이다.

- **자신이 누구이며 무엇을 해야 하는지 알지만 행하지 않는 자**

자신의 정체성을 발견하고 사명의식을 갖고 있지만 그것을 완성하기 위하여 헌신하지 않거나 현재의 안정감을 잃지 않으려는 생각으로 가득한 자들이다. 이들에겐 자기 성숙의 개념이 없고, 사명을 위하여 어떤 대가도 지불하고 싶어 하지 않는다.

• 자신의 사명을 알고 있고 그 사명감으로 행하는 자

목회자에게 있어서 사명감은 그가 어떤 목회를 구현해야 하는지를 알게 하는 지표가 되기 때문에 사명을 안다는 것은 매우 중요하다. 이들은 결코 비교의식에 빠져 괴로워하지 않고, 중소형 교회라 하더라도 낙망하거나 절망하지 않는다. 하나님이 기뻐하시는 일이라 확신하므로 끊임없는 열정을 내어 교회의 목적을 이루고 목표를 달성하기 위하여 헌신한다. 사명을 알기에 기꺼이 교회의 일꾼 되기를 갈망한다.

• 사명감으로 살면서 자기 계발을 멈추지 않는 자

사명감이 날로 견고해지고 사명을 이루기 위해 더 성숙된 사명자가 되어 가는 자, 사명을 완성한 후에도 또다시 주실 사명을 기대하며 준비하는 자이다. 필자는 이러한 자들로 가득한 조국 교회를 꿈꾼다. 이들은 겸손하여 배움을 놓지 않고 현 위치에 결코 만족하지 않으며, 끊임없이 성장하고자 한다.

자기 계발의 체계화를 도모하라

좋은 기업과 공동체 그리고 잘되는 모임은 체계화가 잘되어 있는 것처럼 성숙한 사람에게도 나름의 질서, 소위 체계화가 되어 있다. 성공한 사람들은 어느 날 갑자기 그리 된 것이 아니라 하루하루 자기 성숙을 위한 체계가 쌓여 이루어낸 결과이다.

좋은 교회는 모든 사역 현장이 체계화되어 있다. 자기 자신을 시스템화하자. 중소형 교회 목회자들의 상당수가 자기 계발을 소홀하게 여기는 것을 본다. 의욕이 떨어지는 환경 때문이기도 하겠지만 단지 의욕 상실로만 치부하기에는 자기 계발의 멈춤으로 인해 야기되는 악순환의 결과는 너무 크다. 오히려 현재의 목회 환경을 극복하고 새로운 사역 진전을 위해서 목회자는 자기 관리와 함께 자기 계발을 철저하게 계획하고 체계화system해야 한다.

여기서 체계화란, 존 맥스웰에 따르면 "자기 나름으로 세운 구체적인 원칙들을 흐트러짐 없이 꾸준히 실천해 목표를 달성하는 절차"를 의미한다.

자기 계발에도 원리가 있다

일반적으로 사회인들이 자기계발을 하려는 이유는 다음과 같다.

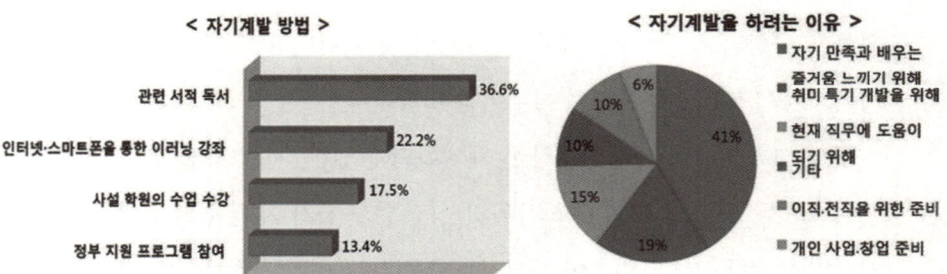

아울러 대부분이 관련 서적 독서를 통해 그리고 강좌에 의존하여 자기계발을 도모하고 있다.

중요한 것은 지속적인 것이다.

영적 지도자는 다음과 같이
1) 자기 계발의 필요성을 지속적으로 인식한다.

2) 자기만의 계발 계획을 갖고 있다.
3) 자기 계발은 계발의 원칙을 낳기 때문에 원칙 중심의 리더십을 갖는다.
4) 자기계발은 우선순위의 영순위이다.
5) 효과적인 자기 계발은 그것에 대한 평가 장치가 있어야만 한다. 그래야 자신이 하고 있는 자기 계발이 추구하고자 하는 것과 일치하는지, 그리고 어느 정도 이루어지고 있는지를 점검할 수 있다.
6) 자기 계발의 핵심은 실행이다. 원칙을 정하고 계획을 세웠다 할지라도 실행하지 않으면 의미가 없다. 실행지침서가 있어야 하고 지속적으로 수정 보완해야 한다.

엔지니어 출신으로 IBM의 임원을 거쳐 현재 성과 개선 컨설턴트로 활동 중인 제임스 해링턴^{James Harrington}은 "평가는 통제와 개선으로 가는 첫 관문이다. 평가하지 않으면 이해할 수 없고, 이해할 수 없으면 통제할 수 없으며, 통제할 수 없으면 개선할 수 없다"라고 하였다. 자기 개선의 중요한 시발점은 자기 평가이다. 가능한 한 객관적 평가가 되기 위해 노력해야 한다.

이는 목회자들 대부분이 놓치고 있는 영역이다. 그들은 이렇게 반론할 것이다. 무수한 세미나와 프로그램에 참석하였고 학위도 할 만큼 하였다고 할 것이다. 물론 그런 것도 필요하다. 그러나 필자가 의미하는 것은 그 차원을 넘어선 '자기 계발 영역'을 갖추고 스스로 진행하는 것이다.

자기 계발의 영역은 무엇인가?

첫째, 성경 연구이다.

무엇이 우선 영역이냐고 묻는다면 나는 성경 연구를 첫 번째로 꼽는다. 목회자는 말씀 연구를 위한 정기적인 시간을 매일 확보해 연구하고 연구해야 한다. 하나님의 말씀을 온전하게 전하기 위해 반드시 필요한 실천사항이다. 간절한 소망은 영적 지도자의 영성을 위해 하나님 말씀을 매일 적어도 2시간 이상 연구하고 말씀의 권세를 가졌으면 한다. 성경 연구는 목회자의 자기 계발의 최우선이다.

둘째, 기도의 영성이다.

기도는 간구와 분명히 구분된다. 간구^{petition}는 우리의 필요를 하나님께 구하는 것으로, 공간적 필요를 구함으로 하나님의 공급하심을 경험하는 기도의 방법인 반면 기도^{pray}는 우리의 필요를 구하는 것이 아니라 하나님의 말씀과 뜻에 자신의 의지와 생각과 철학 그리고 가치관을 자의에 의해 굴복시키는 것이다. 주님의 간절한 기도인 겟세마네 기도가 그런 기도이다. 계발된 기도의 영성이란 어린아이들이 부모에게 필요를 구하는 것을 뛰어넘는, 오히려 부모님의 뜻을 이루어 드리기 위해 하는 영성의 기도이다.

오늘날 물질만능주의 속에 꽃을 피운 조국 교회의 축복은 다분히 간구의 영성을 강하게 추구한 결과일 수 있다고 조심스럽게 진단해 본다. 기도의 영성은 자신의 인격 변화에 엄청난 파장을 가져다 줄 수 있는 영역이므로 지속적으로 계발하자.

셋째, 설교 전달력이다.

설교는 하나님의 말씀을 대신하여 전달하는 것이다. 하나님의 뜻을 오늘날의 시대 정황으로 재해석하여 거침없고 거리낌 없이 그리고 가감 없이 전달해야 한다. 설교 전달력이 극대화되기 위해서는 설교문을 작성할 때부터 그 내용이 영적, 질적, 이성적, 지성적으로 충분요건을 가져야 하지만 그것을 올바르고 정확하게 전달할 수 있는 기술도 갖추어야 한다.

우리나라 교인들은 담임 목회자의 설교 전달 능력을 가장 자랑스럽게 생각하고 있다. 특히 교회를 옮겨야 하는 경우, 가장 우선적으로 고려하는 것이 바로 설교자의 체득화된 설교와 설교 내용의 깊이, 삶의 연관성 그리고 설교 전달의 기술이다. 이를 위한 자기 계발을 지속적으로 하려면 적어도 타인의 설교를 주중 5편 이상 듣고 월간 설교 관련 서적을 한 권 정도 읽기를 강력히 권한다.

가장 최상의 전달력은 성령의 능력으로 행하는 것이다. 그것이 최고의 기술이다. E. M. 바운즈는 《설교의 능력은 기도에 있다》라는 책에서 최상의 설교는 하나님 앞에 엎드려 기도하는 데 있다고 하였다. 성령의 기름 부으심을 위하여 하나님 앞에 기도하는 자가 되자.

넷째, 사람을 세우는 능력이다.

목양의 핵심은 하나님을 영화롭게 하는 것이다. 그다음으로는 사람들을 하나님께서 원하시는 모양으로 세우는 것이다. 각 사람을 권하고 각 사람을 가르쳐서 그리스도의 온전한 사람으로 세우는 것이 목회자의 핵심 사역이다. 사람을 세우는 사람, 이것이 영적 멘토이며 목회자는 멘토의 역할을 잘 수행해야 한다. 목양이란 엄밀하게 말해 양 떼들을 잘 돌보는 것이고, 온전한 하나님의 사람이 되게 하는 것이다. 저절로 되는 것이 아니다. 지속적인 학습과 연구, 독서 그리고 강좌 등을 통해 통전적인 역량을 구비해야 한다. 사람을 세우는 사람, 하나님의 사람이다.

다섯째, 공동체의 경영 능력이다.

교회는 비영리단체에 속한다. 하나님이 불러내신 사람들의 모임이다. 공동체라는 의미이다. 공동체를 운영하는 총책임은 목회자에게 있다. 목회자의 잘못된 경영으로 교회 공동체가 어려움을 겪는 사례들을 우리 주변에서 흔히 볼 수 있다. 교회 조직 경영, 인사 경영, 재정운영 관련, 시스템 경영, 기획 관리 경영, 지역 분석과 마케팅, 교인들의 욕구조사, 회의 운영, 회무 진행 업무, 당회 및 공동의회 혹은 사무총회 진행 등등 이 모든 것이 경영이다. 경영 부분의 자기 계발 없다면 교회 성장을 이루어도 어떻게 경영해야 하는지 모르기에 어려움에 직면하게 된다. 더욱이 해결 능력이 미약하게 된다.

여섯째, 리더십이다.

지금까지 한국 교회는 리더십의 문제를 다루지 않았다. 그러나 실상 목회자의 리더십 문제로 교회 공동체가 무너지는 경우가 허다하다(참조, 《리더십의 그림자》, 두란노). 이제 조국 교회는 영적 리더십의 영역을 무게감 있게 다루어야 한다.

리더십 중 가장 중요한 부분은 자기 경영 즉 셀프 리더십이라고 생각한다. 작금의 많은 교회들이 아픔을 겪게 되는 것 역시 셀프 리더십의 부재로 인한 소치라고 여겨진다. 셀프 리더십을 익혀 습관화하고 삶이 되게 하여 성도들이 온전한 삶을 살도록 인도하는 책임이 목회자에게 있다.

영적 리더십의 역량을 키우자. 필자가 쓴 《리더십의 18가지 역량》을 참고하여 자신의 부족한 역량을 확인하고 보완하며 성숙시켜 나가자. 이 책의 부록에 '목회자의 자기 경영 집중 훈련 요강' 안내문과 자신의 역량을 스스로 체크할 수 있는 '리더십 진단 질문지'를 실어 두었다.

효율적인 자기계발을 위해 다음과 같이 해 본다.

1. 눈으로 볼 수 있는 자기계발의 목표를 세우고 종이 위에 기록한다.

하루, 하루를 직면하여 사역에 몰입하다보면 내가 지금 무엇을 위하여, 무엇을 하고 있는지 정체성을 망각하게 된다. 그러므로 종이 위에 기록한다. 나의 정체성을 적고, 추구하는 비전을 적고, 수시로 읽고 기도한다. 이처럼 자기계발은 노력(종이 위에 기록)과 성령님의 역사하심(기도)이 필요하다.

2. 목표를 달성하면 나를 보상한다.

'내가 나에게 보상한다.' 생각만 해도 행복하지 않은가? 지속적인 목표 달성을 위한 자기 독려는 다음 단계의 목표를 향한 나의 발걸음에 힘을 더하여 줄 것이다.

나는 종종 큰 사역을 마치면 백화점에 들러 맘에 드는 넥타이를 산다. 백화점 직원에게 예쁘게 포장해 줄 것을 부탁하고 받아 돌아나와 다른 한 손으로 건네며 혼잣말을 한다.

"수고했다. 김성진."

3. 쉬운 것부터 세밀한 목표를 세운다.

자기계발이라고 하면 무거운 돌덩이를 지고 있는 것처럼, 부담감을 느끼고 엄두를 내지 못하는 이들이 많은 것 같다. 목표를 세워도 중도 포기자들이 많은 것처럼 말이다. 이러한 이유 중 하나는 그 목표가 너무 거대하기 때문이다. 목표를 세밀하게 세워 목표 관리를 해보자. 작고 가벼운 실천을 통해 목표 달성의 재미를 찾는다.

4. 하루하루에 열정을 다한다.

《정상적인 그리스도인의 생활》이라는 책을 보면 그리스도인은 자신의 사역에 성실한 자들이라고 한다. 성실함은 지도자의 덕목이다. "부지런하여 게으르지 말고 열심을 품고 주를 섬기라"(롬 12:11)고 하셨다. 성실함은 하루하루를 쌓아가는 리더의 덕목임을 잊지 말고 성실하게 자기계발의 목표를 이루어가자.

5. 우선순위에 집중한다.

'지도자의 함정'을 아는가? 모든 것에 능수능란하고픈 열정으로 주변의 필요한 모든 것을 자기계발 목표로 세운 후 버거움에 빠져드는 오류를 나는 '지도자의 함정'으로 표현한다. 모든 것을 '만능 가제트 팔'처럼 다 해내야 한다는 생각에서 벗어나자. 자기계발에도 뺄셈의 법칙이 적용된다. 자기의 강점을 더 강화하기 위한 목표, 사람 세우기에 필요한 목표 등 가치에 따른 우선순위를 정하여 집중한다.

오늘, 지금 당장, 자기계발을 향한 도전을 하자. 그리고 성실한 지도자가 되어 그 영향력으로 하나님의 사람들을 세워 나가자.

사모, 조용하면서도 깊은 영성의 여성 리더

한국의 정서상 사모의 역할이 매우 모호한 것이 사실이다. 그러나 분명한 것 한 가지는, 사모의 영향력이 목회의 60% 정도에 미친다는 것이다. 영향력은 물론이거니와 사모의 리더십에 따라 교회의 흥망성쇠(?)가 좌우되기도 한다. 더욱이 중소형 교회일수록 사모의 영향이 큰 것을 어찌하겠는가?

사모의 역할과 사모의 리더십 그리고 영적인 영향력을 가늠하기 위한 목회자와의 진지한 협의가 필요하다. 아니, 절대적으로 중요하다. 그리고 기억할 것은, 사모의 역할을 모든 교회에 보편적으로 적용하는 우(遇)를 범하지 않아야 한다는 것이다. 그 교회에 세우신 사모의 리더십은 '바로 그 교회'에만 적용된다. 그 교회에 맞는 사모의 리더십을 그려내야 한다. 그것을 찾아야 한다.

여성 리더십을 아는가? 여성 리더십에서 중요한 것 3가지는 인격의 성숙, 현숙한 성품 그리고 섬김의 자세이다. 남을 나보다 낫게 여기는 소극적인 섬김이 아닌, 교회 안의 여성 리더들을 온전하게 세워가는 적극적인 섬김의 리더십이다. 마지막으로 풍성한 감성이다. 교인들을 유모의 심장으로 양육하고 보양하는 리더십이다. 이것을 여성 리더십이라고 한다.

> "우리는 그리스도의 사도로서 마땅히 권위를 주장할 수 있으나 도리어 너희 가운데서 유순한 자가 되어 유모가 자기 자녀를 기름과 같이 하였으니" _살전 2:7

여성 리더십과 더불어 모든 그리스도인들의 신앙의 본이 되어야 한다.

> "누구든지 네 연소함을 업신여기지 못하게 하고 오직 말과 행실과 사랑과 믿음과 정절에 있어서 믿는 자에게 본이 되어" _딤전 4:12

이러한 본이 되는 삶과, 그 삶으로 권하고 가르치는 것에 전념하여야 한다.

> "내가 이를 때까지 읽는 것과 권하는 것과 가르치는 것에 전념하라"
> _딤전 4:13

또한 사모는 자기 신앙의 진보를 지역의 모든 사람들에게 보일 수 있어야 한다.

"이 모든 일에 전심전력하여 너의 성숙함을 모든 사람에게 나타나게 하라"_딤전 4:15

사모의 정체성은 목회자의 동역자이다. 그리고 보좌하는 보좌관이다. 동시에 여성 리더들을 세워 가는 멘토이다. 무엇보다 관계 중심의 리더십을 극대화하여 상처받은 교인, 힘든 자 그리고 어려움에 처한 자들의 가장 가까운 소울메이트 soul mate(마음의 벗)가 되어 주어야 한다.

조용하면서도 깊은 영성과 인격을 함양한 거룩한 여성 리더, 사모의 영성 계발과 자기 계발은 목회의 질적 성숙뿐 아니라 교회를 성숙하게 한다. 사모의 성숙은 목회자의 영적 동력을 원활하도록 만들기 때문이다. 더 나아가 본인 스스로의 삶과 사역의 진보를 가져오고 또 다른 사역의 기회를 잡을 수 있다.

공부하는 사모, 연구하는 사모, 자기를 끊임없이 성찰하는 사모, 인격적인 내조자, 여성 리더들을 섬기고 세우는 역량을 겸비한 사모의 모습으로 승화하자.

교회 내에서의 사모 역할은 다음과 같다.

- 목회자의 영적 동역자
- 여성 리더를 섬기는 자
- 여성 리더십을 겸비한 리더
- 인격적 영성을 구비한 영성가
- 자신의 사역을 구현하는 사역자
- 한 사람 한 사람을 소중히 여기는 여성 멘토
- 여성 사역자들의 사역 코치

위와 같은 역할이 교회 사역 속으로 스며들어야 한다. 이것이 사모의 역할이다.

이를 위하여 본 연구소에서는 사모들을 위한 여성 리더십을 훈련하고 있다.

권장하는 도서를 소개한다.

1. 나를 지으신 하나님의 놀라운 손길 / 생명의 말씀사
2. 여성 그대의 사명은 / IVP
3. 예수님을 만난 여성들 / 두란노
4. 여성 하나님의 특별한 계획 / 예수전도단

5. 여성이 된 기쁨 / 생명의 말씀사

6. 여성들이여 남편의 면류관이 됩시다 / 예영

7. 나의 사랑하는 사모에게 / 기독신문사

8. 일 잘하는 여자의 서바이벌 게임 / 심진기획

9. 아름다운 자신감 / IVP

10. 파워 여성 리더십 / 작은 행복

11. 여성의 경건훈련 / 생명의 말씀사

12. 사모의 선 자리는 아름답다 / 신망애

13. 선택받은 아름다운 여성이 되기 위하여 / 엘맨

14. 남성과 여성 / 생명의 말씀사

15. 남편을 세워주는 아내들 / 생명의 말씀사

16. 사모가 사모에게 / 나침반

17. 복음주의자의 아내들 / 두란노

18. 사모 일으키기 / 밴드목회연구원

19. 여자의 우정 / 두란노

20. 사모의 심장 / 규장

21. 교회와 여성 / CLC

22. 성경적 여성관 / IVP

23. 목회자의 아내가 살아야 교회가 산다 / 두란노

24. 여성을 멘토링 하는 여성 / 두란노

25. Change / 한언

26. 사람을 세워야 하는 멘토링의 기술 / 목회전략컨설팅연구소

- 이상 -

5 Empowerment/ 위임하고 또 위임하라

어느 공동체든지 모든 소속원들이 하나 된 마음으로 공동체의 일을 자신의 일처럼 여기며 섬기고 아낄 때 공동체의 성장이 가능하다. 소속된 이들이 배타성을 갖거나 소속감이 결여되어 있거나 방관자가 될 때 그 공동체는 성장과 성숙을 도모할 수 없다. 더욱이 리더는 소속된 사람들의 잠재력을 표출할 수 있는 장場을 열어 주고, 위임할 수 있는 한도 내에서 최대한 위임하여 그들의 역량을 발휘할 수 있도록 해야 한다.

세계 최대 기업으로 부상한 삼성전자㈜ 역시 이건희 회장의 역량만으로 기업을 이끌었다면 결코 지금의 삼성그룹으로 발돋움할 수 없었을 것이다. 공동체의 리더십은 혼자만의 리더십으로 형성할 수 없고 그래서도 안 된다. 진정한 리더십은 위임의 리더십이다. 모든 구성원이 하나의 팀이 되어 팀플레이어로 사역을 추진할 때 진정한 공동체가 되며 살아 있는 유기체가 된다. 거룩한 하나님의 전인 교회 역시 예외가 아니다.

교회는 적잖은 인적 자원이 필요하다. 교회가 수행해야 하는 최소한의 5대 기능(예배/지역사회 섬김/교육과 훈련/영적 교제를 위한 소그룹/전도와 선교)만 보더라도 감지할 수 있지 않은가? 나 홀로 사역을 하는 교회는 결코 성장할 수 없다. 자신이 직접 교회를 개척하여 교회를 세운 목회자라면 이 점을 더욱 명확하게 하자. 교회를 세우는 과정에서 자신의 물질, 인적, 물량적 소모가 많이 되었고 자기의 심혈을 다해 세웠기 때문에 자신의 교회인 것처럼 인식하고 자신의 리더십으로 교회를 이끌려고 하는 현상이 많이 나타난다. 과연 그러해야 하는가? 단적으로 말하면 "아니다."

교회는 하나님 소유이다. 우리는 우리가 가진 것으로 하나님께 헌신한 것뿐이다. 중소형 교회가 성장하지 못하는 이유들 중 한 가지는 위임을 하지 않기 때문이라고 확신한다. 위임을 못하는 것은 두 가지 이유일 것이다. 하나는 목회자 자신의 자신감이 결여되어 있기 때문이고 다른 하나는 위임하고자 하는 의지, 즉 위임의 리더십을 모르기 때문이다. 우리는 각각의 은사에 따라 성령의 하나 되게 하시는 능력 안에서 서로 연결하고 상합하며 서로를 섬겨서 하나님의 교회를 세워 가야만 한다. 과감한 리더십의 위임이 없이는 결단코 성장하지 못한다.

진정한 리더의 역할은 모든 것을 알고 지휘하고 명령을 내리던 것에서부터 다른 사람의 능력을 끌어내고 발휘하도록 이끄는 것으로 바뀌어야 한다. 그것이 진정한 리더의 사명이며 본질이다. 리더는 잠재력을 가진 인재들을 발굴하여 탁월한 리더들로 세워 가는 역량을 발휘해야 한다. 이것이 21세기가 요구하는 리더십의 모양이다. 그들을 발굴하고 자신들이 가진 역량보다 더한 역량을 발휘할 수 있도록 이끄는 리더십이 위임의 리더십이다. 위임의 리더십은 단순히 사역의 한 영역만을 일임하여 그들로 하여금 그 일을 감당하게 하는 것이 아니다. 그 이상이다.

위임의 리더십은 뛰어난 인재를 보다 더 탁월한 인재로 세우는 것을 의미한다. 그러기 위하여 자신의 역할과 영역까지도 위임할 수 있어야 한다. 이것이 진정한 위임^{empowerment}이다. 위임은 단순한 업무의 맡김이 아니라 전적 신뢰를 통한 자기 헌신에 기여하는 것이어야 한다.

당신은 멀티플라이어^{multiplier}가 되고 싶은가?
디미니셔^{diminisher}가 되고 싶은가?

멀티플라이어는 천재를 만드는 사람으로, 다른 사람들의 잠재력을 끌어내어 조직 안에 집단 지성을 만들고 이 지성을 발휘하도록 장을 여는 사람이다. 반면 디미니셔^{diminisher}는 자기 자신의 지성에 몰두하고 다른 사람들을 억누르며 조직의 중요한 지성과 능력을 고갈시킨다.

당신은 누구이며, 어떤 사람이 되고 싶은가?

필자를 포함한 우리 모든 목회자는 하나님 앞에서 겸허함으로 멀티플라이어가 되어야 한다. 진정한 리더인 멀티플라이어, 이들이 다른 리더와 다른 점은 무엇인가? 모든 유형의 리더들에게 공통점이 있긴 하다. 모두 다 교인들을 중요시하며, 교회를 성장시키고 싶은 열정도 있고, 하나님을 향한 믿음 역시 견고하다. 할 수만 있으면 최고의 교회를 세우고자 하는 마음도 갖고 있다. 성장과 성숙에 대한 열정은 공통점이다. 그러나 멀티플라이어에게만 나타나는 요소가 있다.

첫째, 인재를 확보하고 그들의 은사와 재능을 최대한 끌어내어 동역한다. 독자적인 생각과 행동양식으로 인도하지 않고 공동체의식으로 모두가 성공적인 삶이 되게 한다.

둘째, 인적 자원들의 생각과 창의성을 최대한 끌어내어 자발적이며 열정적으로 자신이 맡은 바 사역에 적극적으로 임하게 한다. 그리고 주변 사람들도 참여할 수 있는 분위기를 만들어 기꺼이 동역자가 되게 한다.

셋째, 생각을 뛰어넘고 새로운 가능성을 향하여 도전한다. 진정한 리더는 자신의 한계를 넘어서는 인적 자원들을 찾고 세우며 그들과 더불어 사역에 임한다.

넷째, 진정한 리더는 사고의 틀을 깨고 토의 문화를 바꾸어 누구든지 새로운 아이디어를 제시할 수 있게 하며, 그것을 실행할 수 있도록 모든 가용한 자원을 지원한다.

다섯째, 조직의 편성을 천편일률적으로 구성하지 않고 자발적으로 이루어지는 환경을 만들어 준다.

여섯째, 주체의식을 갖게 하고 자신의 역할과 사역에 대한 책임감을 갖고 사역하게 할 뿐 아니라 자신의 교회에 대한 소속감을 갖도록 격려하며 스스로 결정하게 한다.

일곱째, 진정한 리더는 공치사하지 않는다. 공동체 전체의 영광으로 돌리며 그 기쁨을 함께 나눈다.

멀티 플라이어	디미니셔
재능적으로 인재를 확보하고 최대한 활용한다.	인적 자원을 활용하지 않는다.
최고의 생각과 사역 환경을 만들어 준다.	사람들의 생각과 능력을 억누르고 상호 긴장의 관계를 형성케 한다.
역량을 최대한 펼칠 수 있는 기회를 제공한다.	리더 자신의 역량 과시에 최대의 만족을 누린다.
자신의 생각의 틀에서 벗어난다.	독단적이며, 자신의 생각의 틀을 벗어나지 못한다.
토론을 통해 합당한 결정을 내린다.	일방적으로 지시한다.
동역자들에게 주인의식을 심고 모두가 성공하도록 돕는다.	철저하게 관여하여 직접 사역을 주도해야 직성이 풀린다.

-두 리더십의 유형 분석표-

위의 표에서 나타난 현상 중 당신의 리더십 유형은 어떠한가? 무엇을 수정하며 변화를 시도해야 하는가? 나는 과연 성도들과 혹은 부교역자에게 진정한 리더십을 발휘하고 있는가?

이제 구체적으로 교회 사역의 영역별로 위임의 리더십을 어떻게 발휘하는지 살펴보자. 크게 두 가지로 나누어 위임할 수 있다. 하나는 일선 사역을 하는 전임 사역자들에게 위임하는 것이고, 또 하나는 교인들을 사역자로 세워 그들과 동역하는 것이다.

"그러므로 네가 나를 동역자로 알진대 그를 영접하기를 내게 하듯 하고……또한 나의 동역자 마가, 아리스다고, 데마, 누가가 문안하느니라"

_몬 1:17, 24

부교역자(목회 동역자)에게 위임하라

목회는 담임목사의 전유 사역이 아니다. 동역하는 자들을 세워 그들과 함께 교회를 세워 가는 것이다. 팀을 이루어 사역하자. 팀을 이루기 위한 전제는 각자가 준비된 동역자여야 한다는 것이다. 준비된 동역자들이 함께 팀워크를 갖추어 자신에게 주어진 사역을 창의적으로 이루어 가는 것이 하나님이 원하시는 일일 것이다. 하나님의 드림팀(《하나님의 드림팀》, 두란노)이 되어 서로를 세워 가는 아름다움을 교인들에게 보여주자. 이러한 사역자의 자세야말로 교회를 세우는 진정한 리더의 자세이며 태도이다. 태도가 어떠한가를 통해 리더의 리더십이 결정된다.

우선 여기서 우리가 살펴보아야 하는 것은 2가지이다. 하나는 부교역자(이하 '동역자'로 칭하겠다)들의 준비이고, 또 다른 하나는 부교역자(동역자)들을 청빙할 때의 기준이다. 여기서 이 두 가지를 순서에 따라 살펴보겠다.

1) 동역자들의 준비

동역자들은 우선 자신의 은사와 재능, 훈련과 교육을 통해 사역이 가능한 영역을 만들어야 한다. 그러면서도 사역을 완성도 있게 감당할 수 있는 역량을 키워야 한다. **세컨드 리더십**Second-leadership을 구비해 역량을 키우자. 이것은 추후 담임목회로 나가게 될 때 필수적으로 훈련된 경험이어야 한다고 확신한다. 세컨드 리더십은 성경 속의 엘리사, 여호수아, 요나단, 제자들, 누가, 마가, 디모데, 디도 등등 무수한 하나님의 사람들이 경험한 영역이기도 하기 때문에, 사역을 하길 원하는 목회자들은 반드시 이 과정을 거치도록 하는 것이 좋다. 본 연구소에서는 간헐적으로 부교역자들의 성숙을 위해 'Second-leadership Training Seminar'를 개최하고 있다.

그다음, 자신만의 강점을 강화한 사역 영역을 구비해야 한다. 전방위적인 세컨드 리더십 그리고 전문성을 갖춘 동역자가 되기 위한 자기 준비를 철저히 해야 한다. 하나님 나라를 위해, 교회를 위해, 하나님의 사람을 위해 그리고 담임목회자와의 동역을 위한 준비이다.

여기서 꼭 짚고 넘어가고 싶은 것이 있다. 한국의 중소형 교회 목회자들 대부분이 부교역자 경험 없이 단독 목회를 하고 있다는 점이다. 연구소에서 파악한 바로는 교인 100명 미만 출석 교회 목회자들의 59%가 부교역자 경험이 없이 담임목회를 하고 있는 것으로 파악

되었다. 아래 도표를 살펴보면, 교회 규모가 커질수록 부교역자 경험이 높아진 것을 볼 수 있다. 이는 본인의 재능을 사전에 경험하고 훈련하며, 많은 부분에 책임을 맡음으로 길러진 리더십 때문이다. 자신의 목회에 적용할 수 있는 역량 구비가 되었기 때문이며, 부교역자 경험을 통한 자기 성숙을 도모하는 계기가 되었기 때문이다.

그러므로 앞서 언급한 것처럼 담임목회지로 나가기 전 반드시 부교역자 사역을 통해 동역자 의식을 경험하고 세컨드 리더십을 익히기를 원한다.

한국 교회 담임목사직 전의 사역 경험

1,000명 이상 교회 부교역자 경험	98%
1,000-500명 교회 부교역자 경험	88%
500-200명 교회 부교역자 경험	87%
200-100명 교회 부교역자 경험	73%
100명 이하 교회 부교역자 경험	59%

- 각 규모별 500개 교회를 대상으로 분석한 자료(2011년)

또 하나, 부교역자로 있을 때 반드시 익혀야 하는 것이 하나 있다. '담임목사 마인드 갖기'이다. 담임목사와 같은 생각을 갖고 사역에 임하는 자세가 필요하다. 그것을 배워야 한다. 아니, 익혀야 한다. 자기가 목회한다는 의식을 갖고 모든 것을 바라보고 그것을 감당해 보아야 한다. 그것은 '책임의식'인데, 담임목사와 같은 마음으로 교회를 바라보는 시각을 갖는 것이다. '담임목사 의식 갖기', 이것이 바로 성숙한 목회자로 나아가는 걸음이 된다. 이런 마음가짐을 가지고 다양한 경험을 하면, 다양한 경험이 많은 기회를 갖게 하고 좋은 교회로의 청빙 기회를 얻게도 한다. 많은 실적과 경험을 갖춘 사역자가 되도록 담임목사 마인드를 갖자.

2) 동역자 청빙 기준

담임목회자가 동역자들을 청빙할 때 반드시 두 가지를 염두에 두어야 한다. 하나, 전문 사역자를 모셔야 한다. 필요한 영역에 전문적 소양을 지닌 동역자여야 한다. 그래야 진정한 팀워크를 이룰 수 있다. 둘, 훈련과 교육을 통해 동역자로 세워 가려는 마음을 갖고 있어야 한다. 두 가지 사항 중 하나라도 고려하지 않으면 상호 기대가 다르기 때문에 동역의 어려움을 겪게 된다.

기억할 것은, 담임목회자가 동역자를 영적 리더로 세워 주어야 한다는 것이다. 그들은 지금 함께 팀이 되어 동역할 하나님의 종들이다. 담임목회자의 종이 아니라 하나님의 종으로 인식하고 세워 가며 동역하는 선의적 태도와 섬김의 리더십을 발휘해야 한다.

멀티플라이어로서 담임목사는 그들을 가르치고 지도하며 성공적인 세컨드 리더십을 키워 갈 수 있도록 필요한 자원들을 공급하면서

도와야 한다. 그들에게 역량 이상의 책임을 부여해 주고 성취감과 리더십을 맛보도록 도와야 한다. 좀 더 구체적으로 알아보자. 어떤 원리에 따라 동역자들을 세워 가야 할 것인가?

원리 1. 책임을 부여한다.

사람들은 누구나 책임감을 갖고 역할을 수행한다. 본인 수준의 책임을 부여하면 관리자 수준의 역할은 충분히 해낼 것이다. 그러나 그 이상의 책임감이 요구되는 일을 수행해낸다면 더 성숙되고 성장할 것은 당연하다. 그러므로 동역자는 위임된 책무를 감사함으로 받고 담임목사 또한 역할 위임을 망설이지 말아야 한다.

원리 2. 경험해 보지 못한 사역을 위임한다.

이는 보다 확대된 리더십을 함양하기 위해서이다.

1990년 한국에서 제16차 침례교세계대회가 열렸고 세계 최초로 1만 성도의 동시 침례식이 거행되었다. 침례교세계대회는 세계 최대 종교 행사의 하나로 꼽히기도 하고 '영(靈)의 올림픽'으로 불리기도 한다. 당시 1,800여 교회가 참여했고 KBS, MBC, 방송 3사에서도 큰 이슈로 다루었다. 두 분의 목회자에게 차례로 이 일의 진행이 맡겨졌으나 워낙 거대한 프로젝트라 두 분 모두 두 손을 들었다.

필자는 당시 청년대학부 파트타임 전도사였고 신학대학원 2학년에 재학 중이었다. 그런 필자에게 이 행사의 기획이 맡겨졌다. 하나님의 섭리였다. 하나님께서는 어떤 사람을 리더로 세우실 때 우연한 듯

과업을 주시고 감당하게 하심으로 리더십을 견고하게 하시기 때문이다. 세례식처럼 침례식은 동시에 몇 백 명, 몇 천 명, 몇 만 명이 함께 치를 수 있는 그런 행사가 아니다. 남녀 구분한 샤워 시설, 안전장치, 안전요원 배치 등등 정해진 시간 안에 수행해야 하는 엄청난 프로젝트였다.

필자에게는 과도한 책임이었고 이전엔 단 한 번도 경험해 보지 못한 사역이었다. 지금 만약 그 사역을 다시 하라면 엄두도 못 낼 것 같다. 행정 간사와 신학생 2명이 필자와 함께 팀을 이루었고 우리는 이 사역을 성공적으로 치러냈다. 모두가 다 손들고 안 된다는 이 일을 해낸 이후 나의 도전정신은 강해졌고, 어떤 일도 할 수 있다는 자신감도 높아졌다.

이후 필자에게 더 많은 기회들이 주어졌다. 대형 교회로부터 청빙 제안이 계속되었다. 전도사 직분으로 직장 내에 소속된 500여 명의 교인들로 구성된 교회를 담임목회를 1년간 맡게도 되었다. 이러한 원리인 것이다.

원리 3. 가르치고 코칭한다.

부교역자는 경험이 적고 당연히 부족한 면이 많다. 그러기에 지적하거나 지시하고 명령하기보다는 배울 수 있는 기회를 갖도록 해야 한다. 이른바 목회 코치가 되어 뒤에서 힘이 되어 주는 것이다. 맡긴 사역을 잘 감당해 내도록 자원을 아낌없이 지원해 주어야 한다. 이것은 또한 상호 성숙과 성장의 기회가 된다.

반면에 디미니셔 목회자는 동역자들을 아주 다른 자세로 대한다. 이런 생각이다. '사람들은 내가 없으면 일을 못 해낸다.' '내가 일일이 참견해야지, 그렇지 않으면 어떤 일도 완성되는 것이 없다.' 그리고는 이렇게 말한다. "왜 그들은 기회를 주는데도 그 일을 수행하지 못할까?" 이런 말을 한 적이 있는가? 그렇다면 당신은 디미니셔 사역자에 불과하다. 지금도 이러한 생각이라면 이 책을 통해 변화를 가져야 한다. 디미니셔 목회자는 세미한 부분까지 사사건건 간섭하는 유형의 리더십을 가진 자이다. 이러한 리더십으로는 공동체를 결코 왕성하게 성장시키지 못한다.

다음의 도표는 리더십의 지렛대 효과이다. 투자의 지렛대 효과를 응용했다.

멀티플라이어 목회자	디미니셔 목회자
동역자들에게 결과에 대한 책임과 권한을 주고 그들의 성공을 위해 지원을 아끼지 않는다.	자신이 원하는 방법으로만 사역을 완성하기 위해 작고 세미한 부분까지 사사건건 간섭한다.
주도권을 갖고 사역한다	나설 때까지 기다린다. 눈치 보기
오직 목표 달성에 총력	간섭될 것을 예측하기에 적극 나서지 않는다.
문제 해결 시 담임목사를 능가할 수도 있다.	문제 해결 시 담임목사가 해결해 줄 것을 기대한다.
자신의 리더십이 자라는 것을 안다.	사역을 미루며 피한다. 리더십이 무너진다.

어떤 리더십을 가진 목회자가 되겠는가?

위임의 리더십이란 단순한 위임을 의미하지 않는다. 탁월한 리더를 지속적으로 배출하는 원동력이 되는 리더십이다. 담임목회자는 자신보다 더 뛰어난 리더들, 멀티플라이어를 세워 갈 수 있는 섬김의 리더십, 즉 주님의 리더십을 함양하기를 바란다.

평신도 동역자에게 위임하라

교회는 다양한 은사와 재능을 가진 자들의 연합체이다. 팀 사역이라는 언어는 성경 자체에 없으나 팀 사역은 하나 됨의 비밀을 경험하는 것이며, 삼위 하나님의 공동적 사역의 형태이다. 팀 사역은 교회 프로그램이 아니다. 교회 핵심이며 본질의 사역이다.

> "그에게서 온몸이 각 마디를 통하여 도움을 받음으로 연결되고 결합되어 각 지체의 분량대로 역사하여 그 몸을 자라게 하며 사랑 안에서 스스로 세우느니라" _엡 4:16

하나 되어 조화를 이루고 사랑으로 세워 가는 과정을 경험하고 익히며 훈련되고 맛보아 알아야 하는 곳이다. 이러한 교회 공동체가 되기 위해서는 목회자로 구성된 팀뿐 아니라 평신도 동역자도 함께 세워져야 한다. 더욱이 중소형 교회는 목회 동역자를 모시기가 어렵다. 평신도를 더 이상 교인으로 머물게 두어서는 안 된다. 평신도에게 주신 은사와 재능을 헌신할 수 있는 기회를 제공할 수 있는 겸허한 마음가짐이 필요하다. 그들 가운데는 전임 목회자들보다 더 나은 재능을 가지고 있는 자들이 많다. 그 자원을 최대한 활용하는 것이 지혜로운 것이다.

하나님께서 붙여 주신 중요한 인적 자원을 땅에 묻어 두는 어리석음을 범하지 말고 활용하여 하나님께 영광을 돌릴 수 있도록 하자. 교회는 목회자와 더불어 전 교우들이 하나 되어야 한다. 하나 됨은 주님이 바라시는 가장 강력한 기도 제목이기도 하다. 공동체, 특히 교회 공동체가 하나 되는 것이 얼마나 어려운지 모른다. 하나 됨이 기적처럼 어렵지만 하나 됨의 기적 없이는 교회가 분열되는 고초를 겪게 된다. 더욱이 교회 내부의 분열은 세상이 고소高所의 눈으로 지켜보기에 더욱 힘써야 한다. 주님의 공생애 마지막에 거룩한 부담감으로 기도하신 것도 우리의 하나 됨이었다.

> "아버지여, 아버지께서 내 안에, 내가 아버지 안에 있는 것같이 그들도 다 하나가 되어 우리 안에 있게 하사 세상으로 아버지께서 나를 보내신 것을 믿게 하옵소서" _요 17:21

이 하나 됨은 교회만을 위한 것이 아니다. 세상을 향하여 알게 함으로 영향을 끼치려 함이다. 주님께서는 다음과 같이 말씀하셨다.

"내게 주신 영광을 내가 그들에게 주었사오니 이는 우리가 하나가 된 것같이 그들도 하나가 되게 하려 함이니이다 곧 내가 그들 안에 있고 아버지께서 내 안에 계시어 그들로 온전함을 이루어 하나가 되게 하려 함은 아버지께서 나를 보내신 것과 또 나를 사랑하심같이 그들도 사랑하신 것을 세상으로 알게 하려 함이로소이다" _요 17:22-23

하나 됨은 하나님의 속성이며 성품이다. 하나 됨의 모습으로 세상에 영향을 주는 교회여야 한다. 지금 조국 교회는 나뉨과 다툼으로 얼룩져 있다. 하나가 되게 하는 영이 강력하게 요청되는 때이다. 그래서 이 하나 됨을 이루는 사역으로 팀 사역을 개발하게 되었다. 팀 사역은 하나 됨의 역사를 교회가 이루는 사역이다.

바울은 빌립보서 2장 2절에서 교회가 "마음을 같이하여 같은 사랑을 가지고 뜻을 합하며 한마음을 품어"라고 하였다. 교회는 완성도 있는 사역을 위해 팀을 운영하고 평신도를 세워야 한다. 그들의 은사와 재능을 찾아 목회자의 신실한 동역자가 되게 해야 한다. 이것이 평신도 사역 위임이다.

팀 사역이란?

모든 조직들이 팀을 만드는 중요한 이유는, 시스템의 관리와 개선 그리고 성장을 위해 가장 효과적인 방법이기 때문이다. 교회 공동체도 마찬가지이다. 성경 속에 팀이란 말은 정확하게 명시되어 있지 않지만 하나님께서는 '우리, 서로, 상합, 더불어' 등을 말씀하심으로 성도가 함께 참여하게 하셨고, 자신의 은사와 재능을 교회 세우기에 드리도록 권면하셨다. 이것이 팀 사역이다.

> "나는 세상에 더 있지 아니하오나 그들은 세상에 있사옵고 나는 아버지께로 가옵나니 거룩하신 아버지여 내게 주신 아버지의 이름으로 그들을 보전하사 우리와 같이 그들도 하나가 되게 하옵소서" _요 17:11

지금까지 한국 교회가 갖고 있는 전통적인 구조(남녀전도회, 구역, 목장)는 사역 중심이 아니다. 단순 참여이거나 방관자적 참여, 소수 집중 참여자 중심이다. 방관자적 참여란 자신이 어느 부서인지를 전혀 모른 채 교회에 출석하는 것, 또는 본인의 의사나 은사와 전혀 관련 없는 서류상 부서 조직에 편성되는 것을 말한다. 몇몇 소수의 교인들이 교회에 대한 애정의 발로로 참여하는 것은 소수 집중 참여자 중심이라 할 수 있다. 전 교인들로 하여금 의미 있는 삶을 살게 하고 사명에 따라 살도록 하기 위해서는 팀 사역을 해야 한다.

하나님께서는 우리 각자에게 직분을 주셨고, 또 서로에게 도움을 받도록 창조하셨다. 혼자 모든 일을 할 수 있는 사람은 없다. 교회 역시 공동체를 이루는 다양한 사람들에 의하여 존재하게 된다. 모두가 함께 동역하며 일해야 한다. 서로가 함께 사역할 때 놀라운 열매를 맺게 되고, 건강한 조직과 구조를 갖춘 교회가 될 수 있다. 그 가능성의 해법은 바로 '팀으로 이끌어 갈 때' 가능하다. '팀으로 이끄는 교회'가 되어야 한다.

팀 사역의 핵심은 팀워크이다

그렇다. 팀 사역의 핵심인 팀워크를 갖추지 못하면 팀 자체가 구성될 수 없다. 팀워크는 팀에 속한 모든 사역자들이 하나 되어 서로를 섬기며, 자신의 은사로 교회와 목회 사역에 동역하는 마음으로 하나님의 나라를 위하여 하나님의 교회를 세우는 데 자신을 드리는 사람들의 연합인 것이다.

필자는 확신한다. 우리 모두는(평신도와 목회자 둘 다) 리더라는 사실이다. 그리고 리더는 반드시 자신의 영향력을 발휘해야 하며, 각자가 선 자리에서 각각의 리더십을 발휘해야 한다.

더욱이 영적 리더십은 영적 영향력을 주어 다른 사람으로 하여금 하나님의 사람으로 살게 한다. 그러한 리더십은 '팀으로 일할 때' 더욱 강해진다. 삼겹 줄은 끊어지지 않는다. 혼자 일할 때의 가치와 효력은 미진하게 나타나지만 팀의 일원이 되어 일하면 각자의 사역보다 더욱 빛이 나게 되고 많은 에너지를 얻게 된다. 그럼 팀으로 사역할 때 얻는 귀중한 이점들은 어떤 것들이 있는가?

- 자신의 모습이 더욱 성화된다.
- 함께한 가치가 실현된다.
- 진정한 기쁨을 나눌 수 있다.
- 강점이 모여서 강력한 힘을 나타낼 수 있다.
- 더 많은 시간을 얻게 된다.
- 서로 지체의식이 강해진다.
- 진정한 성공과 승리가 무엇인지 알게 된다.
- 섬김의 리더십을 갖게 된다.
- 불가능이 가능으로 바뀐다.

Mission impossible ➡ possible

"교회 공동체는 하나님의 사람들의 모임이 주가 되면 그것은 시작에 불과하다. 그들이 교회 공동체에 머물면 그것은 하나의 과정을 거치는 것이다. 그러나 그들이 함께 일하면 그것은 성공적인 사역이 된다."

_존 맥스웰

그럼 교회 안에서 과연 '팀 사역'이 반드시 존재해야 하는 이유는 과연 무엇인가? 몇 가지를 살펴보고자 한다.

1) 여성 중심의 교회 ➜ 남성 중심의 교회로의 전환 필요성

2) 사역 중심의 직분자 선임과 추천 용이함

3) 목장(셀)과 팀의 조화

4) 은사와 준비된 자의 100% 활용

꿈과 목적을 이루기 위해서는 반드시 팀으로 해야 한다. 이 사회는 혼자만의 독무대로 이어지는 곳이 아니다. 더불어 함께 이루어 가야만 하는 곳이다. 우리는 그 사회의 구성원이다. 우리 일상에 필요한 모든 생산품들은 우리 손에 들어와 사용되기까지 수많은 사람들의 손을 거친다. 그 전체를 팀으로 볼 수 있을 뿐 아니라, 각각의 과정 자체 역시 팀으로 일구어낸 결과물들이다.

저절로 혹은 혼자서 도모하여 무엇이 이루어지는 것이 없다. 그러한 맥락에서 보더라도 교회 공동체 역시 예외일 수 없고, 더욱이 하나 되는 것을 배우는 곳이므로 모든 교우들이 팀의 일원이 되어 하나님의 성전을 섬기도록 해야 한다. 우리는 하나이며, 한가족이며, 한 지체이다. 모두는 주님 안에서 형제이며 자매이며 가족이다. 마틴 루터 킹 주니어는 다음과 같이 언급하였다.

"우리는 형제가 되어 함께 살아가거나,
또는 바보가 되어 모두 멸망하는 법을 배워야 한다."

하나 되지 못하면 반드시 멸망한다. 사탄은 나뉨의 영이다. 교회는 반드시 하나 되는 영이신 성령님의 강력한 역사가 일어나야만 한다. 그 하나 됨을 위한 사역이 바로 '팀 사역'이라고 확신한다.

그럼 과연 팀워크의 핵심은 무엇일까? 좋은 팀워크를 갖추기 위해 우리는 무엇을 해야 할 것인가?

팀이란 '함께^{together}하여 하나님이 부여하신 사역을 모두^{everyone}가 이루는 것^{achieves}이다.' 그리고 보다 더 많은 것을^{more} 성취하게 하는 원동력이 된다. 그러한 팀이 되기 위해 반드시 지녀야 하는 팀워크의 핵심이 있다. 그것은 다음과 같다.

1) 결과를 만들어내려는 실천력
2) 남다른 헌신
3) 기준을 높여 가는 능력
4) 효율을 높이기 위한 대화의 기술
5) 조화를 우선으로 여기는 협동
6) 대인 관계를 강화하는 공감대
7) 팀의 잠재력을 극대화하는 창의성
8) 긴장을 빨리 해소시켜 주는 갈등 관리
9) 빠른 변화를 가능하게 하는 밀착력
10) 일을 즐겁게 하는 동기 부여

아래의 도형은 본 연구소에서 컨설팅과 코칭한 '하늘꿈교회'의 팀 사역 체계도이다.

팀 사역

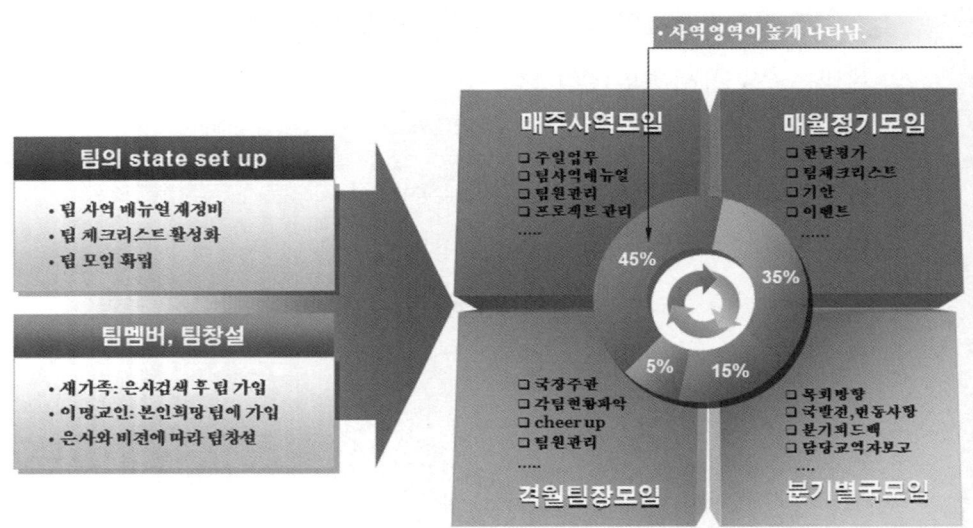

- '하늘꿈교회' 목회 계획 ppt 자료 -

팀 사역을 진행하는 데 가장 중요한 변수는 성도들의 은사를 발견케 하는 것이다. 각자에게 주신 하나님의 은사에 따라 팀이 세워져야 하고, 은사 사역자의 모임을 우리는 팀이라 한다. 팀의 출발은 하나님의 은사대로 자연스럽게 형성함으로 시작된다. 그를 위하여 교회는 '은사 네트워크' 사역을 해야 한다.

은사 네트워크

하나님께서는 모든 교인들에게 그들이 거듭나는 순간에 최소한 한 가지씩의 영적 은사를 주신다. 그러나 불행하게도 많은 교인들이 이 사실을 깨닫지 못한 채 살아가고 있다. 모든 그리스도인은 최소한 한 가지씩의 은사를 받는다는 사실을 기억해야 한다.

"내게 주신 은혜로 말미암아 너희 각 사람에게 말하노니 마땅히 생각할 그 이상의 생각을 품지 말고 오직 하나님께서 각 사람에게 나누어 주신 믿음의 분량대로 지혜롭게 생각하라" _롬 12:3

"나는 모든 사람이 나와 같기를 원하노라 그러나 각각 하나님께 받은 자기의 은사가 있으니 이 사람은 이러하고 저 사람은 저러하니라" _고전 7:7

"이 모든 일은 같은 한 성령이 행하사 그의 뜻대로 각 사람에게 나누어 주시는 것이니라" _고전 12:11

"우리 각 사람에게 그리스도의 선물의 분량대로 은혜를 주셨나니"

_엡 4:7

"각각 은사를 받은 대로 하나님의 여러 가지 은혜를 맡은 선한 청지기 같이 서로 봉사하라" _벧전 4:10

교회사역과 은사의 관계는 그 교회 담임목사의 은사와 밀접한 관련이 있다. 담임목사의 은사에 따라 사역의 방향이 결정될 수 있기 때문이다. 예를 들면, 영혼을 사랑하고 전도하는 은사가 강한 목회자는 '전도중심적 교회 이미지'를 갖게 될 것이다. 이렇게 뚜렷한 은사가 나타날 경우에는 교회 브랜드나 이미지 구축이 용이한 반면 일반적인 은사군(섬김/대접/봉사/긍휼/권면)으로 검사가 되었을 경우에는 다소 난이하게 여겨질 것이다. 하지만 그렇지 않다. 다음의 실제 컨설팅 장표를 살펴보자.

 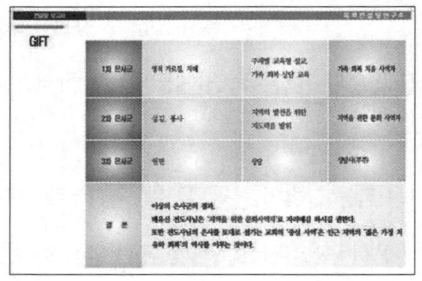

담임목사의 은사군과 지역의 필요 그리고 교회가 가지고 있는 하드웨어를 참고하여 교회 브랜드와 이미지를 제안하였다.

지역사회의 필요, 욕구를 염두로 해 담임목사의 은사를 접목해야 한다. 교회 기능 중 하나는 '지역사회 섬김'으로 지역의 더 나은 '영적' '정서적' '지적인 필요'를 이끌어야 한다.

담임목사의 은사를 검색하고 어떤 사역이 가능할 수 있는지 분석했다면 더 나아가 교인들의 은사를 검사하고 분석하여 적재적소에 사역배치를 하는 것도 중요하다. 하나님으로부터 부여받은 은사와 사명을 하나님을 위하여 활용할 수 있도록 교회는 기회와 환경을 부여해야 한다. 아래는 개인 컨설팅(Personal Consulting) 중 은사 검색을 통한 사역 가이드를 한 내용이다.

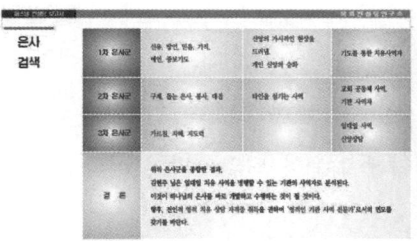 

은사에도 원리가 있다.

1) 은사에 관한 원리

(1) 모든 은사는 그의 거룩한 산 목적을 위해 성령을 통하여 그리고 그

리스도를 통하여 주어진 것이다. _고전 12:4-11

(2) 하나님께서는 우리 각자가 은사에 대하여 무지하기를 원하지 않으신다.

(3) 모든 교인은 최소한 한 가지의 은사를 가지고 있다.

(4) 모든 은사는 하나님의 선물이다.

(5) 모든 교인은 사역을 위해 부르심을 받았다. _고전 3:9

(6) 은사는 자신을 위하여 주신 것이 아니라, 그리스도의 몸이신 교회를 위하여 주신 것이다.

(7) 은사와 재능은 연관이 있지만 구별된다.

(8) 은사와 성령의 열매는 구별된다.

(9) 모든 은사는 사랑이 수반될 때 유용하게 된다.

이러한 원리에 따라 은사를 받은 성도들은 은사^{gifts}를 지키고 활용하는 청기적인 삶을 살아야 한다. 성도는 근본적으로 청지기, $^{a\ steward}$ 집사이다. 청지기 정신으로 팀 사역에 임해야 팀워크가 살아나고 하나가 되어 놀라운 공동체의 사역이 이루어진다.

청지기 삶을 위해 필요한 자세는 무엇일까?

2) 은사 청지기를 위한 필수요소

(1) 하나님으로부터 모든 것이 나온다는 것을 인정한다.

(2) 서로를 의지하며 용납하고 서로 사랑하며 조화를 이루어야 한다.
(3) 주어진 하루의 일정 가운데 주님께 충분한 시간을 드릴 수 있어야 한다.
(4) 섬기는 자세와 동기가 순수해야 한다.
(5) 은사 사역을 위한 지속적인 영적 성숙이 있어야 한다.
(6) 헌신적인 섬김이 되어야 한다.
(7) 책임의식이 강해야 한다.
(8) 신실함을 유지해야 한다.

은사 청지기가 되는 기본적인 인식과 교육이 된 후에는 전 교회적으로 1년에 1회씩 은사 검색을 시행하여 그들의 은사 변화를 인식시키고, 그 변화된 은사에 따라 그들이 섬길 수 있는 사역이 무엇인지를 알게 하여 자발적으로 사역에 동참하도록 하는 과정이 필요하다.

3) 은사 검색

은사 검색표를 활용한다. 가능하면 주일(정해진 시간)에 전 교인이 동시에 시행하여 일관성을 갖게 하는 것이 중요하다(본 연구소에서는 은사 검색표를 발간하고 있다).

(1) 은사 검색표에 따라 은사별로 분류하는 것이 중요하다.

(2) 성경적 은사 분류는 다음의 도표를 참조하여 어떤 것이 있는지 확인한다.

롬 12:6-8	고전 12:8-10	고전 12:28-30	엡 4:11	벧전 4:8-11
예언	지혜의 말씀	사도	사도	접대
섬김	지식의 말씀	선지자	선지자	말씀의 은사들
가르침	믿음	능력	전도자	섬김의 은사들
권위	병 고침	병 고침	목사/교사	
구제	능력 행함(기적)	도움		
다스림	예언	다스림		
긍휼	영 분별	방언		
	방언			
	방언 통역			

4) 은사 배치 진행 과정

자신의 은사에 따라 사역의 기회를 갖게 하는 것이 중요하다. 은사 사역 배치의 진행 절차는 다음과 같다.

(1) 은사 검색(연구소 발간 은사 검색표) :
주일 낮 예배 광고 시간을 활용하여 전 교인이 동시에 은사 검색을 하게 하는 방법이 가장 좋다. 이를 위한 사전 광고와 필요성에 대한 설교와 동기 부여를 성실하게 하도록 한다.

(2) 검색표를 측정한다. 본인이 직접 측정하게 할 수도 있지만 교회에서 일괄적으로 측정하여 각 교인에게 적합한 교회 사역을 일대일로 제시해 주는 것이 좋다.

(3) 동시에 측정 결과를 게시하여 본인이 자신의 은사로 사역할 수 있는 팀과 국이 무엇인지 인지하게 한다.

(4) 교회 조직상 '국'(ministry), '팀'(team)을 미리 정하여 그 범주 안에서 교인 자신이 사역을 결정하도록 하는 것이 옳다.

(5) 공식적인 모임 시간을 갖게 하여 그들 스스로 국장을 선임하도록 한다.

(6) 은사 축제 : 국·부국장을 중심으로 은사 축제를 준비하여 팀을 소개하고 교인들은 각자의 은사대로 팀 지원서를 작성한다.

(7) 팀 편성 : 은사 축제 시 제출된 팀 지원서를 근거로 팀원을 편성한다.

5) 은사 분류 방법

대체로 가장 근본적인 분류 방식은 아래와 같다.

(1) 은사별 지원 가능한 팀 분류
　　자신의 은사가 어떤 팀에 적합한지 다음의 도표에 근거하여 스스로 알 수 있도록 한다.

은사	지원 가능한 팀
다스림(행정 관리)	팀장, 양육팀, 예배행정팀, 예배기획팀, 교회학교운영팀
사도	팀장, 특별전도팀, 해외선교팀, 예배국
재주(기술, 기능)	건물관리팀, 차량운영팀, 방송영상팀, 예배장식팀
예능(창의적의사전달)	홍보팀(기획, 편집, 디자인), 특별집회팀, 예배장식팀, 찬양팀
영 분별	중보기도팀, 새가족팀, 알파팀, 전도선교국
권위(격려)	팀장, 구제팀, 지역사회섬김팀, 경조팀(장례식 봉사)
전도	특별전도팀, 국내전도팀, 해외선교팀, 알파팀, 교회학교국
믿음	거의 모든 사역이 가능(자신의 달란트에 맞는 사역 선택)
구제	전도선교국, 알파팀, 교육국
돕는	새가족팀, 경조팀, 친교국, 전도선교국
대접	새가족팀, 전도선교국, 교육국, 경조팀(결혼식 봉사)
중보기도(도고)	중보기도팀, 교인관리팀, 특별전도팀
지식	교회학교국, 교육국
지도력	찬양팀, 방송영상팀(영상연출), 특별전도팀 외 팀장, 교회학교국
긍휼	전도선교국, 양육팀, 중보기도팀, 영유아돌봄팀
예언	교회학교국 교사, 은사배치팀
목사(목자)	팀장, 교회학교국, 교육국, 전도선교국
가르침(교사)	교회학교국 교사, 교육국, 전도선교국
지혜	중보기도팀, 알파팀, 자료관리팀, 관리국, 사무국
방언	기도와 관련된 모든 사역(예배국, 전도선교국, 교육국 등)
통역	기도와 관련된 모든 사역(예배국, 전도선교국, 교육국 등)
병 고침	특별전도팀, 해외선교팀, 중보기도팀, 알파팀
능력	특별전도팀, 중보기도팀, 관리국, 사무국

(2) 은사 분류 방식은 아래 설명과 같이 3가지로 나뉜다.

① 마음의 열정을 따라 사역을 분류할 수 있다.
  ㉠ 열정은 세 분야로 나타난다.
   - 사람: 사람들에 대한 열정(노숙자/주일학교/노인 등)
   - 역할과 기능 : 업무를 수행하고자 하는 마음
   - 경험과 경력

  ㉡ 열정을 분별하기 위한 7가지 지표로 자신을 체크해 보자. 자신의 열정을 진단할 수 있을 것이다.
   첫째 : 무엇이 이른 아침 일어나게 하는가?
   둘째 : 어떤 상상이 자신의 마음을 움직이는가?
   셋째 : 항상 즐겁고 성취하고 싶은 것은 무엇인가?
   넷째 : 자신이 몰두할 수 있는 것은 무엇인가?
   다섯째 : 무엇을 할 때 가장 보람을 느끼는가?
   여섯째 : 무엇이 자신에게 힘이 되는가?
   일곱째 : 자신의 초점이 어디에 있는가?

② SHAPE 자세로 분류한다.
   - Spiritual Gifts (영적인 명확한 은사)
   - Heart (간절한 마음)
   - Ability (자신이 가지고 있는 강점과 역량으로 섬김)

- Personality temperament(개인적인 기질과 성품에 근거하여 참여한다.)
- Experience(경험에 근거하여 익숙한 사역으로 섬길 수 있는 팀으로 참여한다.)

③ 순수한 마음의 발로, 자원함으로 은사를 형성할 수 있다.

평신도들에게 사역을 위임할 때는 반드시 위와 같은 방식을 통해 스스로 결정하게 한다. 합리적이고 이성적인 방법으로 또한 영적인 방법으로 자신의 사역이 결정되었음을 알게 하는 체계이며, 이를 통해 자신감을 갖고 팀 사역을 성숙시킬 수 있는 계기가 될 것이다. 연말이면 사역 지원서를 주보에 끼워 작성하게 하고 헌금함에 넣도록 하는 구태의연한 방법을 이제는 피해야 한다. 교인을 세우고, 교인들 스스로 움직이는 사역 배치를 도모하자.

이제 교회도 전통이니 무조건 지켜 행해야 한다고 말하지 말고 좋은 전통이라면 관리하고 발전시켜야 한다. 교회 사역의 성숙한 관리체계를 구축하여 모든 교인들을 사역자로 세우도록 하자.

여기서 기억할 것이 하나 있는데, 성령의 은사는 성령의 열매와 전혀 관계가 없다는 것이다. 물론, 하나님이 주신 은사의 귀중함을 인식하고 성령의 열매를 맺고자 하는 것은 옳지만, 반드시 은사와 열매가 함께 공존하는 것은 아님을 명확하게 인식해야 한다.

6) 성령의 은사는 성령의 열매와 다르다

영적인 은사는 어떤 사역의 보상이 아니다. 은사란 헌신의 정도와 관계없이 주어지는 것으로, 그것은 전적으로 하나님의 은혜로 주어지는 것이지 우리의 신실함으로 주어지는 것이 아니다. 그것은 그 사람이 얼마나 영적인가와 관련이 없다. 영적 성숙의 척도는 성령의 열매로 나타나는 인격적 삶이다. 다음의 내용을 통해 은사와 열매의 차이점을 확인할 수 있다.

성령의 은사	성령의 열매
주로 몸 된 교회 공동체와 관련됨	주로 개별적인 교인들과 관련됨
사역과 관련됨	인격과 관련됨
중요도에 따라 분류될 수 있음	모두가 다 필수적임
갈등과 반목이 생길 수 있음	결코 오용될 수 없음
한 사람이 여러 은사를 받을 수 있음	모든 교인이 항상 모든 열매를 언제든지 가질 수 있음
은사를 요구한다고 모두에게 주어지지 않음	열매를 맺고 드러나길 요구할 수 있음

은사에 따른 팀 배치를 끝냈는가?

그럼 팀을 그룹으로 묶어 보자. 본 연구소에서 제시하는 팀 사역의 일반적인 그룹 나누기를 소개한다.

팀을 그룹화하기

팀들이 소속 될 '국^{ministry}'을 만드는 것이다. 교회가 추구하는 사역의 이미지에 맞도록 팀을 그룹화해야 목회철학에 근거한 팀 사역이 될 수 있다. 팀을 그룹으로 묶는 방식은 두 가지가 있는데, 하나는 국별 그룹으로 편성하는 방법이고 다른 하나는 4대 그룹으로 나누는 방법이다.

1) 국별 그룹 편성

교육국 / 전도선교국 / 예배국 / 관리국 / 음악국 / 알파국 /

교회학교국 / 행정국 / 사무국 / 친교국 / 교구관리국 / 협력사역국

다음은 본 연구소에서 컨설팅한 교회로, 전통적인 조직에서 새로운 조직으로 재편성되었다. 참고하였으면 한다.

하늘정원 에듀센터		○○○ 수련목회자	010-****-****
국 장	부 서	팀	팀 장
○○○ 장로 010-****-****	에듀 공동체	하늘씨앗1부	○○○ 권사
		010-****-****	○○○ 권사
		하늘새싹1부	○○○ 권사
		하늘새싹2부	○○○ 권사
		하늘나무1부	○○○ 권사
		하늘나무2부	○○○ 권사
		하늘열매1부	○○○ 권사
		하늘열매2부	
		GBI	○○○ 권사
		아기학교	
		음악 센터	
행정기획국		○○○ 수련목회자	010-****-****
○○○ 장로 010-****-****	홍보 기획 공동체	홍보기획팀	000 성도
		홍보기획	○○○ 전도사
	지역사회 봉사 공동체	호스피스팀	○○○ 권사
		지역사회 봉사	○○○ 권사
		공동체	○○○ 전도사
			○○○ 권사
		가정사역팀	○○○ 집사
관리국		담임목사	
○○○ 장로 010-****-****	교회 관리 공동체	시설관리사역팀	○○○ 권사
		조경관리사역팀	○○○ 권사
		부동산관리사역팀	○○○ 권사
		차량관리사역팀	관리국장

예배 · 선교 · 행사국		○○○ 목사	010-****-****
국 장	부 서	팀	팀 장
○○○ 장로 010-****-****	예배 공동체	예배안내& 헌금사역팀 — 전체 팀장	○○○ 권사
		예배안내& 헌금사역팀 — A팀	○○○ 권사
		예배안내& 헌금사역팀 — B팀	○○○ 권사
		예배안내& 헌금사역팀 — C팀	○○○ 권사
		예배준비사역(성찬)팀	○○○ 권사
		제단꽃꽂이사역팀	○○○ 권사
		성가대사역팀	○○○ 권사
		찬양선교단사역	○○○ 권사
		중보기도사역팀 — 릴레이기도팀	○○○ 권사
		중보기도사역팀 — 예배중보팀	○○○ 권사
	선교 공동체	해외선교사역팀	○○○ 권사
		국내선교사역팀	○○○ 권사
		실업인선교회	○○○ 권사
	행사 공동체	행사기획 · 진행팀	○○○ 권사
		음향 · 영상지원팀	○○○ 전도사
		홍보디자인팀	○○○ 권사
		주차관리사역팀	○○○ 집사
		까페봉사사역팀	○○○ 권사
		식당봉사사역팀	여선교회
		결혼예식사역팀	○○○ 권사
	레포츠 공동체	여성중창동우회	○○○ 집사
		워십댄싱동우회	○○○ 집사
		사진동우회	○○○ 성도
		야구동우회	○○○ 집사
		족구동우회	○○○ 권사
		축구동우	○○○ 권사
목양 · 제자 · 전도국		○○○ 목사	010-****-****
목장리더 협의사역 공동체		목장리더협의사역팀	○○○ 권사
○○○ 장로 010-****-****	제자양육사역 공동체	제자양육사역팀	○○○ 권사
	새가족사역 공동체	새가족사역팀	○○○ 권사
	전도사역 공동체	전도사역팀	○○○ 권사
	장례사역 공동체	장례사역팀	○○○ 집사

2) 4대 그룹 편성

4대 그룹 편성 방식은 교회 사역의 범주를 단순화하는 측면이 강하다. 4대 그룹은 다음과 같다.

가) 돌봄 그룹

이 그룹은 매우 중요한 팀들로 구성되며, 주로 외부 지향적인 섬김과 돌봄이 집중이다. 이 그룹은 교회와 지역사회의 필요에 따라 다양한 팀으로 구성될 수 있으며, 자체 사역원이 부족할 때에는 외부 전문인의 도움으로도 형성할 수 있다. 교회 구성원뿐 아니라 지역민들을 돌볼 수 있어 지역의 필요를 만족시킬 수 있는 팀들로 구성되기도 한다. 이 그룹에 속한 팀들은 알코올 중독자, 독신 여성, 문제 자녀, 실직자, 주부창업자, 상담, 결혼, 장례 등을 담당한다.

나) 관계 그룹

이 그룹의 초점은 상호간의 관계 발전에 있다. 각 팀별 구성원끼리 그리고 교회 전체의 친교와 어울림의 동기를 부여하는 사역이 주가 된다. 이 팀들에게 교회 사역은 부차적인 과제이며 영적·사회적 관계에 주로 집중한다. 등산, 낚시, 취미, 운동 팀 등이 포함된다.

다) 직능 그룹

이 그룹은 역할 중심으로 이루어져 있으며, 책임과 의무감으로 사역에 집중해야 하는 그룹이다. 교회의 위원회, 각 부서를 포함한 주차관리팀, 시설관리팀, 문서선교팀, 예배사역팀, 전도팀이 이 그룹에 포함된다.

라) 양육 그룹

이 그룹의 주된 초점은 말씀의 적용, 기도, 양육, 교육, 훈련이며 주로 제자훈련이다. 교회의 양육 체계관리, 훈련, 세미나 등을 운영한다. 이 그룹을 통해 리더들 교육과 제자훈련, 정착, 일대일 과정을 세워 나갈 수 있다. 새 가족관리, 양육팀, 전도, 훈련, 세미나, 교사팀 등이 포함된다.

교회 이미지와 4대 그룹의 팀 사역이 상호 유기적으로 이루어져야 한다.

-MSC에서 제안하는 4대 그룹 Matrix-

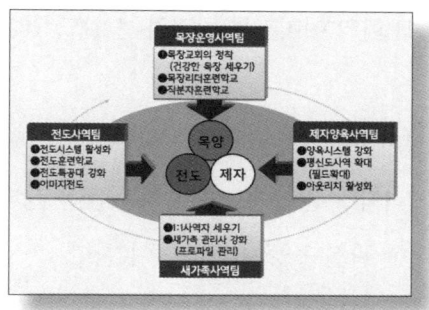

-3대 그룹 편성 방식으로 팀 그룹을 구성한 교회의 예시-

교회의 팀 사역은 교회 이미지에 상관없이 조직적으로 이루어져야 한다. 교인들의 은사가 편향될 수도 있겠지만 균형 있게 사역팀들이 구성되어야 한다. 물론, 특성화된 교회는 이미지와 관련된 그룹이 강화될 수밖에 없을 것이다. 예를 들어, 제자훈련 중심의 교회라고 한다면 아마도 양육 그룹이 강화될 것이고 참여 교인의 수도 사역팀도 많을 것이다.

반대의 경우로, 사역팀을 분류해 보면서 어느 그룹이 두드러지게 된 것을 보고 그 교회의 이미지를 발견하는 일도 있다.

중요한 것은 영적 지도자의 사역 균형감각이다. 교회 브랜드와 관련된 사역이 두드러지게 발전하고 개발되는 것은 당연하지만 그렇지 못한 사역팀에 대한 관심도 놓치지 않아야 한다.

팀 사역의 확대

팀 사역을 점진적으로 확대해 나가자. 각 팀의 역할을 세분화하여 나누는 것이다. 예를 들어, 처음엔 예배팀 하나만 구성되었다가, 교인이 증가하면 위에 설명한 은사 배치를 통해 예배팀의 구성원을 늘리고 팀 내의 역할을 나누어 팀 안에 또 다른 팀을 구성하는 것이다. 예배팀 안에 조명팀, 음향팀, 리허설팀 등이 가지 뻗기가 되어 팀 사역이 확대되어 가는 것이다.

그렇다면 한 팀당 적절한 인원은 몇 명이며, 팀을 분할하는 적절한 시기는 언제일까? 팀의 구성원을 늘리기 위해서는 연 1회 정도의 은사 축제를 열어야 하는데 어떻게 진행해야 하는 것인가?

(1) 적절한 팀 인원

한 팀의 인원을 4~5명으로 제한한다. 그 이상이 되면 역할을 세분화하여 새로운 내부 팀을 만들어 협력과 일체감을 갖게 하고 팀 전원의 동참을 용이하게 하며 사역의 역동성을 띠게 한다.

(2) 적절한 팀 분가의 시기

팀 나누기는 언제나 가능하다. 팀의 팽창이 일어나면, 그러니까 6명 이상이 되면 즉시 나눌 수 있다. 최소 인원이 2명만 되어도 분가가 가능하다.

(3) 은사 축제의 시기는 언제가 좋은가?

은사 축제는 연간 1회 혹은 2년에 1회씩 연다. 축제의 내용은 다음과 같다.
① 사역 매뉴얼 정정 보고
② 사역 보고 및 점검(토의, 건의)
③ 은사 소개 및 새로운 사역 소개
④ 은사 점검

팀 사역이 성공하려면 어떻게 해야 하는가? 매우 중요한 부분이다. 많은 교회들이 팀 사역을 진행하지만 팀 사역의 효과를 누리지 못하는 것 같다. 다음 내용을 숙지하자.

팀 사역에서 중요한 것은 '목회자의 열린 사고와 평신도의 헌신적 자세'이다. 목회자의 일부 영역 또는 사역의 어떤 영역을 위임받는 것이기 때문이다. 사역은 누구의 전유물이 아니다. 모든 그리스도인들이 사역자이며 목회 동역자임을 잊지 말자. 교회의 머리는 주님이시며 우리 모두는 목회자와 평신도 예외 없이 그 몸의 지체가 됨을 잊지 않아야 한다. 상호 연결되고 상합하여 도움을 입음으로 하나님의 거하실 처소가 되게 하는 것이다. 이것이 성경적 교회론이다. 이러한 교회론이 우선 정립되어야 할 것이다.

목회란 한 사람 한 사람을 온전하게 세워 은사를 깨닫게 하고 개발된 은사로 섬길 수 있는 장을 부여하는 것이다. 목회는 모든 그리스도인들로 하여금 사역자가 되게 하는 것에 있다. 교인들에게 사역을 위임하고 그들 스스로 소속감을 느끼게 할 뿐 아니라 교회 사역을 통하여 자기 실현이 가능하도록 해야 한다. 평신도를 하나님의 사역자로 세우는 목회철학을 겸비하자.

다음으로 중요한 것은 '전 교인의 팀원화'이다. 초창기부터 팀을 펼치지 말고 하나씩 하나씩 자연스럽게 형성되도록 유도하여 결국엔 전 교회적인 사역팀이 구성되도록 하자.

마지막으로 평신도 사역자와 목회자 간의 '상호 유기적인 관계 형성'이 이루어져야 한다. 열린 자세로 사역을 협의하고 숙의하며 기도하는 상호 섬김의 공동체가 되도록 하는 것이 필요한 것이다. 이러한 사고 전환과 의사소통 없이는 성공적인 팀 사역은 이루어지지 않는다. 또 한 가지 기억할 것이 있다. 사역을 위임했다고 하여 책임만을 지우는 우(愚)를 범하기 쉬운데, 책임만 묻지 말고 권한도 동시에 부여해야 한다는 것이다.

팀 리더십을 통한 건강한 교회가 되기 위해서는 버려야 하는 태도가 있다. 그것은 자연스럽게 '잘되겠지!'라는 의식이다. 모든 열매는 우리의 헌신과 섬김과 열정만큼 나온다. 그러므로 자연스럽게 이루어지는 것은 없다. 적극적으로 이루어내야 한다. 또 한 가지, '누군가가 이 사역을 하겠지?'라는 의식이다. '우리 팀이 못하면 다른 팀이 알아서 하겠지'라는 의식을 없애야 한다. '우리가 못하면 답답해하시는 목사님께서 하시겠지' 하는 의식은 팀 스피릿을 깨뜨리는 것이다.

위임의 원리

위임을 한다는 것은 권한과 책임을 부여하는 것이다. 그러므로 위임은 아무렇게나 주어지는 것이 아니라 원리에 따른다. 그 원리를 다음과 같이 제안한다.

1) 위임하는 리더 자신이 사람을 세우는 사람인 것을 잊지 말자

모든 리더에겐 세워진 사람들이 성장하여 더 큰 사역을 감당하게 만들어야 할 책임이 있다. 좋은 리더란 많은 사람들을 세워 가는 리더이다. '리더'라는 의미 자체에 사람을 이끈다는 뜻이 함축되어 있는 것처럼 말이다. 자신보다 우수한 사람들을 배출시키는 미래지향적인 리더십을 발휘하라.

2) 자신보다 더 훌륭하고 뛰어난 인재를 채용하고 함께 동역하라

대부분의 리더들은 자신보다 열등한 사람들을 동역자로 세운다. 자신의 연약이 노출되거나 리더십의 위기감을 가질 수 있다고 생각하기 때문이다. 그러나 그렇지 않다. 자신과 함께하는 동역자들이 뛰어나면 자신은 더 탁월해질 수 있다. 이것이 원리다. 또 다른 사람을 키우면 그와 동시에 나도 성숙하고 성장한다.

3) 동역자들 자신이 성숙해지고 있음을 느껴야 한다

목회는 사람 수를 채우는 사업적 활동이 아니고 은사와 재능을 키워 하나님의 사람으로 구비시켜 세상으로 나아가는 사명을 감당하게 하는 것, 이로 인해 하나님께 영광 돌리는 것이 궁극적 목적이다. 그러려면 우리와 함께 사역하고 있는 모든 이들이 성숙해야 하며 리더와 동역함으로 자신의 성숙을 인식해야 한다.

4) 동역자들이 또 다른 사람을 세워 가는 선순환 과정이 교회 공동체 안에서 일어나야 한다

주님께서 제자를 세우시고, 그들이 또 다른 제자들을 세우고, 그들이 또 다른 사람을 자라나게 하는 과정들이 반복되는 사역이 교회 내에서 지속되어야 한다.

5) 목회의 일부 영역을 위임하고 탁월성을 발휘하도록 돕는 자가 되라

목회는 독단적인 사역의 장을 형성하는 것이 아니다. 더불어 적극적인 동역을 할 수 있도록 목회 사역의 일부를 그에게 맡기고, 동역자들이 그곳에서 자신의 역량을 집중 발휘하여 자신의 잠재력으로 사역할 수 있도록 해야 한다.

이를 위하여 우리가 할 수 있는 것이 있다.

첫째, 약점을 보완하려 하지 말고 강점을 키운다.
둘째, 사역을 구체적으로 지시하지 말고 스스로 창의성 있게 할 수 있도록 한다.
셋째, 자신의 의견을 기탄없이 제안할 수 있는 회의 문화로 바꿔야 한다.
넷째, 무엇보다 목회의 가치를 사람에게 두는 결단이 없이는 불가능함을 인식해야 한다.
다섯째, 교회 공동체 사역은 모노 드라마가 아닌 모든 성도들과 사역자들이 하나 되어 만드는 종합예술임을 잊지 않아야 한다.

교회는 위임의 리더십만으로도 엄청난 역사를 만들 수 있다. 하나님의 성전을 재건한 느헤미야 역시 모든 백성들의 재능과 역할을 나

누어주고 그것으로 말미암아 성공적인 성전 재건을 한 것(느헤미야 3장 참조)처럼 지금의 교회 역시 모든 교인들에게 주어진 재능과 은사를 백분 발휘하도록 하여 하나님의 거룩한 처소가 되게 해야 한다.

지금까지 우리는 어떻게 해야 지역에 영향력을 끼치는 좋은 교회, '바로 그 교회'를 세울 수 있을 것인가를 살펴보았다. 필자가 제시한 전략들이 완전한 것은 물론 아니다. 전략은 변화되어야 한다. 아니, 면밀하게 말하면 지속적으로 발전시키고 성숙시켜야 한다. 전략적인 사고와 발상 그리고 전략적인 목회 구현을 위한 자기 점검들을 지속하고, 한 번 결정된 전략이 영원하지 않으며 그럴 수도 없다는 것을 인지하자. 왜냐면 사회와 사람들의 삶은 지속적으로 변하고 있으며 목회 환경 역시 급속도로 변화되고 있기 때문이다. 고정된 목회 전략을 가지고 지금 목회하고 있다면 속히 그 굴레에서 나와 새롭고 과감한 자기 도전과 자기 변혁을 시도하는 결단을 하라.

전략은 창조적이어야 한다. 위에서도 언급한 것처럼 타 교회 것을 모방하려 하지 말고 앞서 가는 교회들의 원리와 환경 그리고 가치 등을 먼저 바라보고 익히고 배우자. 그리고 그것을 우리 교회에 적용하기 위한 연구와 개발, 소위 R&D를 하자. 목회 현장이 분주하고 연구할 시간이 턱없이 부족할 수 있다. 그렇다면 전문 컨설턴트에게 도움을 청하자. 목회전략연구소의 존재 이유이기도 하다.

다음과 같이 제안하고 싶다.

새로운 가르침을 기꺼이 배우는 자가 되라.
배우는 자는 겸손한 자이다.

배움이 중단된 자에게는 더 이상의 전략이 나올 수 없다. 교회를 이끌기 위해서는 단번에 성장하려는 생각에서 벗어나 여유를 갖고 유연한 자세로 새로운 시대적 요구에 대응해야 한다. 또한 그 지역의 복음화를 위해 여러 가지 독특한 방법들을 끊임없이 찾는 겸허한 마음으로 배우는 일에 착념해야 한다. 배움으로 새로운 전략을 도모하는 목회자가 되자.

영구한 도전의식으로 역동성을 띠고 진리가 체득화된 영적 지도자로 살라.

리더는 지금 이 자리에 만족하지 않는다. 단지 야망을 채우기 위함이 아닌 교인들의 필요와 지역의 요구를 채우고, 한 가지의 목표를 이루면 그다음의 목표를 이루기 위하여 달리는 사람이다. 무엇보다 자신이 설교하고 가르친 대로 삶을 이끄는 사역을 해야 한다. 지시만 하는 자, 말만 하는 자, 슬로건만 외치는 자가 아니라 진실과 성실로 사역에 임하고 선포한 대로 살아가는 진정한 리더로서의 면모를 갖추어야 한다.

잘못 가고 있는 것을 발견하면 과감하게 바꾸라. 목회 전략과 계획이 잘못되었음을 인식했다면 모든 관련자들과 중직자들을 모으고 목회 전략의 모순과 어그러짐을 솔직하게 시인하고, 교회를 위하여 그리고 하나님의 사람들을 위하여 과감하게 바꿔 나가는 믿음의 결단이 있어야 한다. 그럼에도 불구하고 머뭇거린다면 더 깊은 실패의 늪으로 들어갈 뿐이다. 좌절과 실패의 늪으로 빠지지 않을 방안을 찾고 벗어날 전략을 구축하는 적극적인 자세로, 목회자 자신부터 모든 것을 바꿔버리겠다^{transformation}는 각오가 있어야 한다. 구습과 고집을 벗어 버리고 겸허하게 자기 진단과 분석을 하고 그에 준한 대안을 갖고 목회에 적용 가능한 전략을 구현하는 전략가로 거듭나야만 한다.

독단적으로 전략을 세우지 말고 팀워크를 통한 새로운 영적 커뮤니케이션을 이루라. 소통은 최상의 전략이라고 생각한다. 무엇이든지 소통하라. 혼자만의 독자성은 한계와 위험성을 내포하고 있다. 교인들의 소리, 중직자들과 교회 사역자들의 소리에 귀를 기울이는 경청의 성품을 키워 나가야 한다. 그 속에 교회가 풀어 갈 실마리가 있음을 깨닫는다면 기꺼이 영적 소통을 위한 노력과 헌신을 하길 바란다.

전략을 목회 방법 중 하나로 생각하지 말고 삶 속에 뿌리를 내리게 하라. 자원이 풍족하든 부족하든 관계없이 그 자원을 어떻게 활용하여 보다 나은 교회와 사회 그리고 세상을 만들어 갈 것인가는 리더의 중요한 몫이다. 그것을 지혜롭게 감당하기 위해서는 전략적 사고가 일상이 되어야 한다. 전략은 더 이상 하나의 세미나가 아니며 프로젝트도 아니다. 삶이며 생활이다. 우리의 사역인 것이다. 사역과 목회, 그 모든 것에 전략적 사고가 깃들길 바란다.

리더는 전략가이다.
전략가는 미래를 꿈꾼다.
미래는 전략가로 인하여 만들어진다.
이것을 완성하는 이가 리더이다.

교회는 하나님의 거하실 처소이다.
교회는 하나님의 전이다.
교회는 하나님의 사람들이 모이는 곳이다.
교회는 하나님의 사람들이 성숙해지는 곳이다.
교회는 지역을 섬기는 공동체이다.
교회는 지역 복음화의 전초기지이다.
교회는 변화의 실체이며 변화를 주도하는 곳이다.
교회는 모든 진리를 배우고 실천하는 장소이다.
교회는 사랑으로 세워져 가는 공동체이다.
교회는 하나님의 임재를 경험하는 성령의 전이다.
교회는 주님의 몸이며 우리는 그의 지체들이다.
교회는 하나님이 주인이시다.

제 5 장

중요한 것은
전략적 사고이다

우리는 지금까지 중소형 교회가 성장할 수 있는 이론과 실제, 자료와 분석 그리고 방향 제시에 대해 설명해 왔다. 이제 정리를 하면서 앞서 말한 것을 다시 강조하고 싶다. 그리고 영적 지도자에게 절대적으로 필요한 '전략적 사고' 그 중요성을 언급하고 싶다.

지속적인 전략적 사고를 통한 혁신이 없이는 영향력 있는 사역이 계속되기 어렵다. 지금까지 살펴본 것처럼 교회는 영향력으로 세워져야 한다. 영향력 있는 교회가 되기 위해서는 영적 지도자 자신이 영향력 있는 사역자가 되어야 한다. 그러기 위하여 영적 지도자가 항상 연상해야 하는 세 개의 단어가 있는데 제일은 하나님이며, 그다음은 사람, 마지막은 사명이다. 이 세 단어는 중소형 교회뿐 아니라 모든 교회와 목회자에게 떠나지 않아야 하는 중요한 단어이다.

하나님 나라와 가치를 실현하게 하는 것이 사역의 첫걸음이며, 그 가치가 실현되기 위해 완성된 제자도를 통한 하나님의 사람들이 반드시 세워져야 하고, 나아가 각각이 위로부터 부여받은 사명을 완성해야 한다. 이것 이외의 것들은 비본질적인 것이라고 해도 과언이 아닐 것이다. '하나님, 사람, 사명', 이것은 자신의 사역 자세가 바른지를 점검하는 중요한 단어이기도 하다. 이 세 개의 단어를 연결하는 것이 바로 '전략적 사고'이다. 전략적 사고 없이 '하나님, 사람, 사명'을 완성할 수 없기 때문이다.

이 세 단어는 그 어느 것 하나 떼어놓고 말할 수 없다. 위대한 하나님의 사역을 위해 우리가 가진 모든 지혜와 지식과 역량을 총동원해야 한다. 이것을 '전략적 사고'라고 정의한다. '전략적 사고'는 언어의 유희가 아니라 사역 과정의 적극적인 실행 능력을 전제로 하는 사고思考이며, 단지 머릿속에만 가두어진 생각을 의미하지 않는다. 리더는 전략가(지혜로운 자)여야 하며, 사고하는 사람이어야 한다. 항상 세 단어에 대한 생각으로 가득 차야 한다. 자연스럽게 자신의 삶이 되어 있어야 한다.

… 교회가 생존경쟁(?)에서
살아남기 위해서는
'교회와 목회의 특성화'의 길뿐이다

　　일반사회를 포함한 교육계, 언론, 기업, 공공단체, 병원, 학교, 학원, 정부조직을 총망라해 보면 분업화를 넘어 전문화의 양상을 보이고 있다. 이것은 특성화가 되고 있다는 것이다. 분업화는 단순화 작업을 가져왔고 그 단순화가 전문화되고 전문화가 특성화로 발전하는 것이다. 목회와 교회 사역도 바로 이러한 특성화의 길을 걸어야만 한다.

　　컴퓨터를 사용하는 자라면 로지텍Logitech 회사의 마우스를 알 것이다. 마우스를 보면 거의 대부분이 로지텍 회사 제품이다. 이 회사는 1981년 스위스에서 설립되었다. 세계적으로 유명한 컴퓨터 주변기기 생산업체이다. 창업 당시 주력 제품은 마우스와 키보드였다. 마우스와 키보드는 컴퓨터에서 가장 기본적이고 없어서는 안 될 외장 부품이지만 가격이 비교적 저렴하여 수익성이 크지 않은 제품이기도 하다. 따라서 컴퓨터 업계의 대기업들은 마우스와 키보드를 생산하는 데 별 관심이 없었다. 로지텍은 이를 기회로 삼았다. 로지텍은 마우스와 키보드 분야에서 전문화를 추구했고, 다년간의 노력을 통해 업계에서 탄탄한 입지를 굳히고 세계적인 기업으로 성장할 수 있었다.

로지텍의 성장은 기업 일선에서 특히 중소기업들에게 시사하는 바가 매우 크다. 중소기업들이 살 길은 오직 전문화밖에 없음을 인식하게 하는 사례가 되었다.

교회 공동체 역시 예외일 수 없다.

대형 교회들과 어깨를 겨누려고 하지 말고, 자신만의 독특성 소위 전문화된 사역을 도모하여 오직 '바로 그 교회'만이 할 수 있거나 혹은 뛰어난 역량을 발휘하는 그런 교회로 나아가야만 한다. 그러기 위해서는 반드시 '전문적인 사역의 노하우'를 갖고 사역이 가능한 '그 지역'에서 지역을 위한 '바로 그 교회'를 세워야만 한다.

교회 홍수 시대에는 3가지 대응력을 갖추어야 한다

물밀 듯 밀려오는 홍수처럼 여기저기 건물마다 골목마다 상가마다 교회가 세워지고 있다. 지방 광역도시인 광주광역시에 강의차 내려갔었다. 그 지역의 작은 교회들이 어려움이 많다 하여 답사를 간 것인데 광산구의 한 신도시, 그 블록 전체가 교회로만 세워져 있는 것이 아닌가? 기막힌 현실이다. 각 필지마다 교단별로 총 7개의 교회가 벽을 두고 세워져 있었다. 이것이 한국 교회의 실면이다. 물론 극단적인 예라고 할 수 있겠지만, 그만큼 교회의 경쟁과 생존의 위협을 체감한다는 것이다.

-한 블록에 둥글게 세 개의 교회가 세워져 있는 인천의 한 지역-

이처럼 많은 교회들의 틈바구니에서 살아남기 위해 갖추어야 하는 대응력은 무엇인가?

교회는 다음의 '예측(분석)'의 힘, 주변 교회와의 '차별화'의 힘 그리고 스스로 '혁신'하는 힘, 이와 같은 3가지 힘을 가져야 한다.

1) 예측

'예측하면 뜻을 이루고 그러지 못하면 실패한다'는 말이 있다. 오늘날 같은 무한경쟁시대(?)에 대처하고 있는 교회의 현실에서도 예외일 수 없다. 영적 공동체인 교회 역시 새로움을 시도하고 있지만, 단순히 프로그램을 도입하는 것에 국한되어 있다. 프로그램 적용이나 교회 외적인 리모델링만으로는 어떤 결과를 가져올 수 없다. 종합적이고 객관적인 예측과 조망의 자세를 갖는 것이 필요하다.

우리가 잘 아는 치킨 프랜차이즈 중 하나인 KFC는 대리점을 낼 때 현지 조사를 철저히 하는 기업으로 유명하다. 거리에 다니는 사람들의 통행량을 조사하고 각 연령층과 직업군에 속하는 상당수를 대상으로 자사 치킨을 맛보게 한다. 매장 인테리어와 맛의 차별화를 위한 의견을 물을 뿐 아니라 닭과 식재료를 구입할 수 있는 경로, 그 닭 사료업계에 대한 면밀한 조사를 한 후 대리점의 타당성을 검토하고 개업을 진행한다. 실제로 KFC가 세워져서 실패한 경우는 1% 이하이다.

기업은 생존이다. 그럼 교회는 어떠해야 할 것인가? 하나님의 인도하심으로 세워졌기에 예측과 분석을 도외시해도 되는 걸까? 교회야말로 최고의 지략가이신 하나님의 지혜를 구해야 하는 영적 공동체라고 확신한다. 그러므로 예측과 분석의 연구를 게을리하지 말라. 지역을 분석하고 그 지역을 예측하고 사람들의 필요를 파악하는 전략적 사고로 깨어나야 한다.

2) 차별화

모든 사역이 평준화되면서 차별화의 중요성이 점점 더 커지고 있다. 또한 목회자 공급 과잉 현상이 나타나면서 교회 선택의 폭이 넓어지고 있다. 그렇다고 푸념을 할 때가 아니다.

시대에 대한 통찰력을 갖고, 지역민이 무엇을 요구하는지, 욕구가 무엇인지 정확하게 파악하고, 연령층을 세분화하여 '기존 교회의 틈새 전략'을 구상하는 자세가 필요하다. 그러므로 '다른 교회에 없는 것', '다른 교회보다 훨씬 뛰어난 것'을 창출하는 데 역점을 두어야 한다. 차별화는 성공적인 목회를 가능하게 하는 요소가 된다.

3) 혁신

혁신革新이란 말을 살펴보자. 가죽에 해당하는 한자로 피(皮)자와 혁(革)자가 있다. 皮는 짐승의 털이 그대로 있는 생가죽을 뜻하고, 革은 짐승의 생가죽에서 털을 뽑고 가공한 가죽을 뜻한다. 皮를 가공하여 사용할 수 있도록 만들어 놓은 것이 革이다. 살에서 가죽을 벗겨낼 때에는 엄청난 고통이 따른다.

그런데 우리가 혁신한다고 말할 때에 '혁신은 가죽 革과 새로운 新이 합하여 이루어진' 글자이다. 한문 글자를 그대로 풀이하면 가죽을 새롭게 한다는 의미가 된다. 가죽을 새롭게 하기 위하여 먼저 할 일이 있다. 살과 가죽을 분리시켜야만 한다. 살과 가죽을 분리시키는 데에는 엄청난 고통이 따른다.

삶의 방식이나 사고방법, 습관이나 제도를 바꾸어 새롭게 하는 일이 혁신이다. 점진적으로 조금씩 바꾸어 나가는 것은 혁신이라 하지 않는다. 그와 같은 것은 개선이라고 부른다. 완전히 철저하게 바꾸는 것을 혁신이라고 한다. 무엇을 하든지 혁신하고자 하면 반드시 고통이 뒤따른다. 살에서 가죽을 벗겨내는 고통을 의미한다. 필자는 우리 한국 교회와 목회자들이 필자를 포함하여 일생일대의 혁신을 이루어야만 한다고 생각한다. 혁신의 의지를 회복하여 새로운 교회 모습을 세상에 내어놓아야 한다.

혁신에는 두 종류가 있다. 상자 안에서의 혁신과 상자 밖으로의 혁신이다《탁월함이란 무엇인가?》, 이재영 지음). 상자 안에서의 혁신은 틀을 깨지 않으면서 하는 조용한 혁신이다. 이것은 거의 개선에 가깝다. 개선은 리모델링 수준에 머문다. 하지만 상자 밖으로의 혁신은 새로운 게임 규칙을 만들어내는 것이다. 이러한 혁신에는 위험이 따른다. 이러한 위험을 감내해내는 능력을 가짐으로 위기를 기회로 바꿀 수 있는 것이다. 내적인 혁신과 행동적 혁신과 자신의 한계를 뛰어넘는 혁신을 향한 도전이 있어야 한다.

나는 나의 한계 밖의 혁신을 위해 애쓰고 분투해 왔다. 잭 웰치Jack Welch는 그의 저서 《승자의 조건》에서 "끊임없이 변화하는 세계에 발맞춰 스스로를 변화할 수 있는 과감한 혁신이야말로 진정한 승자의 조건"이라고 하였다. 우리 모두는 진정한 승자가 되어야 한다. 자기 자신으로부터 승자가 되고, 자기 혁신을 이루는 삶을 살아야 한다.

이러한 혁신은 교회에도 그대로 녹아나야 한다. 생존을 넘어 존재 목적 그 자체를 형성하기 위해 부단한 혁신을 도모해야 한다. 혁신적 사고와 혁신적 교회 사역을 통해 강점을 강화하고 단점을 보완함으로 영향력 있는 교회의 면모를 가지게 될 것이다. 사역을 변화시키고 다른 사역으로 전환하는 것만으로는 충분치 않다. 자신을 혁신하는 것이 가장 우선이다. 자기 혁신은 곧 교회 혁신으로 이어지기 때문이다. 자기 혁신은 자신의 사역을 깊고 넓게 확대하는 요소가 되며, 그 모습이 영향력이 되어 많은 사람들을 이끌게 된다.

최고의 혁신은 단순화다. 이제 교회는 사역을 단순화해야 한다. 단순한 믿음, 단순한 신앙, 단순한 삶, 단순한 사역, 단순한 교회여야 한다. 심플한 삶은 정돈된 삶이다. 복잡한 사역 프로그램을 돌려 무언가 쉼 없이 움직이는 교회로 보이려는 생각을 과감히 버려야 한다. 혁신적인 결단이다. 과거의 관행을 벗어나야 한다. 다양성의 허울 속에서 많은 일을 요구하는 전통에서 벗어나야 한다.

비단 세상의 이치 속에서도 이러한 점을 배울 수 있다. 휴대폰 시장의 변화는 절대 강자였던 노키아의 몰락으로 충격을 받았었다. 누구도 노키아를 넘을 수 없을 것으로 생각했다. 그러나 스스로 혁신을 하지 않은 노키아는 휴대폰 시장의 절대 강자 자리를 내놓아야 했고 세계 속의 노키아는 과거의 유물처럼 치부되고 있다.

한국 교회가 노키아와 같은 그림자를 걷지 않을 것이라는 막연한 믿음이 있지만, 지금의 교회 현실이 어둡기만 하다. 혁신을 하자. 교회 사역의 단순화라는 혁신을 이루자.

사람에 중점을 두고 세우는 교회가 성장한다

지금 한국 교회에서 진행하는 모든 사역은 교회의 크기에 관계없이 대동소이하다. 유행하는 프로그램을 도입하고 있기 때문이다. 그러다 보니 한국 교회는 단지 교회 규모의 차이가 있을 뿐이다. 그렇다면 누구든지 다홍치마를 찾아 대형 교회로 몰리지 않겠는가? 대형 교회의 장점들은 앞에서 이미 충분히 언급했기 때문에 여기서는 생략하겠다.

이렇듯 대형 교회들 틈에서 성장할 수 있는 방법은 '사람을 세우는 일'에 집중하는 것이다. 이것을 제자도라고 한다. 온전한 그리스도인을 세우는 것에 목적을 두고 체계화하여 사람들의 변화를 돕고, 더 나아가 부여받은 은사와 재능으로 하나님 나라를 위하여 사역자가 되게 해야 한다.

여기서 교회라 하지 않고 하나님 나라로 표현한 이유는, 교회라는 건물 안에서뿐 아니라 자신들의 삶의 터전에서 그리스도의 제자로 살아가며 많은 이들에게 자신의 진보와 성숙을 보일 수 있는 사역자가 되게 하는 것이 목적이 되어야 하기 때문이다. 오히려 교회 안에서만 사역하는 자는 '목회의 동역자'로 표현하는 것이 옳다. '사역자'는 자신의 삶의 현장에서 하나님의 영광을 위해 살아가는 자를 의미한다.

사람들을 온전하게 세우는 것은 영적 공동체의 최상의 목적 구현이다. 그것이 교회의 성숙도가 된다. 사람이 세워진다는 것은 제자훈련이나 성경공부를 했다는 의미가 아니라, 훈련을 통해 삶이 그리스도 중심으로 바뀌고 자신이 이 땅에 왜^{why} 사는지와 보냄을 받은 목적^{mission}이 무엇인지를 명확하게 알고, 그 사명에 따라 살아가도록 하는 것을 뜻한다.

또한 그들이 또 다른 사람들을 가르치고 양육하여 지금보다 나은 삶을 살아가도록 돕는 사역을 할 수 있도록 하는 것을 의미한다. 이것이 진정한 제자도의 완성이다. 제자는 또 다른 제자를 낳는다. 교회는 사람을 낳고 세우고 파송하는 장소이다. 그것이 진정한 교회이다.

마케팅의 본질은 사람을 향하고 있다. 마케팅의 관리 철학도 발전하고 있다. 일반기업들이 과거에 생산 중심의 마케팅에서 사람을 향하고 있는 것이다.

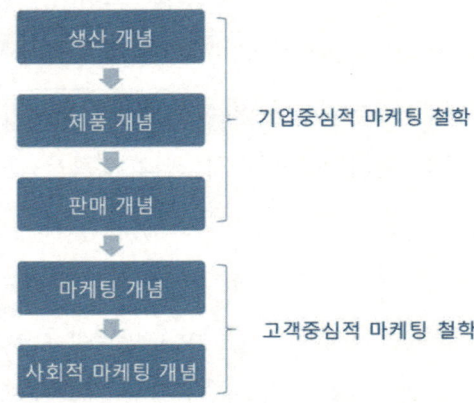

마케팅 관리 철학의 발전

'사람'은 교회가 추구하는 모든 사역의 종착지다. '하나님의 영광' 그분의 영광을 드러내는 것이 바로 하나님의 사람이기 때문이다. 하나님의 사람을 세우고 온전하게 하는 것이 교회의 존재 이유다.

> "우리가 그를 전파하여 각 사람을 권하고 모든 지혜로 각 사람을 가르침은 각 사람을 그리스도 안에서 완전한 자로 세우려 함이니 이를 위하여 나도 내 속에서 능력으로 역사하시는 이의 역사를 따라 힘을 다하여 수고하노라" _골로새서 1:28-29

성령님의 역사하심을 따라 힘을 다하여 수고하는 것이 바로 진정으로 건강한 교회다. 교회의 본질은 하나님과 하나님의 사람들에게 있다. 온전한 사람을 세워 봉사하게 하고 그리스도의 몸을 세우는 교회 사역을 이루어야 한다(엡 4:12).

교회의 모든 사역은 사람을 향해야 한다. 교회 건물을 짓기 위해 사람이 필요하고, 교회 프로그램을 운영하기 위해 사람이 동원되어야 하고, 예배당의 빈 자리를 채우기 위하여 사람을 전도하고, 목회자의 필요를 채우기 위하여 교인들이 존재하는 것이 아니라 도리어 그들을 위하여 목회자가 필요함을 잊지 말자.

교회 건물과 잡다한 프로그램으로 승부하던 시대는 지났다

건축만 하면 모든 것이 잘 진행되던 시대는 지났다. 아무리 좋은 건축물을 세웠다 할지라도 소프트웨어가 부족하거나 갖추어지지 않으면 어떤 전시적 효과는 있을지 모르지만 교회 사역에는 특별한 의미가 없다. 성전 건축을 하면 모든 것이 좋아질 것이라는 생각을 버려야 한다. 과거 교회 건축이 주었던 성장의 효과는 사라졌다. 이제 그러한 시대가 지났다. 지금은 사람들이 하나님의 살아 계심을 경험하도록 해야 한다.

지금은 경험, 소위 체험의 시대이다. 영적으로 체험하는 공동체, 만남으로 서로 섬기며 사랑을 체험하는 공동체, 하나님을 경배하는 것이 행복한 공동체, 작은 소그룹으로 모일 때마다 진정한 성도의 교제가 있어서 행복한 얼굴을 가지는 자들로 가득한 공동체, 이러한 공동체를 직접 경험하고 지역에 사는 사람들에게서 '저 교회는 참 좋은 교회라더라'는 얘기를 들을 수 있는 '바로 그 교회'가 되어야 한다.

더 이상 유수한 교회의 성장 프로그램이나 사역 시스템을 무분별하게 도입하려 하지 말고 자신만의 강점을 찾고 차별화하며, 독특한 교회의 브랜드를 형성하자. 세미나병, 성장병, 교회 사역 유행병, 프로그램 중독증에서 벗어나자. 교회로부터 많은 제자들이 배출되어 지역과 많은 사람들에게 영향력을 끼치는 그런 교회가 되어야 한다.

우리 교회만의 이미지를 찾고 싶은가? 우리 교회의 브랜드가 무엇인지 궁금한가? 그럼 먼저 객관적인 자기 분석을 해야 한다. Self-SWOT 분석이다. 강점strength, 단점weakness, 기회opportunity, 위협threat을 객관적으로 분석하는 것이다. 본 연구소에서는 SWOT 분석을 통해 자신의 현재 모습 그대로를 알게 하고 이미지를 찾고 브랜드를 함께 결정한다.

	강점 (S) Strength	약점 (W) Weakness
기회 (O) Opportunity	**SO 전략** - 새로 부임한 담임목사 - 예배 만족도 높음 - 신규 아파트 입주 - 새로운 사역 전재	**WO 전략** - 수양관 운영 - 시스템 부재
위협 (T) Threat	**ST 전략** - 없다. - 출석교인 증가 - 이원화된 분위기 - 갈등 반목 잔재	**WT 전략** - 원로목사와의 갈등 - 당회의 이원화 - 중직자 불신 - 예배당 중심의 교회 공간 - 부채 55억

-교회 SWOT 분석 Matrix-

최우선 사역인 제자도의 시스템이 구축되었다면 이젠 꾸준히 하나님을 의지하자. 의지하는 결단이 있어야 한다. 평택에 있는 대광교회는 시골에 세워졌지만 한결같은 믿음을 결단하고 꾸준히 사람을 세우는 제자훈련을 지속했다. 제자도로 많은 평신도를 리더로 세웠고, 그 결과 지금의 영향력 있는 교회로 성숙하는 공동체가 되어 많은 교회와 목회자들, 교인들이 배우기 위해 찾아드는 교회가 되었다.

《위대한 상인의 비밀》^{The greatest salesman in the world}이라는 책을 보면 성공에 이르는 방법이 제시된 10개의 두루마리가 등장하는데, 그중 세 번째 두루마리에 다음과 같은 글이 나온다.

> "수천 걸음을 내디딘 후에도 효과가 없는 것으로 생각하여 포기할 수 있다. 그러나 성공은 바로 그다음 길모퉁이에 숨어 있는 것이다. 내가 그 모퉁이까지 한 발자국 더 가지 않는 한 성공에 얼마나 가까이 왔는지 알 수 없다."

모퉁이만 돌면 성공이 바로 거기 있는데 인내하지 못하고 바로 코앞에서 멈추니 노력이 열매를 맺지 못하는 것이다. 지속적인 추진력으로 자신에게만 주신 '바로 그 교회'의 비전을 위해 인내를 갖고 지금부터 한 걸음 한 걸음 걸어가는 우리가 되어야 한다.

이와 같은 전략적 사고는 결국 영적 리더십과 직결된다. 리더십은 전략이다. 리더는 전략적으로 사고하고 전략적인 지혜를 발휘해야 한다. 전략적 리더십은 공동체의 흥망성쇠를 좌우할 만큼 엄청난 결과로 나타난다.

지금부터 약 80년 전 두 팀의 탐험대가 북극 탐험길에 올랐다. 공교롭게도 두 팀 모두 갑자기 얼어버린 바다에서 배가 꼼짝도 못하는 지경에 처하게 되었다. 사방이 얼음으로 뒤덮인 북극의 살인적인 추위, 식량과 연료는 떨어져 가고 다른 곳의 어느 누구와도 교신이 불가능한 상황이었다. 그러나 두 탐험대의 운명은 달랐다. 컬럭 호에 타고 있던 캐나다 탐험대는 수개월 만에 11명이 죽는 비극을 겪었다. 비극의 원인은 자기 자신들에게 있었다. 조난이 길어지자 선원들은 식량과 연료를 놓고 싸우고 도둑질하는 일상을 되풀이하며 서로를 적으로 만들어 가고 있었다.

반면 인듀어런스 호에 타고 있던 영국 탐험대는 무려 637일이라는 조난 기간 동안 단 한 명의 사망자도 내지 않은 채 승무원 27명 전원이 구조되는 기적을 이루어냈다. 두 탐험대의 운명이 어디서부터 엇갈렸을까?

바로 리더십의 문제였다. 인듀어런스 호에는 어니스트 섀클턴$^{Ernest\ Shackleton}$이라는 탁월한 리더가 있었다. 그는 다음과 같은 전략으로 그 긴 조난의 위기를 극복했고 전원의 생명을 구할 수 있었다. 그 리더십은 어떠한 것이었을까?

• **목표를 포기하지 않는다.**

그는 조난 초기에 12년 전 탐험대가 버리고 간 비상식량을 찾아오기로 결정한다. 썰매와 구명보트로 하루 5마일씩 얼음 벌판 위를 가야 했지만 그는 강행했다. 절망에 빠진 대원들에게 명확한 공동의 목표를 주고 싶었던 것이다. 이 목표를 수행하면서 대원들은 단결했고 불행을 잠시나마 잊을 수 있었다.

• **솔선수범으로 조직을 이끈다.**

그는 점차 바다 밑으로 가라앉기 시작한 인듀어런스호를 포기하기로 결정했을 때, 단호한 목소리로 불필요한 모든 물건을 버리고 개인 소지품은 2파운드 이상 가져가지 말라고 명령했다. 말을 마치고 그는 자신의 주머니에서 금으로 된 담배 케이스와 금화를 꺼내 눈 속으로 던져버렸다.

• **현실적 기반 위에서 낙천성을 유지한다.**

그는 난파된 배 위에서도 책을 읽었고, 배를 포기하기 전날까지 웃는 얼굴로 선상 파티를 열 정도로 낙천적이었다. 어떤 상황에서도 리더인 자신이 동요하지 않으면 대원들도 낙심하지 않을 것이라는 사실을 알았다.

- **정신적·육신적 힘을 기른다.**

그는 조난 기간 동안 도덕적·심리적·육체적 건강을 유지하기 위하여 힘썼다. 리더가 정신적으로 육체적으로 무너진다면 곧 팀의 패배를 의미하기 때문이다. 본래 건강한 체질도 아니었는데 그는 최선을 다하여 힘을 길렀다.

- **공동체정신을 지속적으로 주지시킨다.**

조난 기간 동안 그가 가장 중시한 것은 공동체정신이었다. 그는 일부에게만 일을 시키거나 정보를 독점하지 않았다. 위급한 상황에서 생기기 쉬운 분열을 막기 위해 최선을 다했다.

- **서로에 대한 예의를 포기하지 않는다.**

그 배에는 귀족에서 천민까지 여러 출신들이 모여 있었다. 하지만 그는 무조건 평등하게 생활하게 했다. 자신에게 제공되는 특식도 거부했다. 이를 통해 대원들의 이질감을 해소할 수 있었다. 자신의 잘못된 판단에 대해서는 부하에게도 사과하는 예의를 지켰다.

- **조직 내에서 힘겨루기를 하지 않는다.**

조직 내의 힘겨루기는 긴장을 낳고, 긴장은 생사가 걸린 상황에서 죽음을 불러올 수도 있다. 그는 사소한 의견 차이라도 반드시 해결하려고 했고, 대원 개개인의 개성을 인정해 줌으로써 갈등 구조를 만들지 않았다.

• 가치 있는 위험에는 도전한다.

얼지 않은 땅을 찾아 800마일을 보트로 이동하는 등 그는 조난 상태를 극복하기 위해 수많은 시도를 했다. 도전만이 새로운 가능성을 열어 주기 때문이었다.

• 끈질긴 창의성을 가진다.

그의 가장 큰 장점은 지칠 줄 모르는 창의성이었다. 배의 못을 뽑아 얼음 위를 걷는 신발을 만드는 등 난파된 배의 여러 도구들을 사용해 생존에 필요한 물건들을 만들었고, 주변의 날씨와 지형 등을 늘 분석하고 연구했다. 그의 순간적인 문제해결 능력은 창의성에서 비롯된 것이었다.

- 매일경제신문 허연 기자, 2001년 4월 28일자

이와 같은 리더의 리더십은 놀라운 생존의 문제를 해결하게 하는 근원이 된다. 교회의 리더는 이러한 탁월한 리더십을 갖추는 전략가여야 한다.

공동체의 생명은 리더가 갖는 리더십으로 결정된다.
전략적 사고는 이러한 리더십을 바탕으로 커져 간다.

유대인의 격언이 있다.

"당신이 가지고 있는 것을 그것을 필요로 하는 사람에게 파는 것은 장사가 아니다. 당신이 가지지 않은 것을 그것을 필요로 하지 않았던 사람에게 파는 것이 진짜 장사이다."

사람들이 가고 싶은 교회가 있다. 그러나 더 좋은 것은 갈 수밖에 없는 그런 교회로 세우는 것이다. 사람들이 가고 싶어 할 수밖에 없는 교회를 세워라. 그러기 위해서는 우선, 매력이 있어야 한다. 끌리는 것이 있어야 한다. 그다음, 그들에 대한 분석을 하고 그들이 찾고 싶은 교회가 되기 위하여 어떤 전략과 사역이 필요한지를 결정해야 한다. 가고 싶은 교회를 세우는 전략은 전적으로 영적 지도자에게 달려 있다.

첫째, 천편일률적인 상식의 눈으로 사역에 임하지 말라.

상식에 머무는 교회 사역은 힘이 없다. 상식 정도로는 치열한 교회 경쟁 시대에 맞지 않을 뿐 아니라 교회가 세워지지도 않는다. 상식을 넘어 특별함으로 나아가야만 한다. 목숨 걸 만한 그리고 승부를 걸 만한 자기만의 색깔이 있어야 한다. 그것이 나에게 주신 달란트가 된다. 자신의 색깔은 자신의 강점과 밀접한 관련이 있다. 자신의 강점을 자신의 색깔로 그려낼 수 있어야 한다.

둘째, 자신만이 할 수 있는 강점으로 승부해야 한다.

단점을 보완하려 하거나 단점을 강점으로 세워 가기 위하여 노력한다면 그것은 실패를 향한 지름길이 될 것이다. 강점으로 교회를 세워야만 한다. 다른 교회가 하지 못하는 것, 주변 교회가 하지 않는 것을 찾아라.

셋째, '하나님의 종'다운 면모를 유지하고, '리더'다운 자부심과 당당함으로 사역해야 한다.

규모가 작은 교회는 스스로 자신을 작게 여기고, 삶과 생각 그리고 행동의 폭과 너비가 작다. 스스로를 작고 낮게 여기는 것은 내면과 속사람을 연약하게 만들고 비천하다는 생각까지도 만들어 간다. 그러므로 누가 봐도 중소형 교회 같지 않아야 한다. 작은 리더십이 작은 교회 되게 한다. 우리는 하나님의 종이다. 큰 종, 작은 종이 없다. 주눅 들거나 위축되거나 의기소침하지 말라. 하나님의 종다운 면모로 나아가는 리더가 되라.

넷째, 배우는 자로 살라.

삼성의 故 이병철 회장은 매해 연초가 되면 신년 구상을 위해 도쿄행을 택하곤 했다. 당시 일본은 우리와 문화도 비슷하고 또 기업들의 변화 속도가 우리보다 몇 년 앞서 있으니 배울 것도, 벤치마킹할 것도 많았을 것이다.

신년 구상이라고 하지만 골방에 틀어박혀 홀로 구상하고 연구하는 그런 '생각 여행'이 아니었다. 전문가들을 만나 일일이 자문을 구하고, 직접 현장을 돌아보며 살 냄새와 땀 냄새를 맡는 '현장 여행'이었다.

이 회장의 그런 행보에 대해서 기자들은 틈만 나면 질문을 던지곤 했다. '너무 세세한 것까지 회장이 나서서 신경 쓰는 것 아니냐'는 것이다. 그때마다 이 회장의 답변은 한결같았다.

"나무를, 아니 그 안의 작은 가지들까지 볼 줄 알아야 거대한 숲 도 보이는 법입니다. 리더란 모름지기 회사 제품의 1mm짜리 부속 나사까지도 다 파악하고 있어야 합니다. 나는 해박한 사람이 아닙니다. 하지만 돈을 주고서라도 배울 건 배워야 한다고 생각합니다. 배우지 않고 분석하지 않고 실행했다가 실패해서 톡톡히 대가를 치르는 것보다 낫기 때문입니다."

배움의 자세는 리더의 중요한 덕목 중 하나이다. 영원토록 주님을 뵐 그날까지 배우는 자로 사는 것이다. 배움을 통하여 전략을 구비하게 되고, 전략적인 사고를 하는 자가 창의성을 발휘하게 되어 자기만의 색깔을 갖춘 목회를 할 수 있다.

다섯째, 스스로에게 관대하지 말라.

리더의 무너짐은 대부분 타인에게는 엄격하고 자신에게는 관대하기 때문이다. 진정한 리더는 자신에게는 엄격하고 타인에게 관대한 자이다. 스스로에게 결코 관대하지 않아야 한다. '아무도 보지 않을 때 당신은 누구인가?'의 답이 자신의 모습이고 실체이며 그의 인격이 됨을 알고, 스스로에게 관대하지 않고 자기 관리를 잘하는 자가 되어야 한다. 자기 관리는 리더의 성공적인 요소이다. 적극적으로 자기 관리 훈련을 함으로 자기 관리 능력을 겸비하여 보다 큰 영향력을 발휘하는 리더가 되어야 한다.

나(스스로)를 경영할 수 있는 자만이 타인을 경영할 수 있다. 성경은 자기 경영의 실패자들과 성공자를 소개하고 있다. 모세와 사울왕 그리고 베드로는 감정 관리에 실패했다. 가룟 유다와 룻기 4장에 나오는 '기업 무를 자의 첫 번째인 아무개'는 물질 경영의 실패자이며 요나는 영성 관리의 실패자. 엘리 제사장은 체력 관리에 실패했다. 반면에 다니엘은 영성 관리의 성공자다. 다윗은 사역 관리와 영성 관리의 성공자다.

성경 속의 많은 인물들도 자기 경영과 연관을 지을 수 있다. 그렇다. 자기 경영은 영적 지도자들의 필수 과정이며 리더십의 기초다. 자기 스스로를 경영하고 자기 스스로를 피드백 하는 능력을 구축하라. 나는 우리 목회자들이 나를 다스리는 자기 경영에 성공한다면 한국교회에 희망을 쏠 수 있을 것을 확신한다.

여섯째, 최고의 머리, 최고의 손발을 빌려서라도 하라.

나름대로 잘해 본다고, 자신의 교회는 자신보다 잘 아는 이가 없다고 생각하여 사역과 교회에 대한 객관적인 평가와 전문가의 자문 없이 어설프게 잘해 보려고 한 것이, 도리어 아주 중요한 원칙을 흐트려 놓아서 결국 그것을 수습하지 못하고 난관에 부딪힌 경우가 많다.

리더는 스스로 결정하기 전에 앞서가는 리더로부터, 전문가로부터 그들의 머리와 손발을 빌려서라도 사역과 교회를 온전하게 세워 가야 한다. 교회는 개인의 소유가 아니다. 성숙한 리더는 '전문가의 머리와 손발을 빌릴 수 있어야 한다'는 점을 잊지 않아야 한다.

교회는 지도자의 크기를 넘을 수 없다.
성장하는 교회가 되고자 하면 지도자가 성장하면 되고
성숙하는 교회가 되고자 하면 지도자가 성숙하면 된다.
교회 공동체는 전적으로 지도자에 의존한다.

그러므로 목회자는 자기 스스로를 키워야 한다. 목회자의 성숙이 교회의 성숙이며 목회자의 리더십 크기가 교회 크기를 결정하게 된다. 외부로부터 주어지는 능력보다 안에서 뿜어나오는 역량을 키우고 자신이 쓰임 받을 수 있도록 자기를 준비하고 헌신해야 한다. 혼자 하기 버겁다면 목회전문컨설턴트의 도움을 받으라. 코치를 찾아보자. 영적인 멘토를 통해서라도 도움을 받아야 한다. 영적 지도자가 신뢰받는 기준은 실력, 순수성 그리고 세상을 읽는 세계관이다. 지도자의 시각이 교회의 너비가 되고 지도자의 깊이가 그 교회의 잠재력이 된다. 그러므로 담임목사는 자기 성장에 결코 소홀해서는 안 된다. 우선, 박스 사고를 벗어나자.

그리고 자신의 방향성을 결정하라. 마지막으로 특성화 전략을 수립하고 이룰 수 있는 도구를 익히고 수련해야 한다.

교회는 주님의 몸이며 유기체다. 유기체는 생명력 있는 훈련으로 견고해진다. 육체를 건강하게 만들기 위해 여러 가지 방안을 활용하는 것처럼 건강한 교회가 되기 위한 건강한 방법들을 활용해야 한다. 자신의 크기가 공동체의 크기가 됨을 잊지 않아야 한다.

> "사람의 일생은 돈과 시간을 쓰는 방법에 의해 결정된다. 이 두 가지 사용법을 잘 못하여서는 결코 성공할 수 없다." _ 다케우치 히토시

돈과 시간 이 두 가지는 가치를 척도하는 가늠자이다. 그 사람의 가치는 그가 가진 물질과 시간을 어디에다 사용하느냐에 따라 결정된다.

단일 민간기업으로 우주산업을 활발하게 경영하는 스페이스엑스 엘론 머스크는

"나는 돈을 벌기 위해 이 일을 하는 것이 아니다. 나는 인류의 미래를 위해 정말 중요하다고 생각하기 때문에 하는 것이다."

라고 하였다. 당신은 무엇을 위하여 사역하는가? 어떤 가치를 갖고 사역하는가?

천지를 창조하신 하나님, 우리는 세상의 그 어떤 것과도 비교할 수 없는 위대한 가치를 위해 사역하고 있지 않은가? 지금 그 자리에서 만족하거나 머뭇거리지 말고 하나님을 향한 자기 헌신의 기쁨을 갖기 위해 이전과는 다른 각오로 주님 걸어가신 십자가의 길을 걸어야 하지 않겠는가?

무리와 제자들을 불러 이르시되 누구든지 나를 따라오려거든 자기를
부인하고 자기 십자가를 지고 나를 따를 것이니라 _마가복음 8:34

위험을 무릅써야 할 때가 있다면,
변화를 일으켜야 할 때가 있다면,
해봄직한 일을 시작할 때가 있다면,
바로 지금이다.
    반드시 큰 뜻이 있어야 하는 것이 아니라
    마음을 잡아끄는 것,
    포부라고 하는 것,
    꿈이라고 하는 것만 있으면 된다.
    인생의 시간들을 가치 있게 보내는 것은
    그대 자신을 위한 일이다.

즐기자.
깊이 파고들자.
가슴을 활짝 펴자.
꿈을 크게 꾸자.
    그러나 가치 있는 일을 하기란 쉽지 않다는 것을 잊지 말자.
    살다 보면 좋은 날이 있다.
    궂은 날도 있다.
    두 손을 들고 그만두고 싶을 때도 있다.
    그런 때가 오면 배우는 시기라고 받아들이자.   _ 작자 및 출처 불명

나가면서

씨앗이 자라나는 것을 본 적이 있는가? 씨앗에서 일어나는 모든 일은 캄캄한 땅 아래에서 이루어진다. 그것은 어둡고 답답하고 무슨 일이 있는지를 알지 못한다. 그러면서 충분한 영양분을 섭취한다. 그리고 싹이 나도록 준비한다. 영양분을 공급받아 자라날 준비를 하는 것이다. 지금 목회의 어둠을 맞아 흑암 속에 있는 것같이 앞이 보이지 않는가? 하나님께서는 지금 일하고 계신다. 그리고 약속하셨다.

"볼지어다 내가 세상 끝 날까지 너희와 항상 함께 있으리라"

_마 28:20

우리에게 필요한 것은 하나님을 향 한 절대 믿음이다. 수많은 목회운영과 노하우를 배우고 익힌다 할지라도 하나님을 향한 절대 믿음이 없이는 그 어느 것 하나 제대로 이루어질 수 없다. 고난과 역경과 목회의 답답함은 우리가 견디며 기다려야 하는 광야이기 때문이다. 광야는 우리로 하여금 하나님을 바라보게 하는 도구이다. 주님께서도 고난을 받으셨다.

"그가 아들이시면서도 받으신 고난으로 순종함을 배워서 온전하게 되셨은즉" _히 5:8-9.

목회의 고난은 또 다른 하나님의 인도하심의 기회임을 기억해야 한다. 목회 현장에 답답함이 있을지라도 실망하거나 절망하지 말라. 우리의 생각보다 앞서며 높은 길로 이끄시는 하나님을 의존하며 믿음으로 나아가는 신뢰가 커야 한다.

"이는 하늘이 땅보다 높음같이 내 길은 너희의 길보다 높으며 내 생각은 너희의 생각보다 높음이니라" _사 55:9.

하나님께서 우리의 걸음을 이끄실 것이다. 우리의 길을 인도하실 것이다. 나는 그 길을 걷는 우리였으면 한다. 목회의 홍해를 만났을 때 우리가 할 일은 하나님의 놀라운 도움을 힘입고 절대 의존을 통하여 하나님께서 일하시게 드리는 것이며, 우리는 그분이 행하시는 일을 믿고 흉흉한 바다가 갈라지는 역사를 경험하기 위해 바다 위로 발을 내딛는 믿음만 가지면 된다. 목회의 홍해는 하나님께 엎드리게 하기 위한 하나님의 방법이다. 지금 무작정 자신만의 목회 길로 걸어가는 것을 멈추고 얼굴을 땅에 대고 엎드리는 것이 필요하다. 하나님 앞에 머무르라. 그리고 그분이 이끄시는 손길을 경험하라. 전전 긍긍하지 말고 하나님을 향한 믿음을 견고하게 하라. 우리의 믿음이 이기게 하실 것이다.

우리의 목회는 하나님의 교회를 세우는 것이다. 하나님의 교회는 하나님에 의해 세워져야 한다. 자신의 얕은 지식과 식견으로 교회를 세워 가려고 하지 말라. 하나님을 전적으로 의존하는 믿음과 그분을 향한 신뢰로 나아가야 한다.

> "여호와의 눈은 온 땅을 두루 감찰하사 전심으로 자기에게 향하는 자들을 위하여 능력을 베푸시나니" _대하 16:9.

목회의 정체와 고난 그리고 답답함은 하나님께로만 향하게 하시는 하나님의 이끄심임을 믿어야 한다. 전심으로 하나님께로 향하도록 하자.

하나님께서 하지 않으시면 모든 것이 허사가 된다. 그분이 일하시도록 맡기자. 우리의 영혼을 정결하게 하고 순수하게 하며, 하나님께서 우리를 통하여 일하시도록 내어드리자.

이제 어찌할 것인가?
어떤 선택을 할 것인가?

"형통한 날에는 기뻐하고 곤고한 날에는 되돌아보아라 이 두 가지를 하나님이 병행하게 하사 사람이 그의 장래 일을 능히 헤아려 알지 못하게 하셨느니라" _전 7:14

하나님께서는 두 가지의 일을 다 하신다. 그러므로 목회의 기쁨과 곤고함 역시 하나님께서 허락하심을 믿고 하나님께로 나아가자!

어느 캄캄한 밤, 한 척의 배가 검은 바다 위를 항해하고 있었다. 그때 망을 보던 선원이 앞쪽의 불빛을 보았다. 선원이 선장에게 보고했고 선장은 앞에 있는 배에 다음과 같은 메시지를 보내라고 지시했다.

"앞쪽에 있는 배는 들어라. 항로를 남방으로 10도 변경하기를 요청한다."

그러자 그쪽에서 답신이 왔다.

"너희가 항로를 북방으로 10도 변경하기를 요청한다."

이에 선장은 화를 내면서 좀 더 명확한 메시지를 다시 보냈다.

"너희가 항로를 남방으로 10도 변경하기를 요청한다. 나는 선장이다."

그쪽에서 다시 답신이 왔다.

"너희가 항로를 북방으로 10도 변경하기를 요청한다. 나는 3등 항해사이다."

그러자 선장은 노발대발하면서 다시 메시지를 보냈다.

"너희가 항로를 남방으로 10도 변경하기를 요청한다. 우리는 군함이다."

그쪽에서 다시 답신이 왔다.

"너희가 항로를 북방으로 10도 변경하기를 요청한다. 우리는 등대이다. 선택은 너희의 몫이다."

선택은 너희의 몫이다! 그렇다. 선택은 우리 각자의 몫이다. 주님은 우리의 등대이다. 선택은 전적으로 우리의 몫이다. 어찌할 것인가? 자신의 목회 스타일을 계속 고집할 것인가?

나는 권한다.
다시 새로운 옷을 입기를 권한다.
하나님께서 보시고 싶어 하시는 '바로 그 교회'로 향하는 결단과 선택이 있기를 바란다.

변화는 선택이 아니라 **절대 필수요건**이다.

변화되지 않으면 죽는다. 교회는 주님의 몸이다. 그리고 살아 있는 유기체이다. 유기체인 공동체는 살아 있는 것이므로 변화되지 않으면 죽고 만다. 우리의 선택은 간단하고 단순^{simple}하다. 죽느냐, 변화하느냐의 선택만 하면 되는 것이다. 그 지역의 '바로 그 교회'로 특성화된 교회가 되어야 한다. 그 교회만의 것으로 그리고 목회자 자신의 강점으로 세워지는 교회여야만 한다. 어떤 교회를 답습하거나 모방하거나 '그대로' 따라가지 않아야 한다. 물론 그것이 쉬운 일이 아니라고 생각한다. 그러나 그러한 결단이 없이는 '바로 그 교회'를 세워 갈 수 없다.

나는 기대한다. 하나님의 교회가 교회로서의 면모를 갖기 위해 본서에서 제시한 과정에 따라 영향력 있는 건강한 교회가 세워질 것을……

'어떻게 할 것인가' 망설이는 시간을 갖는다고 혹은 다양한 프로그램을 도입한다고 해결될 수 있는 것이 결코 아니다. 오히려 혼란만 가중될 뿐이다. 그동안 한국 교회는 다양한 프로그램과 난무하는 각종 세미나들로 인해 헤아릴 수 없는 목회의 아픔과 상처를 받았고, 교회 성장과 성숙에 별다른 성과 없이 동분서주한 꼴이 되어버렸다. 그러한 결과 지금의 조국 교회가 침체하게 된 것은 두말할 것도 없다. 이제 한국 교회는 새로운 변혁을 시도해야만 한다. 자신의 목회를 하라. 자신의 은사와 재능 그리고 주신 하나님의 사명으로 그 지역에 필요한 영역을 공급하며, 그 지역민들과 영적 소통을 위한 헌신을 새롭게 하는 것이 중요한 것이다. 그러므로 이제는 중지하자. 각종 프로그램으로는 더 이상 교회가 세워질 수도, 성장할 수도 없다.

우리가 붙잡을 것은 프로그램이 아니다.
본질을 붙들고 큰 비전으로 하나님의 교회를 세워 가야 한다.

목회자의 변화가 교회의 변화를 이룬다.

목회자 자신의 영적 리더십을 회복하고 목회의 본질인 주님의 제자를 세워 가는 제자도를 완성하는 것이 급선무이다. 그러기 위하여 목회자 스스로가 제자가 되어야 한다. 제자가 제자를 낳는다. 제자가 제자를 세울 수 있다. 제자는 자신의 것은 하나도 없이 모든 것을 버리고 주님을 따른 자들이었다. 제자도를 따라 사는 목회자가 되자. 성도들이 그러한 목회자의 본 된 삶을 바라보고 주의 제자로 온전하게 세워져 가도록 하자.

한국 교회는 목회의 본질 사역인 제자도의 완성을 위한 헌신과 결단이 필요한 시기이다. 그러한 사역이 되도록 스스로 새로운 결심과 결단을 하길 바란다.

아주 무덥던 어느 날, 기술자들이 철로 위에서 땀을 쏟으며 작업을 하고 있었다. 그러다 그들 쪽으로 다가오는 기차 때문에 잠시 작업을 중단해야 했는데, 기차가 근처에서 멈추고 창문이 열리고 친근한 목소리가 들려왔다.
"자네, 데이브 아닌가?"
데이브 앤더슨이 깜짝 놀라며 아는 체를 했다.
"오, 짐이군. 오랜만이네. 정말 반가워."
두 사람은 기쁘게 인사를 나눈 뒤 얼마간 대화를 나누었고 이윽고 기차는 다시 떠나갔다. 같이 일하던 기술자들은 데이브가 사장인 짐 머피와 친구라는 사실에 깜짝 놀랐다.

데이브는 짐이 23년 전 같은 날 철도회사에 들어온 입사 동기라고 설명했다. 누군가 농담 반 진담 반으로 당신은 더운 날 바깥에서 일하는데 어떻게 같은 동기인 짐은 사장이 되었는지 물었다. 데이브가 대답했다.

"23년 전 나는 시급 1.75달러를 받으려고 일을 했다네. 하지만 짐 머피는 철도 회사를 위해 일했지!"

둘은 철도회사에서 철도 기술자로 동시에 일을 시작하였다. 하지만 23년이 지난 후 한 사람은 사장이 되었고, 한 사람은 여전히 철로 선로 작업자로 일하고 있었다. 데이브는 목전의 돈을 보고 일을 하였고, 짐은 지금의 현실인 담장을 넘어 큰 비전을 향하여 나아갔다.

교회를 위하여 사역하는 목회자들에게 부탁한다.

목전의 문제와 한계만 바라보지 말고, 그리고 그것들을 해결하기 위하여 동분서주하지 말고, 교회와 목회의 본질인 주님의 제자를 세워 가는 그 사역을 위해 헌신하라. 그리고 하나님이 보내신 한 영혼 한 영혼을 하나님의 사람으로, 주님의 사람으로, 이 땅에 반드시 존재해야 하는 사람으로 세워 가고자 하는 본질적 사역만을 위해 온전하게 헌신하기 바란다. 그리고 다시 한 번 강조한다. 하나님의 종 다운 목자, 주님의 제자 그리고 믿는 자들과 모든 사람들에게 븐이 되는 목회자가 되어 주길 진심으로 바란다.

"미쁘다 이 말이여 모든 사람들이 받을 만하도다 이를 위하여 우리가 수고하고 힘쓰는 것은 우리 소망을 살아 계신 하나님께 둠이니 곧 모든 사람 특히 믿는 자들의 구주시라 너는 이것들을 명하고 가르치라 누구든지 네 연소함을 업신여기지 못하게 하고 오직 말과 행실과 사랑과 믿음과 정절에 있어서 믿는 자에게 본이 되어 내가 이를 때까지 읽는 것과 권하는 것과 가르치는 것에 전념하라 네 속에 있는 은사 곧 장로의 회에서 안수 받을 때에 예언을 통하여 받은 것을 가볍게 여기지 말며 이 모든 일에 전심 전력하여 너의 성숙함을 모든 사람에게 나타나게 하라 네가 네 자신과 가르침을 살펴 이 일을 계속하라 이것을 행함으로 네 자신과 네게 듣는 자를 구원하리라" _딤전 4:9-16

월 마트의 창업자인 샘 월튼은 "이제껏 나는 최고의 유통회사를 만드는 일에만 주력해 왔다. 개인적인 부를 축적하는 것은 내 관심 밖의 일이었다"라고 하였다. 기업을 경영하는 지도자조차도 자신의 기업의 본질에 집중한다면, 우리는 하나님의 나라를 위하여 주님의 피값으로 산 교회를 위하여 그 교회의 존재적 사명을 완성하는 것만이 우리의 유일한 관심이 되어야 하지 않겠는가?

포드의 전 CEO인 돈 피터슨Don Peterson은 이렇게 말했다. "3P(People, Product, Price)에 대해 많은 이야기들이 오갔으며, 그 중에서도 사람이 가장 중요하다는 결론이 내려졌다. 제품이 두 번째 그리고 이익이 세 번째였다." 기업의 존재 목적이 '사람'에게 있다는 것, 놀라운 일이다. 교회의 무엇보다, 아니 그 어떤 것들보다 중요하고, 유일한 한 가지는 '하나님의 사람'이다.

본질과 사람을 향한 끈질긴 사역의 집중, 그 사역을 위한 우리의 헌신과 수고로움, 몇 년이 지나 그날이 되면 우리의 영향력은 자연스럽게 커져 있으리라.

조국 교회의 내일을 기대한다.

부록

| 리더십 진단 질문지 |

1	2	3	4	5
전혀 그렇지 않다	그렇지 않다	보통이다	그렇다	아주 그렇다

1. ☐ 상대방의 성격과 개성에 맞추어 상대해 준다.
2. ☐ 당면한 문제나 복잡한 상황을 처리하기 쉬운 영역으로 세분화한다.
3. ☐ 팀원의 기여도를 인정해 각자의 역할에 자부심을 느끼게 한다.
4. ☐ 사역 진행 단계마다 필요한 의사 결정을 결단력 있게 한다.
5. ☐ 자신에게 주어진 과제를 완수할 수 있는 능력이 있음을 보여준다.
6. ☐ 실행가능한 단계별 세부 목표를 설정하고 달성 정도를 지속적으로 점검한다.
7. ☐ 공유해야 할 사항이나 중요한 회의 결과를 리더에게 정확히 전달한다.
8. ☐ 리더의 사역 수행 능력에 맞게 과제를 부여하고 권한도 위임한다.
9. ☐ 교회의 유익을 위해서 교회 내·외의 관계자들과 합의를 이끌어낸다.
10. ☐ 다른 사람과 의견 충돌이 있을 때 자신의 입장을 분명하게 말한다.
11. ☐ 교인의 의견을 수렴하여 사역이나 프로그램의 질을 높이는 데 활용한다.
12. ☐ 갈등 당사자들이 서로 실익을 얻을 수 있는 타협점을 찾아 제시한다.
13. ☐ 상황이 좋지 않더라도 감정을 즉흥적으로 드러내지 않는다.
14. ☐ 결정사항이 리더들이나 업무에 어떠한 영향을 미칠지 폭넓게 고려한다.
15. ☐ 자신의 생각을 상대방이 지지하거나 수용하도록 설득력 있게 말한다.
16. ☐ 일시적인 해결보다는 문제의 원인을 파악하여 근본적으로 문제를 해결한다.
17. ☐ 교인의 관점에서 지역 상황을 분석하고 결과를 사역 전략에 반영한다.

18. ☐ 자신의 사역 성과를 향상시키기 위한 계획과 전략을 구체적으로 제시한다.
19. ☐ 사적인 이해관계보다는 함께 일한다는 마음을 갖게 교인을 격려한다.
20. ☐ 도전적인 목표를 설정하고 구체적인 목표 달성 지표를 교인에게 알린다.
21. ☐ 이해 관계자들의 입장을 균형 있게 고려하여 모두가 만족할 만한 결정을 이끌어낸다.
22. ☐ 리더들의 약점과 문제점을 확인하고 자기 계발을 하도록 돕는다.
23. ☐ 관행을 따르기보다 새로운 업무 수행 방식을 도입하여 개선을 시도한다.
24. ☐ 왜 변화가 필요한지 리더들이 알 수 있도록 관련 정보를 제공한다.
25. ☐ 새롭고 독특한 아이디어로 곤란한 상황을 돌파한다.
26. ☐ 갈등 당사자의 의견을 충분히 듣는다.
27. ☐ 리더들의 관심을 유도할 수 있는 긍정적인 비전과 목표를 제시한다.
28. ☐ 혼란스러운 상황에서도 다양한 관점에서 문제를 분석하고 원인을 찾는다.
29. ☐ 리더들이 조직 변화에 동요하지 않고 적응할 수 있도록 도와준다.
30. ☐ 칭찬과 독려를 활용하여 일에 대한 리더들의 열정을 이끌어낸다.
31. ☐ 리더들이 사역을 수행하면서 느끼는 문제에 대해 해결책을 찾도록 도와준다.
32. ☐ 틀에 갇힌 사고를 하기보다 유연하게 생각하여 독창적인 아이디어를 낸다.
33. ☐ 타인을 잘 이해하고 타인과 쉽게 친밀함을 형성한다.
34. ☐ 성장과 변화를 고려하여 실행할 수 있는 사역안을 낸다.
35. ☐ 상대방이 좌절하거나 의기소침하지 않도록 도와준다.
36. ☐ 교회의 비전과 전략에 부합하는 사역 목표를 설정하고 이를 리더들과 공유한다.

리더십 진단 집계표

구분	역량	문항	점수	문항	점수	합계
인지 역량	창의성	25		32		
	자기 확신	5		10		
	변화 관리	24		29		
	문제 해결력	2		16		
	거시적 사고	14		28		
	혁신성	23		34		
대인 관계 역량	정서 관리	13		35		
	대인 감수성	1		33		
	의사소통	7		15		
	갈등 관리	12		26		
	고객 지향	11		17		
	협상력	9		21		
전략적 관리 역량	추진력	4		31		
	결과 지향성	6		20		
	코칭	22		30		
	팀워크 형성	3		19		
	비전 제시	27		36		
	전략 실행력	8		18		

자신이 진정으로 행해야 하는 것은 무엇인가?

● **인지의 법칙**

자신이 진정으로 행해야 하는 것이 무엇인지를 아는 데 가장 적합한 toolkit으로 《사람은 무엇으로 성장하는가?》에서 제시한 인지의 법칙 적용하기를 도구로 활용하고자 한다.

1. 당신이 진짜 하고 싶은 일이 무엇인가?
2. 자신의 재능, 기술, 기회 중 원하는 일을 하는 데 도움이 되는 것은 무엇인가?
3. 어떤 동기로 그 일을 하고자 하는가?
4. 하고 싶은 일을 시작하려면 어떤 절차를 밟아야 하는가?

    (바로 오늘부터)

    ☐ 인지

    ☐ 실천

    ☐ 책임

5. 그 과정에서 누구의 도움을 받을 수 있는가?
6. 시간, 자원, 희생의 측면에서 어떤 대가를 치러야 하며, 대가를 치를 용의가 있는가?
7. 성장이 가장 필요한 영역은 무엇인가?

    (자신의 강점에 집중하는 한편 목표에 도달하지 못하도록 가로막는 약점은 극복해야 한다.)

나에게 묻는다

1. 나의 가장 큰 장점은 무엇인가?

2. 나의 가장 큰 단점은 무엇인가?

3. 나를 가장 행복하게 하는 것은 무엇인가?

4. 나를 가장 힘들게 하는 것은 무엇인가?

5. 내게 가장 소중한 감정은 무엇인가?

6. 내게 가장 쓸모없는 감정은 무엇인가?

7. 나의 가장 좋은 습관은 무엇인가?

8. 나의 가장 나쁜 습관은 무엇인가?

9. 나에게 가장 큰 성취감을 주는 것은 무엇인가?

10. 나의 보물 1호는 무엇인가?

목회자의 자기 경영 집중훈련 요강

리더는 무엇보다 '**자기 경영**'에 탁월함을 드러내야 합니다.

자신을 다스리는 능력은 자기뿐 아니라 많은 이들에게 본이 되어 영향력을 끼치게 됩니다.

리더십은 영향력입니다. 영향력의 크기는 다름 아닌 자신을 경영하는 능력에 좌우됩니다.

이는 무엇보다 목회 리더십을 위하여 반드시 갖추어야 하는 필수 훈련입니다.

본 연구소는 수년 동안 '**셀프 리더십/Self-Leadership**' 세미나를 열어 왔습니다.

이제 그 훈련 프로그램을 집약하여 일일 집중 셀프 리더십 훈련을 개설하게 되었습니다.

자기 경영은 그 모든 경영의 우선에 있습니다.

자기 경영은 그 모든 리더십의 최우선에 있습니다.

자기 경영은 리더십의 근간을 구성하는 절대적인 요소입니다.

자기 경영은 리더가 갖추어야 하는 덕목 중 가장 우선에 있습니다.

- 내 용 -

Self-Leadership 자기 경영

1부 기본적 자기 경영

- 영성 관리(인격)
- 인맥 관리
- 물질 관리
- 지식 관리
- 시간 관리

2부 부차적 자기 경영

- 목표 관리
- 사역 관리
- 가치 관리
- 감정 관리
- 신체 관리

- 날 짜 : 추후 공지
- 시 간 : 오전 9시부터 오후 9시까지
- 훈련경비 :   원
- 인 원 : 한 기수에 20명(선착순)
- 제 공 : 중식과 석식
- 혜 택 : 자기경영 강사 자격증 부여
- 장 소 : 본 연구소 강의실
- 문 의 : ifmsc@hanmail.net / 031-719-0625

목회컨설팅연구소

목회 컨설턴트 양성 아카데미

모집요강

목회컨설팅연구소
Institute for Ministry Consulting

1. 모집인원
   - 봄학기(2월~6월) – 5명
   - 가을학기(9월~1월) – 5명

2. 수업년한
   1년(매주 1회)/2학기

3. 응시자격
   가. 담임목회의 경험이 있는 자로서 목회 코치와 컨설턴트에 관심이 있는 자
   나. 담임목회를 하면서 본인의 교회를 컨설턴트의 관점으로 분석할 수 있는 능력을 겸비하고 싶은 자
   다. 목회코치 사역을 준비하는 목회자
   라. 은퇴 후 교회와 목회자를 전문적으로 돕고자 하는 목회자

4. 전형방법
   심층 면접

5. 전형일정
   가. 수시
   나. 원서접수 전화접수 후 접수양식 이메일 발송
   다. 면접장소 본 MSC 연구소

6. 제출서류
   가. 입학원서(본연구소 소정 양식), 사진 1매
   나. 이력서(자유형식)

7. 비전 및 특전
   가. 전문 컨설턴트로 활동
   나. 본 연구소의 지연구소로 파송 가능
   다. 퍼스털 컨설팅 혹는 목회자 컨설팅을 받을 수 있는 기회 제공
   라. 연구소의 모든 사역의 현장에 직접 참가 훈련
   마. 연구소 모든 편찬 교제 제공

8. 기타
   가. 수강료 한 학기당 250만원
   나. 수료조건
      출석률 70% 이상 교육생에 한하여 수료/개인적인 사유로 불참시 사유서 제출(3회까지 인정)
   다. 자격증 수여기준
      - 팀 프로젝트 50% / 개인점수 30% / 출석 20% 취합
      - 70점 이상을 취득한 자에게 목회 컨설턴트 자격증을 수여한다.
      - 팀 프로젝트는 강의 시간 외에 별도의 시간을 만들어 진행한다.
      - 수료증과 자격증을 동시 부여한다.
   라. 문의
      ☎ 031-719-0674,5 (FAX) 031-719-7990
      ifmsc@hanmail.net   http://목회컨설팅연구소.com

목회컨설팅이란?

교회는 사람들이 모이는 영적인 공동체이기에 모든 운영 방식을 영적으로 해결 할 수는 없다. 단순한 문제해결을 넘어 현재 보다 더 좋은 교회로 성숙시키기 위해서는 영적 공동체도 경영 되어야 한다.

교회는 '영성', '공동체의 경영' 그리고 '영적 리더십'으로 세워져 간다.

이러한 세 영역의 조화를 만들어 내는 작업, 현 모습을 객관적으로 바라 볼 수 있게 하는 사역, 이것을 '목회컨설팅'이라 하며 이를 위해 사역하는 자를 '목회 컨설턴트'라고 한다.

이제는 목회 전문 컨설턴트들이 양성되어 교회를 실제적이고 객관적으로 도울 때이다. 이를 위하여 본 연구소는 [목회전문 컨설턴트 양성 과정]을 개설하여 전문 컨설턴트들과 코치들을 세워가고자 한다.

커리큘럼 Curriculum

1. Consulting Introduction. Consulting Process (Matrix).
2. 목회정책세우기 Process와 교회 Image-Making
3. Church-Planting
4. MSC Management Workshop (1박2일)
5. 목회경영수립 Process
6. Team-Project (총 6회 시행)
   1) 계획 및 자료수집
   2) 거시환경 및 미래 목회 환경 분석(Next-church)
   3) 목회환경 및 교회 유형 분석
   4) 내부역량 분석
   5) 건강도 진단 분석과 대안 workshop
   6) 중장기 전략 수립
7. 경쟁전략과 교회 마케팅 전략
8. 목회분석 Toolkit 1,2
9. Church-Mapping
10. Self-Management
11. 교회 조직 분석, 진단 ToolKit
12. 교회 재무 분석과 교회 경영 진단
13. 목회컨설팅 전략수립 workshop(1박2일)
14. 보고서 작성과 프리젠테이션 기술
15. 설교분석과 목회 기능 분석
16. System Management (기능/사람세우기/교회경영/사역)
17. 목회 코칭 스킬
18. 목회자 컨설팅 Toolkit

경기도 광주시 오포읍 능평리 611번지 MSC
☎ 031-719-0674, 5 (Fax) 031-719-7990
http://목회컨설팅연구소.com
ifmsc@hanmail.net

바로 그 교회 Just the Church

1판 1쇄 발행 _ 2015년 5월 15일
1판 2쇄 발행 _ 2018년 3월 5일

지은이 _ 김성진
펴낸이 _ 이형규
펴낸곳 _ 쿰란출판사

주소 _ 서울특별시 종로구 이화장길 6
편집부 _ 745-1007, 745-1301~2, 747-1212, 743-1300
영업부 _ 747-1004, FAX 745-8490
본사평생전화번호 _ 0502-756-1004
홈페이지 _ http://www.qumran.co.kr
E-mail _ qrbooks@gmail.com / qrbooks@daum.net
한글인터넷주소 _ 쿰란, 쿰란출판사
등록 _ 제1-670호(1988.2.27)
책임교열 _ 이화정 · 박은아

ⓒ 김성진 2015   ISBN 978-89-6562-752-4 93230

책값은 뒤표지에 있습니다.
이 출판물은 저작권법에 의해 보호를 받는 저작물이므로 무단 복제할 수 없습니다.
파본(破本)은 구입처에서 교환해 드립니다.